普通高等教育新工科汽车类系列教材（智能汽车·新能源汽车方向）

智能汽车虚拟仿真测试与评价技术

主　编　夏利红
副主编　李鹏辉　曾　杰　路　斌　李楚照
参　编　丁雪聪　樊海龙　孟璋劼　周孝吉　陈　华

机械工业出版社

本书全面系统地介绍了智能汽车虚拟仿真测试与评价技术的理论基础和实践方法。概述了智能汽车的定义与分级，智能汽车的技术架构、智能汽车测试的需求、内容、方法和流程，以及智能汽车评价的目的、指标和模型。介绍了虚拟仿真方法、技术要求、测试平台和工具；介绍了测试场景的内涵、要素组成、来源与分类，并通过实例介绍了测试场景建模的方法；介绍了车载摄像头、毫米波雷达、激光雷达以及超声波雷达的工作原理和组成，并结合实例介绍了传感器的建模方法；概述了车辆动力学建模的方法和思路，介绍了轮胎模型、驾驶员模型以及整车动力学模型的理论，同时通过实例介绍了建立车辆动力学模型的方法；介绍了自动紧急制动系统、自适应巡航控制系统、车道保持辅助系统以及自动泊车辅助系统等典型自动驾驶系统的功能、原理，并结合相应的案例介绍了其仿真测试与评价的方法。

本书可作为车辆工程和智能汽车工程专业相关师生的参考书，同时适用于智能驾驶、汽车电子控制、自动化等专业本科生或研究生和从事智能汽车行业的有关人员学习参考。

图书在版编目（CIP）数据

智能汽车虚拟仿真测试与评价技术／夏利红主编.
北京 ： 机械工业出版社，2025.1. --（普通高等教育新工科汽车类系列教材）. -- ISBN 978-7-111-77495-2

Ⅰ．U46-39

中国国家版本馆 CIP 数据核字第 202524UW07 号

机械工业出版社（北京市百万庄大街22号　邮政编码100037）
策划编辑：李　军　　　　　责任编辑：李　军　丁　锋
责任校对：樊钟英　李　杉　　责任印制：刘　媛
涿州市般润文化传播有限公司印刷
2025 年 3 月第 1 版第 1 次印刷
184mm×260mm · 13.75 印张 · 306 千字
标准书号：ISBN 978-7-111-77495-2
定价：69.90 元

电话服务　　　　　　　　　　网络服务
客服电话：010-88361066　　　机 工 官 网：www.cmpbook.com
　　　　　010-88379833　　　机 工 官 博：weibo.com/cmp1952
　　　　　010-68326294　　　金　书　网：www.golden-book.com
封底无防伪标均为盗版　　　机工教育服务网：www.cmpedu.com

前 言

在新一轮科技革命和产业变革的影响下,能源、互联、智能革命为汽车产业创新发展注入了强劲新动能,汽车正向低碳、信息、智能化发展。智能汽车已成为全球汽车产业发展的战略方向,并将带来显著的社会效益和经济效益。智能汽车测试与评价技术是指对智能汽车功能和性能进行验证与评估,是智能汽车的基础支撑技术之一,对产品标准、法规、监管等方面的探索也具有重要意义。鉴于传统汽车的测试评价方法已无法满足智能汽车的测试认证需求,故而需要建立完善的智能汽车测试与评价方法体系来支撑智能汽车的技术研发和迭代改进。目前智能汽车开发主要是采用"模型在环 – 软件在环 – 硬件在环 – 车辆在环 – 封闭场地测试 – 开放道路测试"V模型测试验证流程,其中,模型在环、软件在环、硬件在环和车辆在环属于虚拟仿真测试,封闭场地测试和开放道路测试属于实车测试。随着虚拟仿真测试技术的发展,加大虚拟仿真测试在智能汽车测试验证中的占比已成为业界的共识。因此,本书理论结合实践,梳理了与智能汽车测试与评价技术相关的基础理论、标准法规和工程经验,在介绍智能汽车的测试与评价体系的基础上,重点介绍了智能汽车虚拟仿真测试与评价技术的理论基础和实践方法,以多个典型自动驾驶系统为案例给出"需求分析 – 场景生成 – 仿真环境搭建 – 评价"整个技术闭环的实践指南,以实现"厚基础、重实践"的综合目标。

本书由重庆工商大学的夏利红任主编,北京交通大学的李鹏辉、招商局检测车辆技术研究院有限公司的曾杰、中国汽车工程研究院股份有限公司的路斌和重庆大学的李楚照任副主编,参加编写的还有招商局检测车辆技术研究院有限公司的丁雪聪和樊海龙、中国汽车工程研究院股份有限公司的孟璋劼和周孝吉,以及安徽深向科技有限公司的陈华。第1章内容由夏利红负责编写,第2章内容由李鹏辉和夏利红负责编写,第3章内容由路斌、李楚照、夏利红、孟璋劼、周孝吉和陈华负责编写,第4章内容由曾杰、丁雪聪、夏利红和樊海龙负责编写,第5章内容由夏利红负责编写,第6章内容由曾杰、路斌、李楚照、夏利红、孟璋劼、周孝吉和陈华负责编写。

本书为重庆工商大学资助建设教材，感谢重庆工商大学对本书的支持。本书还得到了重庆市高等教育教学改革研究项目（223214）、重庆市自然科学基金面上项目（CSTB2024NSCQ-MSX0205）、重庆市自然科学基金博士后项目（cstc2020jcyj-bsh0023）、重庆市教育委员会科学技术研究项目（KJQN202100845）、汽车噪声振动和安全技术国家重点实验室（NVHSKL-202110）和重庆工商大学科学研究项目（2152003、1956056）等的部分资助，特此致谢。

本书在编写过程中参阅了大量教材、文件、网站资料及其参考文献，并引用其中部分论述，主要参考文献附录于后。但由于篇幅有限，还有一些参考书目未能一一列出，在此向相关作者表示感谢和歉意。

由于编者水平有限，书中不足之处在所难免，恳请读者对本书的内容和章节安排等提出宝贵意见，并对书中存在的错误及不当之处提出批评和修改建议，以便本书再版修订时参考。

编　者

目 录

前 言

第1章 绪 论

1.1 引言 ·· 001
1.2 智能汽车的定义与分级 ··· 003
    1.2.1 智能汽车的定义 ·· 003
    1.2.2 智能汽车的驾驶自动化等级 ···································· 005
1.3 智能汽车的技术架构 ·· 008
    1.3.1 环境感知 ·· 009
    1.3.2 决策规划 ·· 011
    1.3.3 控制执行 ·· 012
1.4 智能汽车的测试体系 ·· 015
    1.4.1 测试需求 ·· 015
    1.4.2 测试内容 ·· 015
    1.4.3 测试方法 ·· 020
    1.4.4 测试流程 ·· 022
1.5 智能汽车的评价体系 ·· 026
    1.5.1 评价目标 ·· 026
    1.5.2 评价指标 ·· 027
    1.5.3 评价模型 ·· 032
1.6 课程目标与主要内容 ·· 039
本章习题 ·· 040

第2章 智能汽车虚拟仿真测试系统

2.1 仿真测试的任务 ··· 043
2.2 场景库的构建 ··· 044
2.3 仿真测试的方法 ··· 045
    2.3.1 模型在环 ·· 046
    2.3.2 软件在环 ·· 047
    2.3.3 硬件在环 ·· 047

         2.3.4　驾驶员在环 ·· 051
         2.3.5　车辆在环 ·· 053
   2.4　仿真测试环境的搭建 ··· 054
         2.4.1　仿真测试环境架构 ··· 054
         2.4.2　仿真测试软件平台 ··· 055
         2.4.3　仿真测试可信度的验证与评估 ··· 058
   本章习题 ··· 061

第3章　仿真测试场景的构建

   3.1　测试场景的定义与内涵 ··· 062
         3.1.1　功能场景 ·· 064
         3.1.2　逻辑场景 ·· 064
         3.1.3　具体场景 ·· 064
   3.2　测试场景的要素组成 ··· 065
         3.2.1　六层场景模型 ··· 066
         3.2.2　三层干扰因素 ··· 067
         3.2.3　静态场景要素 ··· 069
         3.2.4　动态场景要素 ··· 073
   3.3　测试场景的构建方法 ··· 076
   3.4　测试场景的来源与分类 ··· 077
         3.4.1　基于标准法规的测试场景 ··· 078
         3.4.2　基于自然驾驶数据的测试场景 ··· 079
         3.4.3　基于交通事故的测试场景 ··· 080
   3.5　测试场景的建模实例 ··· 082
         3.5.1　静态场景描述 ··· 082
         3.5.2　动态场景描述 ··· 088
         3.5.3　基于VTD的测试场景建模实例 ··· 089
         3.5.4　场景模型验证与评价 ·· 093
   本章习题 ··· 095

第4章　环境感知传感器的建模

   4.1　传感器建模的一般方法 ··· 096
   4.2　车载摄像头 ··· 097
         4.2.1　车载摄像头的功能和分类 ··· 097

4.2.2 车载摄像头的组成和工作原理 ············· 098
4.2.3 车载摄像头的关键技术参数 ············· 099
4.2.4 基于PreScan的车载摄像头建模实例 ······· 100
4.2.5 摄像头在环的仿真测试应用案例 ·········· 106

4.3 毫米波雷达 ································ 108
4.3.1 毫米波雷达的功能和分类 ··············· 108
4.3.2 毫米波雷达的组成和工作原理 ············ 109
4.3.3 毫米波雷达的关键技术参数 ············· 110
4.3.4 基于PreScan的毫米波雷达建模实例 ······· 111
4.3.5 毫米波雷达在环的仿真测试应用实例 ······· 115

4.4 激光雷达 ································· 117
4.4.1 激光雷达的功能和分类 ················ 117
4.4.2 激光雷达的组成和工作原理 ············· 117
4.4.3 激光雷达的关键技术参数 ··············· 120
4.4.4 基于PreScan的激光雷达建模实例 ········· 120

4.5 超声波雷达 ································ 124
4.5.1 超声波雷达的功能和分类 ··············· 124
4.5.2 超声波雷达的组成和原理 ··············· 125
4.5.3 超声波雷达的关键技术参数 ············· 125
4.5.4 基于PreScan的超声波雷达建模实例 ······· 126

本章习题 ····································· 129

第5章 车辆动力学的建模

5.1 车辆动力学建模概述 ························· 130
5.2 轮胎模型 ································· 132
　5.2.1 轮胎坐标系 ······················· 133
　5.2.2 轮胎模型主要参数 ··················· 134
　5.2.3 轮胎模型示例 ····················· 135
5.3 驾驶员模型 ································ 138
　5.3.1 驾驶员模型概述 ···················· 138
　5.3.2 预瞄最优控制模型 ··················· 139
　5.3.3 跟驰模型 ······················· 142
　5.3.4 换道模型 ······················· 145
5.4 整车动力学模型 ···························· 146
　5.4.1 坐标系 ························ 146

  5.4.2 单轮模型 …………………………………………………………… 147
  5.4.3 两轮模型 …………………………………………………………… 148
  5.4.4 四轮模型 …………………………………………………………… 150
 5.5 基于 Simulink 的车辆动力学建模以及仿真实例 ……………………………… 153
  5.5.1 MATLAB/Simulink 介绍 …………………………………………… 153
  5.5.2 基于 Simulink 的制动力控制系统的建模与仿真实例 …………… 153
 5.6 基于 CarSim 的车辆动力学建模实例 ………………………………………… 158
  5.6.1 CarSim 软件介绍 …………………………………………………… 158
  5.6.2 基于 CarSim 的车辆动力学建模和仿真过程 ……………………… 158
 本章习题 …………………………………………………………………………… 161

第6章 典型自动驾驶系统的仿真测试

 6.1 自动紧急制动系统 ……………………………………………………………… 162
  6.1.1 AEB 系统的功能与组成 …………………………………………… 162
  6.1.2 AEB 系统的工作原理 ……………………………………………… 163
  6.1.3 AEB 系统的仿真测试方法 ………………………………………… 165
  6.1.4 基于 MATLAB 和 PreScan 联合仿真的 AEB 模型在环测试实例 … 167
 6.2 自适应巡航控制系统 …………………………………………………………… 176
  6.2.1 ACC 系统的功能与组成 …………………………………………… 176
  6.2.2 ACC 系统的工作原理 ……………………………………………… 178
  6.2.3 ACC 系统的硬件在环仿真测试实例 ……………………………… 182
 6.3 车道保持辅助系统 ……………………………………………………………… 190
  6.3.1 LKA 系统的功能与组成 …………………………………………… 190
  6.3.2 LKA 系统的工作原理 ……………………………………………… 192
  6.3.3 LKA 系统的硬件在环仿真测试实例 ……………………………… 194
 6.4 自动泊车辅助系统 ……………………………………………………………… 198
  6.4.1 APA 系统的功能和组成 …………………………………………… 198
  6.4.2 APA 系统的工作原理 ……………………………………………… 200
  6.4.3 APA 系统的软件在环仿真测试实例 ……………………………… 203
 本章习题 …………………………………………………………………………… 209

附录 英文缩略语说明 ………………………………………………………………… 211

参考文献 ……………………………………………………………………………… 212

第1章
绪　论

1.1　引言

在新一轮科技革命和产业变革的影响下，能源、互联、智能革命为汽车产业创新发展注入了强劲新动力，汽车正向低碳、信息、智能化发展，智能汽车已成为全球汽车产业发展的战略方向。智能汽车的持续发展将带来显著的经济效益和社会效益，我国政府已经将智能网联汽车的发展纳入国家顶层规划。2015年5月，国务院发布了《中国制造2025》，明确提出到2025年我国将掌握智能汽车的系统构架以及各项关键技术，建立比较完善的自主研发、生产配套以及产业群体系。2019年9月，中共中央、国务院印发了《交通强国建设纲要》，从国家战略层面对我国加快研发具有自主产权的自动驾驶汽车提出明确要求。2020年2月，国家发改委等11部委联合发布了《智能汽车创新发展战略》，对我国智能汽车未来发展做出了全面部署和系统谋划。2020年10月发布的《节能与新能源汽车技术路线图2.0》进一步明确了构建中国方案智能网联汽车技术体系和新型产业生态。2021年3月发布的《中华人民共和国国民经济和社会发展第十四个五年规划和2035年远景目标纲要》将智能汽车产业列为八大战略性新兴产业之一，提出加强智能网联汽车研发，形成自主可控完整的产业链。2023年11月，工业和信息化部等四部委联合发布了《关于开展智能网联汽车准入和上路通行试点工作的通知》，标志着L3级以上高级别智能汽车技术的落地将迎来新的突破。

智能汽车的测试与评价是对智能汽车的功能和性能进行验证与评估，是汽车从研发走向量产不可或缺的重要环节。在《智能汽车创新发展战略》和《节能与新能源汽车技术路线图2.0》中，均指出测试与评价技术是智能汽车的基础支撑技术之一，对产品标准、法规、监管等方面的探索也具有重要意义。对于传统汽车的测试与评价而言，驾驶员是驾驶任务的执行者，测试对象是人、车二元独立系统，测试目标主要是对零部件性能，整车动力性、经济性、制动性、操稳性等性能进行逐一地测试与验证，并已经形成了成熟的方法和标准。与传统汽车不同，智能汽车的部分驾驶任务由驾驶系统来完成，测试对象是人—车—环境—任务强耦合的系统，涉及乘客、驾驶员、车辆、交通、基础设施等多个交互维度。因此，传统汽车的测试评价方法已无法满足智能汽车的测试认证需求。

联合国世界车辆法规协调论坛（WP.29）的自动驾驶车辆和网联车辆工作组（GRVA）提出了以审核与审计（Audit & Assessment）、虚拟测试（Virtual Test）、场地测试（Track Testing）、实车道路测试（Real Word Testing）等为支撑的"多支柱验证方法"，其中智能汽车虚拟仿真测试已逐渐成为国际公认的必不可少的关键环节。如图 1-1 所示，虚拟仿真测试、封闭场地测试以及开放道路测试之间是相互验证、反馈、补充和完善的过程。仿真测试结果的有效性需要封闭场地测试和道路测试的验证；封闭场地测试的测试场景需要在仿真测试的基础上进行优化；道路测试的结果可以作为场景生成的数据源，反馈到仿真测试与封闭场地测试中；实现仿真测试、封闭场地测试、道路测试的测试闭环，逐步完善测试评价的准则和测试场景库，最终形成完善的评价体系，推动技术升级。智能汽车的测试验证采用如图 1-2 所示的 V 模型流程，其中"模型在环 - 软件在环 - 硬件在环 - 驾驶员在环 - 车辆在环"为虚拟仿真测试。

图 1-1 智能汽车测试评价技术

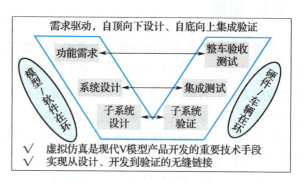

图 1-2 智能汽车测试验证评价流程

安全、高效、舒适、节能是智能汽车的技术目标和优势，然而在验证智能汽车的性能时需要同时考虑测试场景的覆盖度和复杂度，尤其是危险场景/极端场景（Corner Cases）的覆盖度。但是，在真实交通环境中 Corner Cases 是小概率事件，对小概率事件的测试往往需要巨大的数据样本或很长的测试周期，仅通过道路测试和场地测试来完成是不现实的，并且 Corner Cases 因其具有危险性和复杂性，难以在场地测试或道路测试中复现。而利用虚拟仿真技术可以构建包含自然驾驶场景、危险工况场景、标准法规场景、参数重组场景等多种内容丰富的虚拟场景，有利于提高测试场景的覆盖度、危险度和复杂度，从而加速自动驾驶系统的测试验证。

如图 1-3 所示，目前智能汽车虚拟测试流程主要包含测试与评价需求分析、测试场景生成、虚拟仿真测试环境搭建与验证、测试与评价等环节，每个环节的主要内容如下。

（1）测试与评价需求分析　基于自动驾驶系统的功能定义、运行设计域（Operational Design Domain，ODD）、标准法规、功能需求以及性能需求等，获取测试评价需求和测试场景需求。其中 ODD 是指给定的智能网联汽车自动驾驶系统能够正常安全运行的具体条件，参数包括道路类型、地理区间、速度区间、环境、天气等。测试场景包括和车辆自动驾驶功能测试相关的外部场地、道路、气象和交通参与者，以及车辆自身的驾驶任务和状态等信息。

（2）测试场景生成　结合测试场景需求和多源数据开展测试场景的提取与重构，形成测试场景库。

（3）虚拟仿真测试环境的搭建与验证　针对环境感知、规划决策和运动执行等功能模块构建高可信度仿真平台，加载测试场景。

（4）测试执行　通过模型在环－软件在环－硬件在环－驾驶员在环－车辆在环等虚拟仿真测试手段，执行测试，获取测试结果数据。

（5）评价　结合测试结果和测试评价标准，进行综合评价。

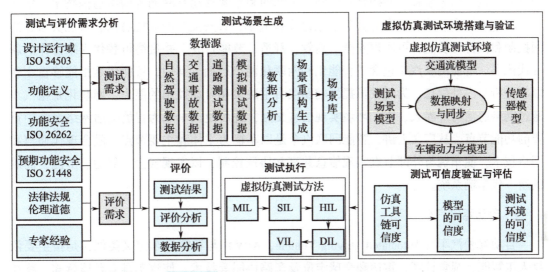

图 1-3　智能汽车虚拟仿真测试与评价技术

因此，本书在系统地介绍智能汽车的测试与评价体系的基础上，重点介绍了智能汽车虚拟仿真测试与评价技术的理论基础和实践方法，以多个典型自动驾驶系统为案例给出需求分析－场景生成－仿真环境搭建－评价整个技术闭环的实践指南，以实现"厚基础、重实践"的综合目标。

1.2　智能汽车的定义与分级

1.2.1　智能汽车的定义

随着汽车产业的发展出现了智能汽车、智能网联汽车、自动驾驶汽车、网联汽车以及先进驾驶员辅助系统等多种概念。

1. 智能汽车

智能汽车（Intelligent Vehicles，IV）是指通过搭载先进传感器等装置，运用人工智能等新技术，具有自动驾驶功能，逐步成为智能移动空间和应用终端的新一代汽车。智能汽车是一个集环境感知、规划决策、多等级辅助驾驶等功能于一体的综合系统，它集中运用了计算机、现代传感、信息融合、通信、人工智能及自动控制等技术，是典型的高新技术综合体。目前对智能汽车的研究主要致力于提高汽车的安全性、舒适性，以及提供优良的人车交互界面。智能汽车可以从"智能"和"汽车"两个层面上去理解。智能：搭载先进的车载传感器、控制器、执行器等装置和车载系统模块，具备复杂环境感知、智能化决策与控制等功能。汽车：智能终端载体的形态。

2. 智能网联汽车

智能网联汽车（Intelligent and Connected Vehicles，ICV）是指搭载先进的车载传感器、控制器、执行器等装置，并融合车内网、车际网和车载移动互联网等网络通信技术，实现车与X（人、车、路、后台等）智能信息交换共享，具备复杂的环境感知、智能决策、协同控制和执行等功能，可实现安全、高效、舒适、节能行驶，并最终可替代人来操作的新一代汽车。智能网联汽车包含了智能化和网联化两个层面。其中，智能化是指能够自主获取和分析车内外信息，为驾驶员提供辅助或自主决策和自动控制的能力。网联化是指汽车通过网络通信与外界人、物、环境实现信息交互，进而使汽车成为智能交通网络系统中重要的功能节点。从广义上讲，智能网联汽车是以车辆为主体和主要节点，融合现代通信和网络技术，使车辆与外部节点实现信息共享和协调控制，以实现安全、舒适、节能、高效的新一代车辆系统。

3. 自动驾驶汽车

自动驾驶汽车（Automated Driving Vehicle，ADV）与智能汽车定义类似，是指主要依靠人工智能、视觉计算、雷达和全球定位及车路协同等技术，使汽车具有环境感知、路径规划和自主控制的能力，从而可以部分或完全地替代人来完成汽车的驾驶操作的汽车。按照SAE对自动驾驶系统等级划分的标准，自动驾驶汽车应该是L3~L5级的汽车。

4. 网联汽车

网联汽车（Connected Vehicles，CV）是指利用车用无线通信技术（Vehicle-to-Everything，V2X），实现车和车的通信（Vehicle-to-Vehicle，V2V）、车和基础设施的通信（Vehicle-to-Infrastructure，V2I）、车与行人的通信（Vehicle-to-Pedestrian，V2P）以及车和其他移动端（Vehicle-to-Network，V2N）智能信息共享的汽车。同时加上车辆内部的通信，最终形成一张层层嵌套、环环相扣的动态移动通信系统网，全面解决人–车–外部环境之间的信息交流问题，提升车辆整体的智能驾驶水平，为用户提供安全、舒适、智能、高效的驾驶感受与交通服务，同时提高交通运行效率，提升社会交通服务的智能化水平。

5. 先进驾驶员辅助系统

先进驾驶员辅助系统（Advanced Driver Assistant System，ADAS）是指搭载先进传感器，实现对驾驶员状态、车辆行驶状态及行驶环境的监测，并通过影像、灯光、声音、触觉提醒/警告或控制等方式辅助驾驶员执行驾驶任务或主动避免/减轻碰撞危险的各类系统的总称。目前已实现产业化的主要ADAS见表1-1。

表1-1 目前已实现产业化的主要ADAS

预警类 ADAS	控制类 ADAS
前方碰撞预警系统（Forward Collision Warning，FCW）	自适应巡航控制（Adaptive Cruise Control，ACC）

(续)

预警类 ADAS	控制类 ADAS
车道偏离预警（Lane Departure Warning, LDW）	车道保持辅助（Lane Keeping Assistance, LKA）
盲区监测（Blind Spot Detection, BSD）	自动泊车辅助（Automated Parking Assist, APA）
交通标志识别（Traffic Sign Recognition, TSR）	交通拥堵辅助（Traffic Jam Assistanc, TJA）
夜视系统（NVS, Night Vision System）	自适应灯光控制（Adaptive Light Control, ALC）
驾驶员疲劳探测（Driver Drowsiness Detection, DDD）	行人保护系统（Pedestrian Protection System, PPS）

如图 1-4 所示，智能网联汽车是智能汽车（自动驾驶汽车）发展新阶段的完整表达，是汽车与移动通信、人工智能、云计算等新一代电子信息技术相互结合、融合创新的重要载体。而 ADAS 是智能汽车的初级阶段，且汽车上配置的 ADAS 越多，其智能化程度相对越高。从智能化和网联化两个技术层面上来分，智能网联汽车技术可分为自主式智能汽车和网联式智能汽车。自主式智能汽车仅通过车载传感器进行环境感知，也称为单车智能。而网联式智能汽车在利用车载传感器的同时，还采用 V2X 技术实现信息互联，也称为协同式智能汽车。本书中提到的智能汽车均是指自主式智能汽车，不涉及网联化的相关技术。

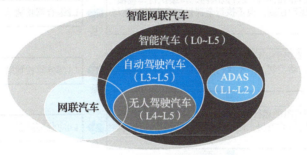

图 1-4 与智能汽车相关概念间的关系

1.2.2 智能汽车的驾驶自动化等级

为了促进自动驾驶技术的清晰沟通，提供自动驾驶系统等级的逻辑划分方法、相关的标准化概念、术语和用法，国际上主要汽车产业国家和地区的标准法规组织广泛开展了汽车驾驶自动化分级的研究。其中在美国汽车工程师学会（Society of Automotive Engineers，SAE）发布的 J3016《道路车辆驾驶自动化相关的分级和术语定义》Taxonomy and Definitions for Terms Related to Driving Automation Systems for On-Road Motor Vehicles 标准中提出的驾驶自动化等级划分方案在国际上影响较大，其应用也较广泛。

J3016 将驾驶自动化功能分为从无驾驶自动化（0 级）直至完全驾驶自动化（5 级）6 个等级。根据国家标准制定的规则、汽车产业情况和标准实施环境，我国工业和信息化部在 2021 年 8 月 20 日发布了 GB/T 40429—2021《汽车驾驶自动化分级》标准，将驾驶自动化功能也分为 0 级~5 级 6 个等级。值得注意的是，GB/T 40429—2021 和 SAE J3016 等标准均是对驾驶自动化功能（系统）进行等级划分，而非是自动驾驶系统或自动驾驶汽车的等级划分。标准中指出 L3～L5 级的驾驶自动化功能属于高级别的驾驶自动化功能，具备 L3～L5 级的驾驶自动化系统统称为自动驾驶系统（Automated Driving System，ADS）。因此，从这个意义上说自动驾驶是对驾驶自动化分级结果的描述，是对 L3～L5 级高级别驾驶自动化功能的统称。

GB/T 40429—2021 从服务"人类"的角度对驾驶自动化分级进行界定，将系统需要承担的动态驾驶任务（Dynamic Driving Task，DDT），即车辆在道路交通中完成驾驶任务所需要的所有实时操作和决策行为，如感知、决策和执行等行为，但不包括行程安排、目的地和途径地选择等策略性的功能和责任纳入规范性要素并予以规定，基于以下 6 个要素并按照图 1-5 所示的逻辑对驾驶自动化等级进行划分，划分结果如图 1-6 所示。

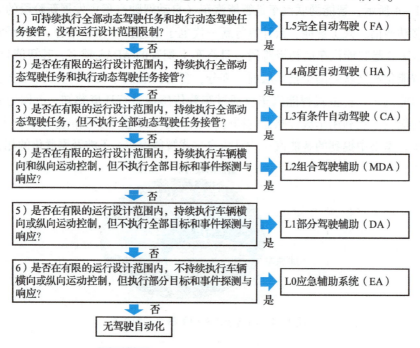

图 1-5 智能汽车驾驶自动化等级划分流程

	分级	名称	持续车辆横向和纵向运动控制	目标和事件探测与响应	动态驾驶任务接管	运行设计范围	
预警	L0级	应急辅助	驾驶员	驾驶员和系统	驾驶员	有限制	驾驶员支持系统
ADAS	L1级	部分驾驶辅助（DA）	驾驶员和系统	驾驶员	驾驶员	有限制	驾驶员支持系统
ADAS	L2级	组合驾驶辅助（CDA）	系统	驾驶员和系统	驾驶员	有限制	驾驶员支持系统
ADS	L3级	有条件自动驾驶（CA）	系统	系统	动态驾驶任务接管用户（接管后成为驾驶员）	有限制	自动驾驶系统
ADS	L4级	高度自动驾驶（HA）	系统	系统	系统	有限制	自动驾驶系统
ADS	L5级	完全自动驾驶（FA）	系统	系统	系统	无限制[①]	自动驾驶系统

① 排除商业和法规因素。

图 1-6 智能汽车等级划分结果

1）是否持续执行动态驾驶任务中的目标和事件探测与响应。
2）是否持续执行动态驾驶任务中的车辆横向或纵向运动控制。
3）是否同时持续执行动态驾驶任务中的车辆横向和纵向运动控制。
4）是否持续执行全部动态驾驶任务。
5）是否自动执行最小风险策略。
6）是否存在运行设计域（ODD）的限制。

如图1-6所示，GB/T 40429—2021将驾驶自动化功能分成了从L0级为应急辅助到L5级为完全自动驾驶六个等级，具体如下。

1）L0级为应急辅助（Emergency Assistance，EA）。系统不能持续执行动态驾驶任务（Dynamic Driving Task，DDT）中的车辆横向或纵向运动控制，但具备持续DDT中部分目标和事件探测与响应的能力。注意，L0级驾驶自动化并不是无驾驶自动化，它具备环境感知、提供信息或短暂介入车辆控制的功能（如车道偏离预警和前向避碰预警等功能）。对于完全不具备目标及事件探测和响应能力的功能，如ABS、EPS等主动安全技术，不在驾驶自动化等级划分的范围内。

2）L1级为部分驾驶辅助（Partial Driving Assistance，PDA）。系统在其运行设计条件（Operational design condition，ODC）下，持续执行DDT中的车辆横向或纵向运动控制，并具备与其所执行的车辆运动控制相对应的部分目标和事件探测与响应的能力。注意，ODC是指在设计驾驶自动化系统时确定的适用其功能运行的各类条件的总称，包括运行设计域（ODD）、车辆状态、驾乘人员状态及其他必要条件等。对于L1级驾驶自动化系统，DDT是由驾驶员和系统共同完成的。例如，自适应巡航控制和车道保持辅助等系统，在相应的ODC下系统持续执行DDT中的横向或纵向车辆运动控制，但不能同时控制车辆的横向和纵向运动，需要驾驶员执行其他的车辆运动控制，并随时准备接管。同时，当驾驶员请求系统退出应用时，系统立即解除车辆控制权。

3）L2级为组合驾驶辅助（Combinded Driver Assistance，CDA）。系统在ODC下持续执行DDT中的车辆横向和纵向运动控制，并具备与其所执行车辆运动控制相对应的部分目标和事件探测与响应的能力。如交通拥堵辅助（Traffic Jam Assistanc，TJA）等，通过执行转向和加减速等多项操作实现车辆的纵向和横向运动的协同控制。但是，驾驶员仍需要实时监督系统执行DDT的情况，并做好随时接管的准备。当驾驶员请求系统退出应用时，系统应立即解除车辆控制权。因此，L1级和L2级的驾驶自动化系统又被统称为驾驶员支持系统，而L3~L4级的驾驶自动化系统则被统称为自动驾驶系统。

4）L3级为有条件自动驾驶（Conditionally Automated Driving，CAD）。系统在ODC下可以持续完成所有DDT。特殊情况下，驾驶员需要按照系统要求对车辆进行监管，在系统失效时接收系统的干预请求，并及时做出响应。L3级驾驶自动化系统应满足以下要求：①只有在ODC下才被激活，并且激活后在ODC下执行全部DDT；②能够通过执行目标和事件的探测与响应识别驾驶场景是否满足ODC，并在即将不满足ODC时及时向DDT后援用户发出介入请求；③能够识别系统是否失效，并在发生失效时及时向DDT后援用户发出介入请求；④能够识别 DDT 后援用户的接管能力，并在其接管能力即将不满足要求时发出介入请求；⑤在发出介入请求后，继续执行动态驾驶任务一定时间供 DDT 后援用户接管操作；⑥在发出介入请求后，如果 DDT 后援用户未响应，适时采取减缓车辆风险的措施；⑦当用户请求驾驶自动化系统退出时，立即解除系统控制权。另外，L3 级系统启用时用户无需对其进行监督。但是，如果出现系统故障或超出 ODC，系统将发出请求，并采取风险减缓措施，为后援用户（无论是车内还是远程）提供足够的时间做出适当响应。

5）L4 级为高度自动驾驶（Highly Automated Driving，HAD）。系统在 ODC 下持续执行全部 DDT 并自动执行最小风险策略。与 L3 不同的是，当系统发出介入请求时，用户可以不作响应，系统具备自动达到最小风险状态的能力。例如，某车辆配备了在高速公路高速行驶条件下的 L4 级功能，则 L4 级系统能够在高速公路上持续运行期间执行整个 DDT，驾驶员在进入高速公路之前和离开高速公路后都需要执行 DDT。但是，如果用户在车辆驶出高速公路前未能响应系统给出的接管请求，系统将执行应急准备（fallback）自动实现最小风险状态。因此，L4 级驾驶自动化系统应满足以下要求：①系统只有在 ODC 下才被激活，并且激活后在 ODC 下执行全部的 DDT；②能够识别是否即将不满足其 ODC、驾驶自动化系统失效和车辆其他系统失效，以及驾乘人员状态（如果有驾乘人员）是否符合 ODC；③在发生即将不满足其 ODC、驾驶自动化系统失效或车辆其他系统失效、驾乘人员状态不符合 ODC 等情况之一时，系统应请求用户介入，当用户未响应介入请求，自动执行最小风险策略；④在用户要求实现最小风险状态时，系统自动执行最小风险策略；⑤除非系统达到最小风险状态或驾驶员正在执行 DDT 时，不得解除系统控制权；⑥当用户请求驾驶自动化系统退出时，解除系统控制权，如果存在安全风险可暂缓解除。

6）L5 级为完全自动驾驶（Fully Automated Driving，FAD）。系统能在任何可行驶条件下持续地执行全部的 DDT 并自动执行最小风险策略，动态行驶过程中用户无需监督。在系统发出介入请求时，用户可以不作响应，系统具备自动达到最小风险状态的能力。系统在车辆可行驶环境下没有 ODD 的限制（商业和法规因素等限制除外）。L5 级系统是自动驾驶的最高级别，真正意义上的无人驾驶。注意，车辆可行驶环境是指所有道路条件下，熟练人类驾驶员合理操作车辆所能行驶的环境。例如，在暴风雪、道路被淹、眩光冰面等熟练驾驶员无法控制的情况下，系统也可能无法完成给定的行程，系统将采取将车辆停在路边等待情况发生变化等应急准备，以达到最低风险条件。

1.3 智能汽车的技术架构

微课视频
智能汽车的技术架构

如图 1-7 所示，目前智能汽车系统架构可以划分为分层式模块化和端到端驱动的两种架构。分层式模块化的智能汽车架构是将系统任务划分为多个相对独立的子系统，新的功能和算法可以在模块化设计的基础上相互集成或构建。

第1章 绪 论

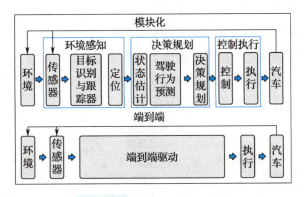

图1-7 智能汽车的系统架构

从车辆视角出发,在分层式模块化的智能汽车架构中环境感知、决策规划和控制执行是智能汽车的关键技术。如图1-8所示,环境感知层利用来自传感器或传感器融合后的数据实现定位、环境地图的构建,以及环境信息的识别与认知;决策规划层则根据地图数据和人机交互输入的目的地来实现全局路径规划,并根据感知层实时提供车辆的状态和当前环境(如车道标志、车辆、行人、路标等)信息进行局部轨迹规划和行为决策;控制层则以期望的轨迹和速度为目标,完成轨迹跟踪、速度控制以及安全控制,并向执行层实时输入控制指令;执行层则通过转向控制、制动控制、驱动控制以及换档控制等软硬件来执行控制指令。环境感知、决策规划和控制执行三个部分的技术内容将在1.3.1~1.3.3节中进行详细阐述。

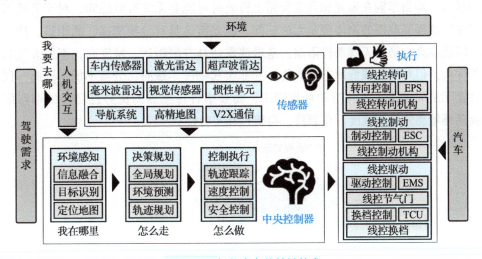

图1-8 智能汽车的关键技术

1.3.1 环境感知

智能汽车的环境感知是指利用传感器对车辆和环境信息进行数据采集和信息处理,完成对周围环境的识别和理解,并将这些信息传输给车载控制中心,为决策规划与控制执行提供依据,是智能汽车实现安全、舒适行驶的重要前提。环境感知包括信息采集、信息处理和信息传输等组成部分,是汽车理解外部环境、保证安全行驶的基础硬件。如图1-9所示,传感器是环境感知的采集单元,相当于智能汽车的"眼睛和耳朵",主要包括视觉传感器、激光雷达、毫米波雷达、超声波雷达、GPS导航、惯性测量单元等传感器。传感器采集的信息传递到信息处理单元,进一步完成道路标识、交通信号、障碍物位置、动态目标物及其运动状态以及自车位置等重要信息的识别。

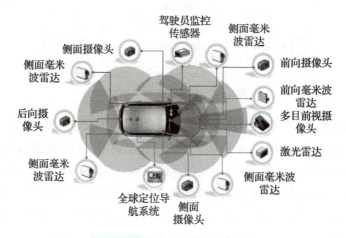

图1-9 车载传感器分布示意图

如图1-10所示,各种传感器在功能、适用场景、精度、响应时间和成本等方面的性能不尽相同,各有优劣势。例如:摄像头采集信息丰富,但成像效果容易受到光照和运动速度的影响,即当车辆在强光和高速公路上行驶时可能会无法有效感知,对于突然出现并且超出传感器探测范围的物体更是无法感知。激光雷达具有分辨率高、测距远、精度高等优点,但成本高、易受天气条件限制。毫米波雷达具有测距远、精度高、不受天气和光线影响等优点,但对静止或低速行驶的物体和非金属物体不敏感、分辨率低。因此,仅靠单一传感器无法满足覆盖各种行驶场景需求,需要集各传感器的优势进行多传感器信息融合,提高环境感知的准确度、可靠性、鲁棒性和实时性。

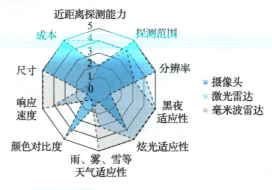

图1-10 不同环境感知传感器性能对比

传感器信息融合是指把分布在不同位置的多个同类或不同类传感器所提供的数据资源加以综合,采用计算机技术对其进行分析,加以互补,实现最佳协同效果,获得对被观测对象的一致性解释与描述，提高感知系统的容错性。传感器信息融合技术能为智能汽车提供更充分、更精确的信息，从而提高智能汽车的决策规划和控制执行的精度。传感器信息融合过程如下。

1) 多个（种）传感器独立工作获得观测数据。
2) 对各传感器数据（RGB 图像、点云数据等）进行预处理。
3) 对处理数据进行特征提取和模式识别处理，获取对观测对象的描述信息。
4) 在数据融合中心按照一定的准则进行数据关联。
5) 对多个传感器数据进行融合，获得对观测对象的一致性描述和解释。

根据传感器信息融合内容的不同，可以分为数据级信息融合、特征级信息融合以及决策级信息融合。如图 1-11 所示，数据级信息融合是对多传感器的原始数据进行融合，并对融合后的数据进行特征提取和属性判决。如图 1-12 所示，特征级信息融合是在每个传感器单独观测目标并完成特征提取之后对特征信息进行融合，实现对目标属性的判决。如图 1-13 所示，决策级信息融合过程为：首先每个传感器独立对数据进行采样、预处理、特征提取和属性判决并完成对目标的初步判决，再将各传感器获得的判决信息进行关联处理，最后将关联后的信息送到融合中心进行联合属性判决。

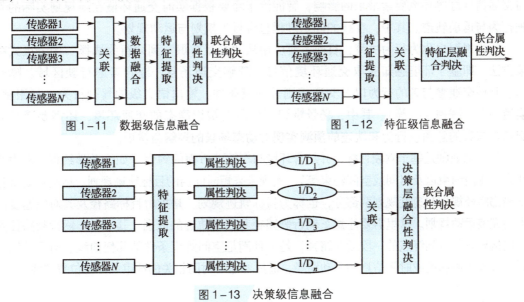

图 1-11 数据级信息融合

图 1-12 特征级信息融合

图 1-13 决策级信息融合

1.3.2 决策规划

决策规划是智能汽车"智能化"的核心体现，相当于智能汽车的"大脑"。如图 1-14 所示，决策规划以环境感知信息和驾驶目标为输入，以行驶安全性、高效性和舒适性等为目标，向控制系统输出目标行驶轨迹和速度，控制与执行系统则通过调节车辆的转向、驱动和制动系统来实现轨迹跟踪和速度跟踪。分层式决策规划主要包含路径规划、行为规划和运动规划等基本过程。

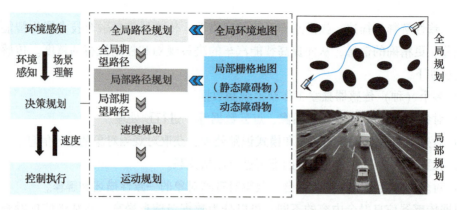

图1-14 分层式决策规划过程

路径规划包括全局规划和局部规划。全局规划是指基于对全局环境地图的理解，考虑通行效率、能源消耗、交通情况以及道路费用等因素，基于高精地图中的道路结构离线规划出从出发地到目的地之间的理想参考路径。目前，常用的商业地图软件在一定程度上都可以实现全局路径规划的功能。局部规划进一步结合全局期望路径和局部栅格地图信息，细化出具体的局部期望路径全局规划。然而，实际行驶过程中，面对来自其他行人、车辆与交通信号灯等环境要素带来的影响，智能汽车需要根据实时交通环境在线规划实际的驾驶行为与运动轨迹。其中，在线的规划过程包含行为规划与运动规划。

行为规划也称为行为决策，目前主要应用从"场景辨识"到"行为选择"的分层式决策方法。即基于环境感知获取交通环境信息，理解交通场景，综合考虑行驶区域、障碍物、其他交通参与者的行为以及交通规则等约束条件，输出语义级的驾驶行为（如跟驰、换道超车、减速让行等）。其中，场景辨识不仅需要辨识静态的交通环境，还需要通过对交通参与者的意图、行为和轨迹的预测实现对动态场景的理解与辨识。

运动规划则是基于驾驶目标，并结合环境与车辆两方面的约束（如运动学约束、动力学约束、碰撞约束以及时间或空间约束等），实现未来短时间内的目标轨迹规划。运动规划常包括局部路径规划和速度规划两部分，也称为目标轨迹规划，是指由目标路径及其对应速度产生的完整运动规划。这里需要注意车辆行驶路径和行驶轨迹的区别。其中，车辆行驶路径是指连接导航起点到终点的一段运动路径，是一种满足空间约束条件的几何曲线。而行驶轨迹则是包含车辆速度或时间信息的运动路径，需要考虑与时间相关的约束条件的位置曲线。

1.3.3 控制执行

控制执行系统主要关注底盘及其控制，未来发展方向为线控底盘和底盘域控制器。如图1-15所示，底盘域控制器作为车辆控制的核心，接收到决策规划系统发出的行车指令后，在保证汽车的安全性、操纵性和稳定性的前提下，通过对车辆纵向、横向和垂向运动的控制来调节车辆行驶速度、位置和方向，以减少车辆实际轨迹和目标轨迹之间的时间误差和空间误差，实现轨迹跟踪和速度跟踪。另外，底盘域控制器将相应的控制指令传输给动力系统总成、线控制动、线控悬架和线控转向等系统执行相应的操作。线控底盘技术取消了传统的机械连接，通过电子控制系统实现车辆的加速、制动、转向等操作。如果将负责环境感知和决策规划的整车控制域比作大脑,那么底盘域控制器则是小脑,而线控系统则是四肢,负责具体的执行操作。

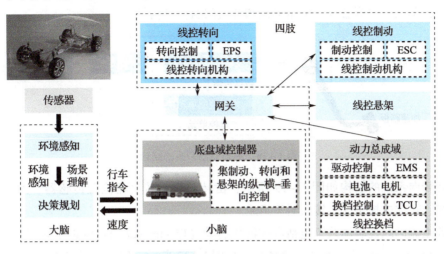

图 1-15 智能汽车控制执行架构

车辆纵向控制是按照一定的控制策略来调节车辆的纵向运动状态,具体是通过对驱动电机、发动机、传动系统和制动系统的控制来实现车辆的加减速或纵向距离保持等功能。车辆纵向控制的典型结构如图 1-16 所示。典型的纵向控制技术有自适应巡航控制系统、制动防抱死系统以及自动紧急制动系统等。

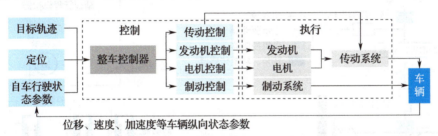

图 1-16 车辆纵向控制的典型结构

车辆横向控制是通过转向控制和稳定性控制来实现车辆安全、舒适地跟踪目标路径,其典型结构如图 1-17 所示。整车控制器以目标路径和安全性为目标,结合车辆运动约束计算所需的横向控制参数,再通过部件控制实现对横摆角速度、侧偏角及侧向加速度等车辆横向状态参数的控制。典型的横向控制技术有车道保持系统、主动避障控制系统、汽车电子稳定控制系统等。

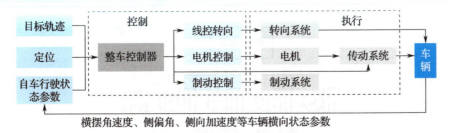

图 1-17 车辆横向控制的典型结构

线控底盘是智能汽车机电一体化执行机构的必然趋势，主要包括线控驱动、线控转向和线控制动等。图1-18所示为线控驱动系统的结构图，主要包括加速踏板、踏板位移传感器、电控单元、数据总线、伺服电机和节气门执行机构等。

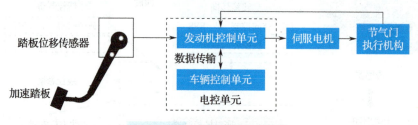

图1-18 线控驱动系统的结构

线控转向系统的结构如图1-19所示，由转向盘、转向盘位置传感器、力反馈电机、转向电机、转向电控单元、转向器等组成。

目前主流的线控制动系统包括电控液压制动（Electrohydraulic Brake，EHB）和电子机械制动（Electromechanical Brake，EMB）。如图1-20所示，EHB在传统液压制动系统的基础上添加了制动踏板传感器、踏板行程模拟器、主缸压力传感器、压力调节装置以及压力控制器，每个车轮制动力可以独立控制。

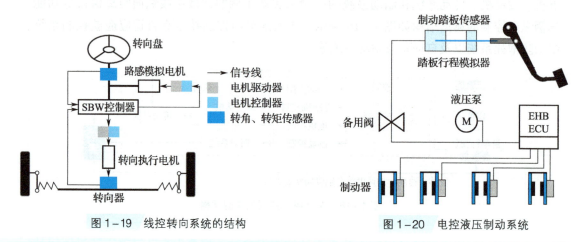

图1-19 线控转向系统的结构　　　　图1-20 电控液压制动系统

如图1-21所示，EMB以机电系统代替了液压回路，主要由踏板模拟器、EMB执行器以及控制器等组成，通过控制执行器的夹紧力来实现对每个车轮制动力的独立控制。

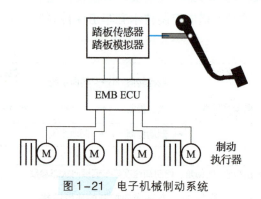

图1-21 电子机械制动系统

1.4 智能汽车的测试体系

微课视频
智能汽车测试内容

1.4.1 测试需求

为了适应市场对智能汽车功能和性能的要求,智能汽车技术需要不断地改进和优化,科学完善的测试评价体系对提高汽车研发效率、提升用户使用体验、健全技术标准和法律法规、推进产业创新发展至关重要。智能汽车从产品研发到产品量产,一方面需要大量复杂的系统性测试不断挖掘并改善其隐藏的功能缺陷,并验证其是否满足产品标准、法规、监管等方面的要求。另一方面,智能汽车技术的落地还需要在不同场景下进行反复测试来验证智能汽车与道路、设施及其他交通参与者之间的适应和协调能力,从而验证智能汽车的安全性、舒适性和高效性。可见,科学系统的智能汽车测试体系是智能汽车技术发展的重要支撑。

在智能汽车产品开发的不同阶段,测试需求各不相同。在设计研发阶段,需要通过研发测试尽早地发现和规避产品质量和安全问题,降低产品开发和改进的成本。因此,研发测试不仅需要验证新技术的功能和性能,分析新技术对整个产品综合性能的影响,更需要通过不断地测试挖掘并改善软硬件系统中隐藏的功能缺陷。根据国家《缺陷汽车产品召回管理条例》,系统缺陷包括不符合标准和不合理的危险两种缺陷。具体是指由于设计、制造和标识等原因导致在同一批次、型号或者类别的汽车产品中普遍存在不符合保障人身和财产安全的国家标准和行业标准的情形,或者存在其他危及人身和财产安全的不合理的危险。

汽车在上市前,需要进行系统的测试来验证汽车能否满足强制性国家标准(GB)、推荐性国家标准(GB/T)以及汽车行业标准(QC/T)等汽车标准体系的要求,以获得产品许可和准入认证。目前,全球对传统汽车和先进驾驶辅助系统的测试与验证已经开展了充分的研究,并形成了较成熟的测试方法和标准。随着智能汽车技术的应用和发展,很多新的测试需求也将应运而生。

在产品推广和量产阶段,为了满足用户对性能品质要求,需要对多种汽车的某一性能进行对比测试,在其他条件一致或基本相同的前提下,选取一个性能指标作为测试变量进行性能对比分析和研究,作为某种选择或决定的依据。例如,新车认证测试项目(New Car Assessment Program,NCAP)是用来评估耐撞性等车辆安全水平的一个非安全强制性法规,由于其试验结果直接面向公众,会直接影响消费者对车型安全的认可度。

1.4.2 测试内容

智能汽车的进化过程可以认为是驾驶员的驾驶操作逐渐退出的过程,原本由驾驶员完成的"感知-决策-执行"等动作逐渐要由系统替代完成。智能汽车在上市前,除了需要按照传统汽车的测试评价体系完成汽车性能的测试，还需要验证其智能驾驶功能是否满足标准法规要求以及是否具备安全驾驶的能力。因此，智能汽车的测试内容包括传统整车性能测试、关键零部件测试、系统功能性测试、安全性测试以及智能性测试等方面。

1. 传统汽车的性能测试

虽然传统汽车的测试技术已不能满足智能汽车的需求，但是智能汽车的测试并不能脱离传统汽车的性能测试。传统汽车的测试与评价主要关注车辆动力学性能，主要测试项目包括：汽车的整车性能测试、发动机测试、底盘测试以及电控系统测试等。其中，整车性能测试包括动力性、燃油经济性、制动性、操纵稳定性、通过性、尾气排放、噪声性能等多种性能的测试。汽车的动力性是汽车各种性能中最基本、最重要的性能，包括最高车速、加速性能、最大爬坡度、发动机输出最大功率和底盘输出最大驱动功率等评价指标。汽车燃油经济性是指在保证动力性的条件下，汽车以尽量少的耗油量经济行驶的能力，包括等速百公里油耗和循环工况油耗两个评价指标。汽车的制动性是指汽车行驶时能在短距离内停车且维持行驶方向稳定性和在下长坡时能维持一定车速的能力，包括制动效能（通常用制动距离与制动减速度来描述）、制动效能恒定性以及制动时的方向稳定性等评价指标。汽车的操纵稳定性包含操纵性和稳定性两方面的内容。操纵性是指汽车能够确切地响应驾驶员转向指令的能力；稳定性是指汽车受到外界扰动后恢复原来运动状态的能力。稳定性和操纵性往往互相影响，是影响其主动安全性的主要性能之一。我国 GB/T 6323—2014《汽车操纵稳定性试验方法》和 QC/T 480—1999《汽车操纵稳定性指标限值与评价方法》中规定的操纵稳定性试验包括：稳态回转试验，转向瞬态响应试验、转向回正性试验、转向轻便性试验、蛇形试验等。

2. 功能测试

智能汽车可以理解为具备驾驶自动化功能的车辆，对智能汽车的功能测试则可理解为在相应的运行设计条件（ODC）下对其所具备的驾驶自动化功能进行测试验证。显然，在感知不充分、决策不合理、控制不准确的情况下，智能汽车必然存在安全隐患。因此，智能汽车的功能测试对象不仅包含驾驶自动化系统和整车等的顶层系统，同时还应包括算法/软件（感知、规划、决策、控制等算法）和零部件（视觉传感器、毫米波雷达、激光雷达、控制器计算平台）等关键零部件的底层模块。现代汽车的设计开发是按照"以需求为驱动，自顶向下分解设计、自底向上集成验证"的 V 模型流程开展的。因此，针对智能汽车的功能测试也应按照"从子系统到系统再到整车"自底向上的流程进行。

针对智能汽车顶层系统的功能测试主要是对功能指标进行通过性验证，即验证系统或整车是否能够正确响应各类道路交通设施，是否能够遵守交通规则，是否能够按照自动驾驶功能的设计指标正确地应对道路上的车辆、非机动车、行人等交通参与者，是否能在设定的 ODD 之外正常退出并提示驾驶员接管，以及是否能够正确地完成功能设计时规划的其他驾驶自动化功能。2018 年 4 月，由工业和信息化部、公安部、交通运输部等三部委共同发布的《智能网联汽车道路测试与示范应用管理规范（试行）》，针对智能汽车自动驾驶功能的道路测试列出了 14 个方面的测试内容和 34 个测试场景。2022 年 10 月我国发布了 GB/T 41798—2022《智能网联汽车自动驾驶功能场地试验方法及要求》，针对智能汽车自动驾驶功能的场地测试列出了 8 项自动驾驶功能测试项目以及对应的 31 个测试场景。

3. 安全性测试

微课视频
智能汽车的
安全性测试

安全性是智能汽车需要解决的首要问题，安全性测试是智能汽车测试验证的核心内容。汽车的安全性是指汽车在设计、制造和使用过程中，能够保护乘员安全，减少事故伤害和避免事故发生的能力。虽然，智能汽车通过系统代替人类驾驶的部分或全部操作，有效地降低了因驾驶员操作失误造成的交通事故，但新兴的汽车电子系统可能会引发功能安全的问题，车辆与外界的信息通信也可能引入信息安全的问题。同时，随着人工智能技术的广泛应用，其带来的不确定性问题也将是智能汽车面临的重要挑战，所以说，智能汽车的安全性是一个非常庞杂的系统工程问题。如图 1-22 所示，不仅需要解决传统汽车的被动安全和主动安全问题，还需要解决新技术带来的新的安全问题。例如，功能安全，主要解决由系统或组件故障带来的风险；预期功能安全则侧重于解决因功能不足或驾乘人员误操作所带来的风险；信息安全方面主要解决由外部网络攻击带来的风险；行为安全则聚焦于确保智能汽车的驾驶行为是否符合交通法规等，以最大限度地减少碰撞和非碰撞事故的风险。

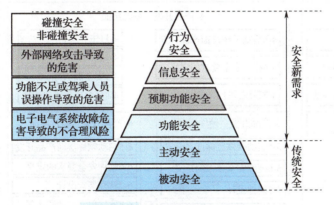

图 1-22 智能汽车的安全性问题

（1）功能安全（Functional Safety，FuSa） 根据国际标准 ISO 26262 和国家标准 GB/T 34590—2017《道路车辆功能安全》，功能安全是一套为降低系统故障危害开发的管理体系。其中，系统故障危害是指由于电子电气系统的功能异常表现引发危害所产生的不合理风险。例如，智能汽车中的防抱死制动系统、车身稳定系统、环境感知系统等都可能面临系统级、硬件级和软件级的功能安全挑战，表现为运行过程中的制动失效、转向失效、感知失效等问题。随着软件定义汽车的普及，智能汽车的功能日益丰富，电子电气架构也越发的复杂，从而增加了系统故障的风险，导致潜在的危险，智能汽车面临的功能安全也日益凸显。如图 1-23 所示，基于暴露度、可控度和严重度等的故障风险的量化与评估的基础与前提，功能安全根据评估结果对风险进行功能安全等级分类，也就是确定汽车组件的

ASIL 级别，从 ASIL A 到 ASIL D 的风险级别逐级升高，相对应的合规要求也依次升高。这为汽车制造商开发和生产提供了设计依据，从设计源头通过实施科学的安全措施、规范和方法来降低风险。

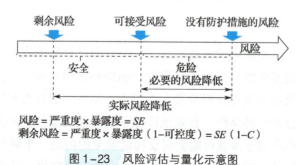

图 1-23　风险评估与量化示意图

注：必须至少将风险最小化至可接受的风险水平

标准 ISO 26262 规范了功能安全系统设计方法，整个产品的功能安全开发以及硬件/软件层面的功能安全开发均应遵守 V 模型。如图 1-24 所示，标准给出了定义和规范概念、系统产品开发、硬件产品开发、软件产品开发，以及开发后的生产、运营、服务和报废等整个系统生命周期中的功能安全。智能汽车企业应满足汽车安全生命周期的功能安全要求，利用系统化的测试、验证和确认方法证明系统故障处理可避免不合理的风险。

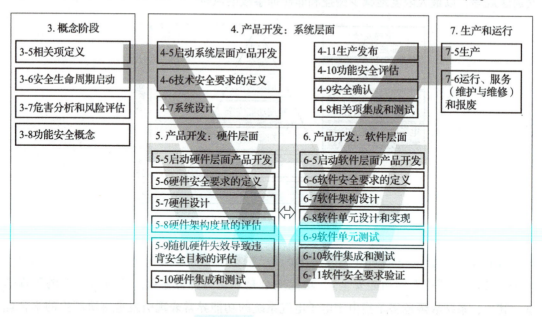

图 1-24　功能安全开发流程

（2）预期功能安全（Safety of the Intended Functionality，SOTIF）　智能汽车多起致命的交通事故表明，功能安全的车辆安全体系已无法完全满足智能汽车的安全保障需求。因此，从功能安全逐渐延伸出一类新的系统安全概念，即预期功能安全。预期功能安全立足对智能汽车安全影响更广泛的非系统故障危害，关注由功能不足、性能局限以及可合理预见的人员误用等导致的危害。具体来说，因智能汽车运行场景条件的复杂性和未知性，自动驾驶功能即使满足了设计要求，仍可能存在大量的安全运行风险。如何避免因自身设计不足或性能局限在遇到一定的触发条件时导致的危害所引发的安全风险，即为预期功能安全。典型的触发条件包括恶劣天气、不良道路条件和交通参与者非预期行为等。例如，Uber 将推自行车横穿马路的行人识别为漂浮的塑料袋，致使车辆撞向行人致其丧命。该交通事故是典型的预期功能安全问题，事故的发生一方面是由于感知功能不足，另一方面是未考虑行人穿越马路行为导致预测错误。

如图 1-25 所示，预期功能安全的目标可以从安全性和已知性两个角度来理解。将车辆运行场景分为已知安全场景、已知不安全场景、未知不安全场景和未知安全场景四个区域。开发初期，区域 2 和区域 3 的比例较高，SOTIF 技术通过对已知场景及用例的评估，发现系统设计的不足，将区域 2 转化为区域 1，并证明区域 2 的残余风险足够低。针对区域 3，SOTIF 技术基于真实场景、用例测试及随机输入测试等，发现系统设计的不足，将区域 3 转化为区域 2。同时基于统计数据和测试结果，间接证明区域 3 的风险已控制到合理可接受的水平。由此实现对已知和未知风险的合理控制，提升智能汽车的安全性。

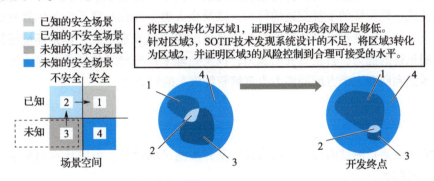

图 1-25 预期功能安全的目标

国际标准 ISO 21448 确定了包括规范和设计、危害识别与评估、潜在功能不足和触发条件识别与评估、功能改进、验证和确认策略定义、已知不安全场景评估、未知不安全场景评估、SOTIF 发布准则以及运行阶段活动等预期功能安全开发流程的九大活动。

（3）信息安全（Cybersecurity） 在智能汽车发展的不同阶段，网联化技术以不同层次嵌入到智能汽车中，以提高汽车的智能化程度。智能汽车在通过网络通信与外界人、物、环境实现信息交互获得便利的同时，也承担着网络攻击的安全风险，并且每增加一个新的服务和功能都会引入额外的风险和入口点。信息安全是指在保护汽车电子电气系统、组件以及功能的同时，避免因受到网络攻击威胁而产生不可接受的风险。智能汽车系统面临的网络攻击主要来自于内部攻击和远程攻击两个方面。其中，内部攻击主要是由智能汽车自身缺陷所引起的，如总线、网关、ECU 等安全等级不够。随着网联化技术的渗透，来自云端、通信通道和终端三个维度的风险也不可忽视。

针对智能汽车的信息安全测试，ISO 21434 标准明确了适用整车的信息安全风险评估方案，并列出了部分共性威胁点。汽车企业应按照 ISO 21434 标准开展整车信息安全测试，制定网络安全防护流程机制，定期开展网络安全风险识别、分析和评估，管控网络安全风险，及时消除重大网络安全隐患；建立网络安全监测预警机制，监测、记录并分析网络运行状态和网络安全事件等；建立网络安全应急响应机制，制定网络安全事件应急预案，及时处置系统漏洞、网络攻击、网络侵入等安全风险。

4. 智能性测试

对于智能汽车而言，除了进行功能性测试、安全性测试，还需要进行智能性测试。特别地，对于L3级及以上的高级别智能汽车的智能性测试尤为必要。智能汽车的智能性测试与评价有利于对系统开发形成有益的反馈，促进智能汽车的设计与优化，提高汽车的智能化水平，同时为用户购车提供参考。目前，对于智能汽车智能性的定义、测试和评价没有形成统一的标准。从智能汽车的驾驶行为出发，智能汽车的智能性是指车辆具备和人类相当、甚至超过人类的技术、技能，可以借鉴图灵测试的方法进行测试。为此，有学者将拟人化智能性理解为智能汽车的智能性，即测试智能汽车的驾驶行为与人类驾驶行为的一致性程度，以及模仿特殊人行为的能力。即体现驾驶行为的个性化，主动适应乘员的能力，以及与交通流中大多数驾驶行为相一致的能力。不应出现令车内人员担忧抱怨的驾驶行为、令其他车辆担忧的干扰交通的行为，以及令人类生理和心理不舒服的驾驶行为。另外，智能汽车的智能性也可以从智能汽车应具备的能力出发来定义，包括环境感知、决策规划和控制执行的能力，自主驾驶的能力，以及处理未预先定义的异常的能力等，还可以从控制、界面和网联三个方面的能力去理解智能汽车的智能性。

1.4.3 测试方法

测试方法主要指测试内容的组织形式以及开展测试的途径。可以从不同角度对测试方法进行不同的归类。

1. 软件测试

随着智能汽车的发展，软件在智能汽车上的比重增加，软件测试在智能汽车测试中的比例也越来越重。软件测试包括静态分析和动态测试两种方法。其中，静态分析是指以人工的、非形式化的方法通过"审查、评审和走查"等形式分析程序的语句结构、编程规范等是否有错误和不妥，对代码的静态设计做评估。静态分析占整个测试体系的比重较小，一般是软件测试的第一道程序。而动态测试方法则是指通过选择适当的测试用例，在规定的条件下执行程序，以发现程序中的错误，衡量软件质量，并对其是否能满足设计要求进行评估的过程。因此，动态测试可以理解为一种通过实际输出与预期输出间的审核或者比较来鉴定软件的正确性、完整性、安全性、运行效率以及鲁棒性等的过程。目前智能汽车的绝大部分软件测试过程都属于动态测试范畴。动态测试方法包括白盒测试、黑盒测试和灰盒测试三种。

（1）白盒测试　白盒测试也称结构测试或逻辑驱动测试，它的测试对象是算法/软件的源程序。该测试方法把测试对象看成一个透明的盒子，依据软件设计说明书和程序内部构造设计测试用例，对软件的逻辑路径进行覆盖测试。覆盖测试的方法主要包括逻辑覆盖测试、基本路径覆盖测试、数据流测试以及循环测试等。但无论采用哪种测试覆盖，即使覆盖率达100%，也不能保证把所有隐藏的程序错误都揭露出来。白盒测试的主要步骤有：

1）测试计划阶段，根据需求说明书，制定测试进度。

2）测试设计阶段，根据程序设计说明书，按照一定规范化的方法进行软件结构划分和测试用例设计。

3）测试执行阶段，输入测试用例，得到测试结果。

4）测试总结阶段，对比测试的结果和预期结果，分析错误原因，找到并解决错误。

白盒测试适用于单元测试、模块测试等软件开发的早期，能够对已完成的程序代码进行详尽、彻底、有重点的测试，更有可能捕捉到软件错误。

(2) 黑盒测试　黑盒测试是把测试对象或系统看作一个"内部不可见的黑盒子"，依据程序需求规格说明书设计测试用例，测试人员按照测试用例所描述的内容进行操作，将得到的结果与测试用例中的描述进行对比，检查功能是否符合功能说明。检验的内容包括但不限于：①是否有不正确或遗漏的功能；②在接口上，检验输入能否正确地接受，输出结果是否正确；③数据结构是否有错误或外部信息是否有访问错误；④性能是否能满足要求；⑤是否有初始化或终止性错误。黑盒测试是从用户或功能角度出发进行的一种软件测试方法，也被称为用户测试/功能测试，测试人员完全不用考虑程序逻辑结构和内部特性，只关心软件的输入与输出。黑盒测试适用于功能测试、可用性测试和可接受性测试。黑盒测试主要是对软件全部功能/性能进行覆盖测试，在测试过程中不断调整和更新测试用例。

(3) 灰盒测试　灰盒测试介于白盒测试和黑盒测试之间，是黑盒测试和白盒测试的综合，是测试人员研究需求分析及程序员交流理解系统内部结构的结合。灰盒测试考虑了用户端、特定的系统和操作环境，在系统组件的协调性环境中评价应用软件的设计，主要用于集成测试阶段，用于多模块构成的稍微复杂的软件系统。灰盒测试既利用被测对象的整体特性，又利用被测对象的内部具体结构。它看不到具体程序的内部，但可以看到程序之间的调用。具体来说，灰盒测试是在了解程序内部逻辑的基础上，通过黑盒测试加以判断软件实现的正确性。灰盒测试有一个灰度的问题，如果只能看到整体特性就变成黑盒测试，如果可以看到具体的内部结构就是白盒测试，趋于前者就深些，趋于后者就浅些。灰盒测试重点在核心模块，相对黑盒测试的时间少，相对白盒测试需要付出的研发成本要低。

2. 智能汽车测试

按照智能汽车的测试输入和测试过程的不同，智能汽车测试方法可分为基于用例的测试方法、基于场景的测试方法和开放道路测试方法。

(1) 基于用例的测试方法　基于用例的测试方法是指通过预先定义的测试用例来测试车辆的某项功能是否满足特定需求的方法。测试用例是基于测试功能设计的，是对系统如何对外界请求反应的描述，主要包括用例描述、测试对象、测试目的、测试场景及测试变量等因素。基于用例的测试方法对测试过程和测试结果有明确的要求。例如，采用基于用例的测试方法对自动紧急制动（Automatic Emergency Braking，AEB）系统的避碰功能进行测试，需要通过设计特定的测试用例来证明AEB在不同条件下都能实现避碰的功能，从而证明AEB功能的有效性。基于用例的测试方法主要适用于功能相对单一，并且有明确应用条件和预期结果的各类功能测试与验证。由于测试输入、测试条件和结果明确且可控，因此，该测试方法可重复性强、效率高。但基于用例的测试方法只能对某项功能进行测试，而无法测试多项功能的综合表现，也难以测试智能汽车的自主决策能力。

（2）基于场景的测试方法　基于场景的测试方法是指通过预先设定的场景，要求车辆完成某项特定目标或任务来对系统进行测试的方法。其中，场景是对一定空间和时间范围内的行驶环境以及交通参与者的状态、行为过程及其目的等的描述。基于场景的测试方法只规定了测试的初始条件，不预设测试过程以及测试结果，可以提供自动驾驶系统自主决策的自由度，能够对自动驾驶系统多种功能的综合性能进行测试，因此更适合高等级自动驾驶系统的测试需求。为了满足多种环境感知传感器的测试需求，同时提供自动驾驶系统决策所需的自由度，测试场景的设计势必更加复杂，环境要素更加丰富，因此测试场景的构建是该测试方法的一大挑战。与基于用例的测试方法类似，基于场景的测试方法同样需要分析多种来源数据，以确定测试场景的内容和测试初始条件。

（3）开放道路测试　智能汽车的开放道路测试是指在车辆上安装测试和记录的设备，配备测试人员（安全员）的情况下，在开放道路的环境中行驶，记录车辆的行驶状态，对智能汽车性能进行的测试。在满足自动驾驶系统 ODC 条件下，智能汽车需要面对复杂多样的真实环境。开放道路不仅有智能汽车，还有传统汽车、行人和非机动车等多种交通参与者，是最终真实的车辆运行环境。由于实际的道路和交通环境的随机性和不确定性，开放道路测试能更好地考验智能汽车安全性和驾驶能力。但是，不同的区域和道路依然存在着不同的交通特征，在进行开放道路测试时，应根据自动驾驶系统的 ODC 描述文件选择符合要求的测试区域和道路等。根据道路类型，可以将实际道路测试路段分为高速公路、快速路、城市道路、城郊道路和特殊区域等，为了遍历不同的交通情况和交通流量等，在实际的开放道路测试的实施过程中需综合考虑人员、交通、路段的情况，制定合理的测试计划。

1.4.4　测试流程

微课视频
智能汽车测试流程

在 ISO 26262 标准中提出的 V 模型产品开发模式，因有利于提高产品的开发效率和质量，在汽车产业也得到了普遍的应用。基于 V 模型的产品开发模式可以概括为 "以需求为驱动，自顶向下分解设计、自底向上集成验证"。在需求分析阶段将产品需求逐级分解为系统需求、子系统需求、硬件需求和软件需求。当各层面需求被完全实现并验证后，最终对产品进行客户需求确认，以保证所生产的产品满足客户需求。如图 1-26 所示，测试验证过程围绕需求验证展开，贯穿产品开发 V 模型的每个

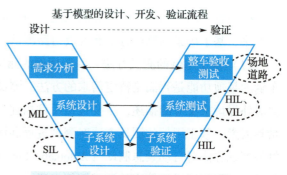

图 1-26　基于 V 模型的汽车产品设计、验证与开发的流程

环节,产品开发的不同阶段分别采用不同的测试方法,其中,模型在环、软件在环、硬件在环和车辆在环属于虚拟仿真测试,而封闭场地测试和开放道路测试属于实车测试。

1. 虚拟仿真测试

智能汽车的虚拟仿真测试是指通过计算机仿真技术,建立现实静态环境与动态交通场景的数学模型来模拟智能汽车人–车–环境闭环系统,让智能汽车系统算法在虚拟交通场景中进行的驾驶测试。通过软硬件等多物理体在环和驾驶员在环等技术,提升仿真测试的置信度。如图1-27所示,虚拟仿真测试系统可以概括为被测试车辆(Ego车)和测试场景两部分,这两部分可以是虚拟模型也可以是真实部件。根据各部分中包含仿真模型的不同,虚拟仿真测试方法可以分为:模型在环(Model in the loop,MIL)、软件在环(Software in the loop,SIL)、硬件在环(Hardware in the loop,HIL)、驾驶员在环测试(Driver in loop,DIL)、车辆在环(Vehicle in the loop,VIL)以及数字孪生(Digital Twin,DT)等。相关内容将在第2章中详细介绍。

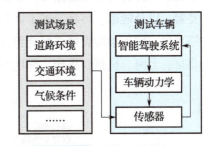

图1-27 仿真测试系统组成

针对产品开发的不同阶段采用不同的虚拟仿真测试方法和手段。系统设计阶段一般通过MIL进行系统功能的验证,验证控制算法模型是否准确实现了功能需求,相当于对算法的仿真。子系统设计阶段,将设计的子系统算法产生的代码引入到仿真测试系统中,采用SIL验证代码实现的功能是否与模型一致。在子系统完成硬件开发后,将子系统硬件引入到测试系统中,采用HIL方法验证代码实现的功能是否与需求定义一致,是进行整车仿真测试和实车路试前重要的验证环节。最后在完成系统或产品开发后采用VIL、DIL或DT等虚拟仿真测试方法,结合实车测试来完成产品最后的测试与验收。

虚拟仿真测试可以快速积累测试里程,在保证安全的情况下测试车辆的边界条件与极限性能,难点是如何保证模型的精度和测试效率。事实上根据美国兰德公司Kalra等研究结果表明:为了在95%的置信水平下,证明自动驾驶汽车的事故率比人类驾驶员低20%,需要进行超过177亿km的道路测试。随着虚拟仿真测试技术的发展,大幅提高仿真测试的占比是经济上可行的一种测试评价方法。企业也往往在系统开发设计前期,通过增加仿真测试的场景覆盖度和复杂度尽早发现产品的故障和问题,从而在有效降低风险的同时降低生产成本。仿真系统的置信度直接影响了仿真测试结果的有效性和可靠性,是虚拟仿真面临的最大挑战。为了促进不同仿真系统之间的互联互通和提高仿真测试的置信度,国内外标准组织正在努力推动仿真测试相关标准的制定,定义仿真测试的标准格式和标准接口。

2. 封闭场地测试(Test field)

封闭场地测试通过建设专用的封闭测试场地,搭建真实度较高的道具或实物,在有限的场地中模拟或还原真实场景,实现对车辆综合性能的测试,主要以示范应用及路测资格测试为主。封闭场地测试从环境到车辆系统均为实物,注重真实交通环境和场景的模拟还原,并采用柔性化设计,保证自动驾驶车辆能够在有限的场地条件下,尽可能多地经历不同环境和场景的测试。封闭场地内的测试环境包括雨雾模拟、隧道模拟、林荫路模拟等。测试场景覆盖了网联通信类、安全驾驶类和信息服务类等多种网联场景。测试工况包含城市道路工况、乡村道路工况、车辆极限工况等。

国内外很多地方都改造或建立了一些用于智能汽车的研发测试、性能评价和测试认证等的封闭测试场地。美国密西根的 MCity 是世界第一个智能汽车的专用封闭测试场地。如图 1-28 所示,该测试场地由多种路面和道路要素构成,包含水泥和沥青等铺装路面,以及泥土和碎石等非铺装路面。在试验区内设置了丰富的交通标志、车道线、信号灯等道路要素,以及隧道、环岛、施工区等要素。在城市场景中搭建了各种模拟建筑物,还有多种停车位、城市辅助设施等智能汽车在真实世界中可能遇到的道路元素。从 2015 年起,在北京、上海、杭州、重庆、深圳等多处示范区也都建立了封闭测试场地。

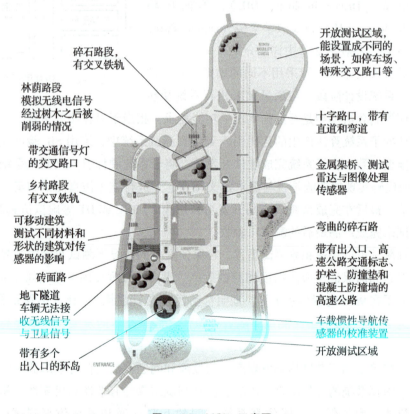

图 1-28 MCity 示意图

封闭场地测试方法的测试场景可控、安全性高,能够真实、快速、有效地测试智能汽车的整车性能以及人机交互性能。缺点是无法覆盖真实道路的所有场景,无法复现交通参与者之间的动态交互作用。同时,与仿真测试相比,封闭场地测试的测试效率低,存在一定的测试风险。因此,为提高测试效率,一般先经过虚拟仿真测试,筛选最为典型和具有测试价值的场景开展封闭场地测试。

3. 开放道路测试

开放道路测试是验证智能汽车安全性与可靠性的重要环节，也是智能汽车测试验证的最后环节。与虚拟仿真测试和封闭场地测试不同，在开放道路测试中无法搭建特定的场景，但是开放道路的真实混合交通环境更有利于对智能汽车安全性和驾驶能力的测试验证。例如，对于不同随机动态事件的应对方式、对于实际道路上经常出现的典型动态事件的响应能力，以及对于整体道路交通环境的安全性等。目前，我国在北京、上海、深圳、长沙、天津、重庆等多地，政府不同程度地开放了部分开放道路测试区域，对取得了道路测试资格的企业及研究单位相关车辆进行开放测试。我国各地先后发布了开放测试道路的实施细则和管理办法（详见表1-2），对开放测试道路的基本原则、测试车辆要求、测试主体要求、测试管理和事故责任认定等方面进行了规定。

表1-2 我国关于智能网联汽车开放道路测试的相关标准法规

时间	标准法规
2017.12	（京交科发〔2019〕19号）《北京市自动驾驶车辆道路测试管理实施细则（试行）》
2018.03	（沪经信规范〔2018〕3号）《上海市智能网联汽车道路测试管理办法（试行）》
2018.03	（渝经信发〔2018〕14号）《重庆市自动驾驶道路测试管理实施细则（试行）》
2018.04	（工信部联装〔2018〕66号）《智能网联汽车道路测试管理规范（试行）》
2018.08	（杭经信联推进〔2018〕121号）《杭州市智能网联车辆道路测试管理实施细则（试行）》
2018.10	（深交规〔2018〕4号）《深圳市智能网联汽车道路测试开放道路技术要求（试行）》
2018.12	（穗交规字〔2018〕19号）《广州市关于智能网联汽车道路测试有关工作的指导意见》
2019.10	（T/CMAX 120—2019）《自动驾驶车辆测试安全管理规范》
2021.07	（工信部联通装〔2021〕97号）《智能网联汽车道路测试与示范应用管理规范（试行）》
2022.10	（ISO 34501：2022）《道路车辆自动驾驶系统测试场景 词汇》

综上所述，虚拟仿真测试、封闭场地测试和开放道路测试各有优缺点，需要将其有机融合到智能汽车产品开发V模型的不同环节。例如，在高速公路、城市或特殊的测试道路上进行实车测试是一种有效的测试方法，适合用于智能汽车功能和性能验证的最后环节。然而，实车测试需要的时间和经济成本高，对于避撞功能这类危险系数较高的功能进行实车测试风险太大，应采用虚拟仿真测试和封闭场地测试，降低成本和风险。另外，在产品设计阶段由于没有实车或是原理样机无法进行实车测试，应采用虚拟仿真测试尽量挖掘缺陷和安全隐患并完善设计，提高产品开发效率。

1.5 智能汽车的评价体系

微课视频
智能汽车评价体系

智能汽车的评价是整个智能汽车产业的重要环节，是智能汽车系统和功能设计的重要指引，为智能汽车的发展方向、技术要求和性能要求提供理论依据。智能汽车的测试和评价技术是相互关联不可分割的环节，智能汽车评价是测试环节的延续，通过分析测试结果对智能汽车的功能和性能进行评估，同时也是测试内容设计的理论依据。可见，科学完善的评价体系对智能汽车的发展至关重要，随着智能汽车的发展，其评价体系也应不断发展和优化。

评价体系既是工程师、用户、监管部门等对其价值评判的提炼和系统性表达，体现了人们对于智能汽车的系统功能、安全性、舒适性、经济性等各方面的性能需求、偏好和努力的方向，也是产品功能和性能的综合展现，便于不同智能汽车间的比较，对系统开发形成有益地反馈。如图1-29所述，不同企业和机构关于智能汽车的评价思路和实践方案略有不同，但总体评价流程可以概括为：①明确评价目标，包括评价对象和评价目的；②根据评价对象的结构、功能和性能描述和评价目标，确定评价指标体系，进一步对指标进行归一化和无量纲化处理；③根据评价目的和评价指标选择合适的评价方法，构建评价模型；④分析测试数据，对智能汽车的功能和性能进行评价分析；⑤根据评估结果完善评价体系，发现系统问题并提供系统优化建议。本书从评价目标、评价指标以及评价模型三个方面对智能汽车的评价方法进行总结概述。

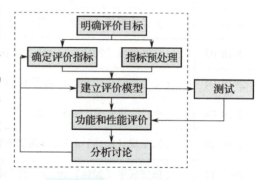

图1-29 智能汽车的评价流程

1.5.1 评价目标

智能汽车的评价目标可以从评价对象和评价目的两个方面来理解。

1. 评价对象

智能汽车的评价对象可以从驾驶自动化等级划分和是否运载乘客两个方面进行分类。根据驾驶自动化等级的不同，智能汽车可分为先进驾驶辅助型（ADAS）和高等级自动驾驶型（ADS）两大类。先进驾驶辅助型智能汽车关注L2级以下的驾驶自动化功能，需要面向特定场景针对特定功能建立评价体系。而高等级自动驾驶关注L3级以上的驾驶自动化功能，除了需要对其功能进行评价，还需要进行更广泛应用场景下的综合性能评价。

根据是否运载乘客可分为无人乘坐型智能汽车和有人乘坐型智能汽车。无人乘坐型智能汽车主要用于特定场景下执行特殊任务，重点关注其独立执行任务的能力以及完成的质量。有人乘坐型智能汽车不仅关注自身智能驾驶的能力，还需要关注乘客的乘坐体验。因此，在有人乘坐型智能汽车的评价指标体系中需要增加乘客体验相关的评价指标，例如，通过问卷调查的方式，收集试乘人员对被测试车辆的信任程度、有用程度、可接受程度以及是否愿意购买等。

2. 评价目的

在产品开发的不同阶段，智能汽车的评价目的各不相同。在研发测试阶段，智能汽车的评价目的是验证和评估新技术在功能和性能上的实现程度和改进情况，属于改进型纵向比较类评价。改进型纵向比较类评价主要是对产品在某方面功能和性能的纵向比较与评价，不需要全面综合地对比不同车辆间功能和性能的差异。在产品许可和认证阶段，智能汽车的评价目的重点是对照强制性国家标准（GB）、推荐性国家标准（GB/T）、汽车行业标准（QC/T）在内的汽车标准体系进行产品标准符合性评价。在产品推广和量产阶段，需要对多辆、多种智能汽车的安全性和智能性进行多方面、多角度的综合性评价和排序对比，单一方面的评价无法综合反映智能汽车的综合性能，属于竞争型横向比较类评价。与改进型纵向比较类评价不同，竞争型横向比较类评价需要全面综合地比较多辆智能汽车的功能和性能，其评价指标比改进型纵向比较的覆盖范围更广。

1.5.2 评价指标

智能汽车的评价指标不仅需要包含车辆动力学性能指标，还需要针对智能汽车的功能、安全性和智能性建立一套新的系统性评价体系，以满足智能汽车在开发与认证过程中的评价需求。

1. 功能评价

智能汽车的功能评价主要是在相应的运行设计条件（ODC）下对其所具备的驾驶自动化功能进行通过性评价，即在不同场景组合下对被测试系统的实际运行功能与其功能描述的一致性进行评估。单一场景的通过性评价是指针对特定的自动驾驶功能，在给定测试场景的前提下，评估被测试自动驾驶功能是否可以在该场景中安全、合规、合理地行驶。具体来说包括：

1) 智能汽车运行时能遵守道路交通法律法规、道路标识规则等相关规定。若发生违规违法驾驶行为，包括逆行、压线、闯红灯、速度限制等，则不通过。

2) 智能汽车运行时能够避免碰撞等安全事故。如发生碰撞事故，包括撞人、撞车、碰撞道路设施等，则不通过。

3) 智能汽车运行时，其驾驶行为满足可预测性、合理性、系统接管等相关要求。若对其他交通参与者产生负面或者误导性影响、驾驶行为不可预测、超出ODD范围未提醒人工接管或进入最小风险模式，则不通过。

为了适应智能汽车自动驾驶功能技术的特点，国内外通过多年技术的发展和经验的积累，已经形成了由虚拟仿真、封闭场地测试和道路试验等多种测试方法共同完成的自动驾驶功能测试和评价体系。但体系还不完善，需要持续地更新和优化。同时国内外也在努力推动相关的标准体系的制订。在《智能网联汽车道路测试与示范应用管理规范（试行）》

针对智能汽车自动驾驶功能的道路测试列出了 14 个方面的测试内容和 34 个测试场景的通过性指标，主要内容包括：①基本交通管理设施检测与响应能力测试，测试内容应包含 GB 5768《道路交通标志和标线》、GB 14887《道路交通信号灯》、GB 14886《道路交通信号灯设置与安装规范》等标准要求的道路交通设施种类和安装规范等内容；②前方车道内动静态目标（机动车、非机动车、行人、障碍物等）识别与响应能力测试，测试内容应包含感知识别不同目标（非机动车、行人、障碍物）的类型和状态、跟随不同交通参与者（机动车、非机动车、行人）行驶、车速车距控制等内容；③遵守规则行车能力测试，测试内容应包含超车、并道、通过交叉路口等内容；④安全接管与应急制动能力测试，测试内容应包含靠边停车与起步、应急车道内停车、人工接管等内容；⑤综合能力测试，综合考察自动驾驶汽车对交通语言认知能力、安全文明驾驶能力、复杂环境通行能力、多参与对象协同行驶能力、网联通信能力等内容。

在 GB/T 41798—2022《智能网联汽车自动驾驶功能场地试验方法及要求》，针对智能汽车的自动驾驶功能场地测试给出了交通信号识别及响应、道路交通基础设施及障碍物识别及响应、行人与非机动车识别及响应、周边车辆行驶状态识别及响应、自动紧急避险、停车、动态驾驶任务干预及接管以及最小风险策略 8 项自动驾驶功能测试项目和 31 个测试场景下的通过性指标。交通信号识别及响应功能的 4 个测试场景及其通过性指标见表 1–3。

表 1–3 交通信号识别及响应功能的部分测试场景及其通过性指标

测试场景	通过性指标
直道场景限速标志识别及响应	1）试验车辆最前端越过限速标志所在平面时，速度不高于限速标志数值 2）在限速标志牌间行驶时，行驶速度不低于当前限速标志数值的 0.75 倍 3）若存在解除限速标志，通过解除限速标志牌后 200m 时，行驶速度不低于当前限速标志数值的 0.75 倍
弯道场景限速标志识别及响应	1）车轮不得碰轧车道边线 2）若测试车辆为乘用车，弯道内全程车速不低于 0.75 倍限速值 3）若测试车辆为商用车辆，弯道内全程车速不低于 0.5 倍限速值
停车让行标志和标线识别及响应	1）试验车辆应在停车让行线前停车且车身任何部位都不越过停车让行线 2）若试验车辆为乘用车，车辆最前端与停车让行线最小距离不大于 2m，车辆起动时间不应超过 3s 3）若试验车辆为商用车，最前端与停车让行线最小距离不大于 4m，车辆起动时间不超过 3s

（续）

测试场景	通过性指标
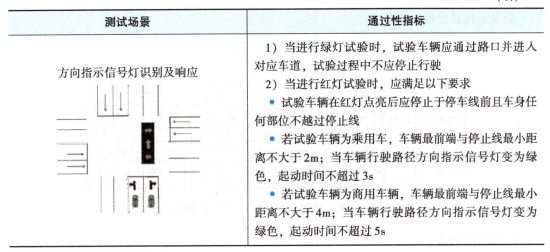方向指示信号灯识别及响应	1）当进行绿灯试验时，试验车辆应通过路口并进入对应车道，试验过程中不应停止行驶 2）当进行红灯试验时，应满足以下要求 • 试验车辆在红灯点亮后应停止于停止线前且车身任何部位不越过停止线 • 若试验车辆为乘用车，车辆最前端与停止线最小距离不大于2m；当车辆行驶路径方向指示信号灯变为绿色，起动时间不超过3s • 若试验车辆为商用车辆，车辆最前端与停止线最小距离不大于4m；当车辆行驶路径方向指示信号灯变为绿色，起动时间不超过5s

2. 安全性评价

随着智能汽车技术的发展，关于智能汽车安全性的定义也在不断更新。目前对安全性的定义主要包括功能失效率、安全场景通过率、安全行驶里程数、驾驶员接管次数、交规符合度以及事故避免率等。其中，基于功能失效率和安全场景通过率的安全性评价主要是一种基于场景覆盖率驱动的验证方法（Coverage Driven Verification，CDV），主要通过对场景参数范围的事故避免覆盖程度来衡量其安全性。其中测试场景的覆盖率和复杂度是评价测试车辆安全性需要考虑的重要因素。这种方式适合研发过程中使用，方便观察自动驾驶系统的能力边界，但无法确定安全基线。安全行驶里程数、驾驶员接管次数、交规符合度等主要是基于里程的测试与评价。然而，对于安全行驶里程数和驾驶员接管次数两个安全性评价指标，不能简单认为车辆安全行驶的里程越多则安全性越高，或者车辆接管次数越少则安全性越高，而是需要在行驶里程或接管次数的基础上同时考虑行驶场景的复杂度。基于交规符合度的安全性评价认为只要把所有的道路交通规则数字化，然后严格地保证车辆按照交通规则行驶，就可以达到安全驾驶的目标。但事实上，在某些情况下，即使自动驾驶车辆严格按照道路交通规则行驶，交通事故也难以完全避免。碰撞避免（Collision Avoid，CA）理论认为，智能汽车在任何时候、任何场景下都应该避免任意类型的碰撞事故。评估避免事故最基本的度量方法是评估被测试车辆是否和目标物发生碰撞。为了进一步评估智能汽车是否具有防御性驾驶能力，即评估智能汽车是否可以避免和目标物的潜在碰撞风险，引入了安全时间域（Safety Time Domain，STD）的评价指标体系。STD是一种定义在时间域（相对于空间域）的，基于到达轨迹交叉点时间差的风险评估模型。时间差的绝对值越小，距离风险点的剩余时间越短，潜在的碰撞风险就越高。

可见，智能汽车安全性评价是一个非常复杂的系统性工程，目前还没有形成完善统一的安全性评价体系。如1.4.2节所述，对于智能汽车的安全性测试，目前较为主流的方法是将智能汽车的安全性测试划分为功能安全、预期功能安全和信息安全三个方面进行测试验证。同样，对于智能汽车的安全性评价也可按照上述三个方面进行评价。如图1-30所示，按照树形多级结构从评价内容、评价方面、评价角度以及评价指标四个层级形成智能汽车的安全性评价指标体系。

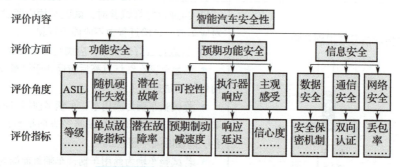

图1-30 智能汽车安全性评价指标体系

3. 智能性评价

一方面，智能汽车智能性评价的指标体系可以参考国内外各类自动驾驶车辆竞赛中的评价指标体系和评分机制。例如，美国国防高级研究计划局（Defense Advanced Research Projects Agency，DARPA）主导的无人车挑战赛以及中国自然科学基金委员会组织的"中国智能车未来挑战赛"等比赛，在预先规定的道路或区域内指定车辆应完成的行驶任务，采用自主行驶里程、任务完成时间、任务完成质量以及人工干预次数等各项指标对智能汽车的智能性进行评价，详见表1-4。

表1-4 不同比赛中智能汽车智能性评价指标对比

比赛	举办单位	评价指标
Grand Challenge	DARPA	自主行驶里程、任务完成时间
Urban Challenge		任务完成时间、任务完成质量
中国智能车未来挑战赛	中国自然科学基金委员会	任务完成时间、任务完成质量、人工干预次数
i-VISTA自动驾驶汽车挑战赛	中国汽车工程研究院股份有限公司	任务完成时间、任务完成质量、人工干预次数

另一方面，为了能够更准确地描述和量化智能汽车的智能性，一些研究机构基于不同的评价理论和方法对智能汽车的智能性进行了综合分析。以美国国家标准与技术研究院建立的ALFUS评价框架为例（图1-31），从任务复杂度、环境复杂度、人工干预度三个维度将智能汽车的智能性划分为1~10级，共10个级别。在ALFUS评价框架的基础上，先后出现了以基于里程的评价和基于场景的评价为主的多种评价方法，主要包含车辆控制行为安全、行车行为安全、交通行为安全等评价指标。基于里程的智能性评价与各类智能汽

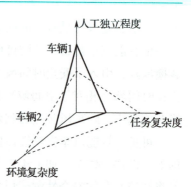

图1-31 ALFUS评价框架

车比赛相似，注重被评价对象的整体完成情况，但其有测试评价周期长、效率低、成本高等弊端。基于场景的评价则根据具体场景的特点设计评价目标，针对性更强。

上述指标主要是整车级指标，是将智能汽车视为一个完整的系统，无需了解系统内部结构，只需按照系统的输入和输出信息对车辆在完成任务时的各种行为表现和行驶能力进行评价。整车级评价虽然能反应整车的智能性，但缺乏对智能汽车环境感知、决策规划和控制等各子系统性能的直观反映，不利于对系统进行针对性的优化与改进。因此，从系统级入手对智能汽车的智能性评价也是一个重要方面。系统级评价是指将智能汽车的智能性拆分为子系统或子能力指标，对子系统或子能力分别进行测评，进而汇总成整车智能性的评价结果。虽然系统级评价能够直观地反映智能汽车各子系统的智能化水平，但是基于各子系统的评价结果如何综合成整车的评价结果仍然面临很大挑战。因此，综合整车级和系统级两个各具优势的评价方面共同构成了如图1-32所示的智能汽车智能性评价指标体系，按照树形多级结构从评价内容、评价方面、评价角度以及评价指标四个层级形成智能汽车的智能性评价指标体系。

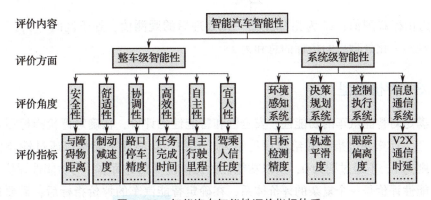

图1-32 智能汽车智能性评价指标体系

针对整车级智能性评价方面，在自主行驶里程、任务完成质量、任务完成时间以及人工干预次数等的基础上，增加智能汽车与人交互的能力，形成包括安全性、舒适性、协调性、高效性、自主性以及宜人性在内的多种评价角度。其中，安全性、舒适性和协调性构成了任务完成质量，高效性对应任务完成时间，自主性对应人工干预程度，宜人性对应与人交互的能力。针对系统级评价方面，将智能汽车划分为环境感知、决策规划、控制执行以及信息通信四个子系统。

智能汽车的评价指标体系中，同一评价角度的下一个层级往往是由多个评价指标组成的评价指标集。评价指标的选取包括初选、筛选和优化三个步骤。指标的初选一般包括综合法、分析法、交叉法和指标属性分组法等。初选后的评价指标集，进一步根据专家经验等方法对评价指标集进行筛选，删除不合理或冗余的指标，最后往往还需要采用主成分分析法等方法对指标进行精练。

智能汽车的评价指标包括客观评价指标和主观评价指标。其中，客观评价指标是指通过各类传感器在测试中实际测量获得的指标属性值。例如，转向盘转角和转向灯状态等横向车辆操作行为指标，制动踏板和加速踏板状态等纵向车辆操作行为指标，车速、运动轨迹、纵横向加速度等整车状态参数，以及包括行驶里程、行驶时间、行驶时段、急加速次数、急减速次数、超速次数和急转弯次数在内的更为宏观的道路交通行驶参数。主观评价是指人类确定的指标属性值，如乘坐汽车的安全感和舒适感等。主观评价指标和客观评价指标各有优劣。例如，主观评价更加接近人的真实感受，但受人的个体差异影响较大。而客观评价指标能更加具体和准确地反映车辆性能，但无法真实表达驾乘人员的实际感受。因此，往往以客观评价为主，主观评价为辅，综合两者优势进行智能汽车的性能评价。

在确定评价指标体系后，需要对具体的评价指标进行一致化与无量纲化处理。定性指标需要量化处理。定量指标的类型包括极大值型、极小值型、居中型及区间型。对评价指标进行无量纲化处理的常用方法有标准化处理法、极值处理法、线性比例法、归一化处理法、向量规范法和功效系数法等。其中常用的归一化处理法如式（1.1）所示。

$$x_{ij}^* = \frac{x_{ij}}{\sum_{i=1}^{n} x_{ij}} \qquad i=1,2,\cdots,n \qquad (1.1)$$

式中，x_{ij}为指标观测值；x_{ij}^*为指标经归一化处理后的观测值，处于区间［0,1］范围内，并且所有经归一化处理后的指标的总和为1。

1.5.3 评价模型

为了满足对智能汽车的功能性、安全性和智能性的评价，在确定评价指标后还需要建立评价模型，计算评价指标并给出评价结果。其中，功能性主要是以通过性评价指标为主，通过则为1，不通过则为0，所以功能性的评价模型相对简单。与功能性评价不同，安全性和智能性评价是一个复杂的评价体系，在确定智能汽车的评价指标后，需要选择合适的评价模型对评价指标进行计算，以确定评价对象在各评价指标上的评价结果，形成智能汽车的安全性或智能性的综合性评价结果。评价模型可以概括为定性评价模型和定量评价模型两大类。

1．定性评价模型

定性评价是从分析智能汽车安全性或智能性的本质出发，运用观察、分析、归纳、描述等方式，利用专家的知识、经验和判断对智能汽车的安全性或智能性给出定性的评价结果。定性评价的结果主要是智能汽车的安全性等级或智能化水平等级以及相应性能的描述性语言，而非精确的数值。因此，定性评价模型不采用纯量化的数学方法。在1.5.2节提到的ALFUS评价框架就是一种典型的多轴坐标法，每条坐标轴代表一个评价角度或评价指标。如图1—33所示的蛛网模型也是一种应用较为广泛的定性评价模型。蛛网模

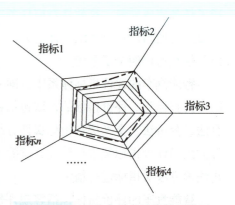

图1—33 智能汽车性能评价蛛网模型

型从一个原点往外辐射出若干条轴,每条轴代表一个评价角度或评价指标。首先,分别根据每个评价指标的属性值范围将对应的轴分成若干等级;然后,根据评价指标的实际属性值在相应的轴上取对应的点;最后,将每条轴上的对应点连接起来构成蛛网的纬线即得到蛛网模型。用蛛网模型中的纬线来反应智能汽车的安全性或智能性。

2. 定量评价模型

定量评价是以数学计算为工具,按照数量分析方法,从客观量化角度收集与处理评价指标数据,最终输出精确的数值评价结果,用以反映所评价对象的全部评价信息。与定性评价不同,智能汽车的定量评价理论性较强,能够直观且清晰地给出量化评价结果,应用相对广泛。从最终输出的量化评价结果的维度来看,定量评价模型可以分为独立指标评价模型和联合指标评价模型两种。

独立指标评价模型是在得到各评价指标的量化评价结果后,对不同评价指标的重要性不加区分,将其组合成最终的多维评价结果,并非输出关联后的总体评价结果。例如,评价智能汽车在特定场景中的智能化水平时,可将智能汽车到达终点的平均时间、平均加速度、车道变换次数等数据作为评价指标,独立指标评价模型输出的评价结果就是通过上述各项指标量化后的评价结果组合,而不是整体的评价结果。因此,独立指标评价模型仅适用于独立地对比不同测评对象在各项评价指标上的差异,不能在整体上对智能汽车的性能进行评价与对比,所以该方法应用的较少。而联合指标评价模型不仅可以通过多个评价指标的量化结果来反映测评对象在各个方面的性能,而且可以将各个评价指标结果联合成一个总体指标,来对智能汽车的性能进行整体综合的评价与对比。因此,联合指标评价模型应用更加广泛。在确定评价指标体系后,联合指标评价模型的关键是确定各项评价指标的权重以及将各项评价指标综合起来的集结模型。下面首先介绍指标权重的确定方法,然后介绍集结模型。

(1) 评价指标权重的确定　如图1-34所示,确定评价指标权重的方法主要有主观赋权法、客观赋权法和综合赋权法三种。

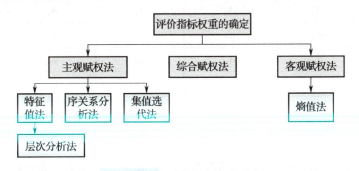

图1-34　评价指标权重的确定

1) 主观赋权法。主观赋权法主要是根据专家及评价者的知识结构与工作经验,对各项评价指标的相对重要程度进行主观判断来确定各指标的权重系数。主观赋权法体现了决策者的知识经验、直觉和主观愿望,但也会由于决策者的经验缺乏和个人偏好而使决策带有主观随意性。主观赋权法主要包括特征值法、序关系分析法和集值迭代法等,其中特征值法应用较多。特征值法是指将所有评价指标进行两两对比,导出判断矩阵,进一步计算判断矩阵的特征值与特征向量,并将相应特征向量归一化形成指标权重的方法。层次分析法(Analytic Hierarchy Process, AHP)是一种典型的特征值法,应用广泛。采用层次分析法赋权时,首先需要构造一个系统功能或特征的层次结构,即目标层、准则层和指标层;然后,针对各层元素的相对重要性进行两两比较,得到上下层元素的判断矩阵,并给出上下级指标间相对重要程度组成的重要序列。例如,某评价指标体系中的准则层具有 $A_1 \sim A_5$ 五个元素,专家或评价者对各项评价指标之间的相对重要度进行两两比较,并根据表 1-5 中的比例标度及含义给重要度赋值,得到比较结果见表 1-6。

表 1-5 判断矩阵的比例标度及含义

序号	重要性等级	A_{ij} 赋值
1	i, j 两个元素同等重要	1
2	i 元素比 j 元素稍重要	3
3	i 元素比 j 元素明显重要	5
4	i 元素比 j 元素强烈重要	7
5	i 元素比 j 元素极端重要	9
6	i 元素比 j 元素稍不重要	1/3
7	i 元素比 j 元素明显不重要	1/5
8	i 元素比 j 元素强烈不重要	1/7
9	i 元素比 j 元素极端不重要	1/9

注:$A_{ij} = \{2, 4, 6, 8, 1/2, 1/4, 1/6, 1/8\}$ 表示重要度介于 $A_{ij} = \{1, 3, 5, 7, 9, 1/3, 1/5, 1/7, 1/9\}$ 之间。

表 1-6 判断矩阵 A 的表达形式

准则层	A_1	A_2	A_3	A_4	A_5
A_1	a_{11}	a_{12}	a_{13}	a_{14}	a_{15}
A_2	a_{21}	a_{22}	a_{23}	a_{24}	a_{25}
A_3	a_{31}	a_{32}	a_{33}	a_{34}	a_{35}
A_4	a_{41}	a_{42}	a_{43}	a_{44}	a_{45}
A_5	a_{51}	a_{52}	a_{53}	a_{54}	a_{55}

根据重要度的比较结果可以得到判断矩阵 $A = [a_{ij}]_{n \times n}$,其中 n 为指标个数。将矩阵 A 按式(1.2)进行归一化处理。

$$\bar{a}_{ij} = \frac{a_{ij}}{\sum_{i=1}^{n} a_{ij}} (i, j = 1, 2, \cdots, n) \tag{1.2}$$

将归一化后的判断矩阵按行相加，得到和向量 W_i，如式（1.3）所示。

$$W_i = \sum_{j=1}^{n} \bar{a}_{ij}(j=1,2,\cdots,n) \tag{1.3}$$

将归一化的判断矩阵进行行平均，得到权重向量 $\overline{W}_i$，如式（1.4）所示。

$$\overline{W}_i = \frac{W_i}{\sum_{i=1}^{n} W_i}(i=1,2,\cdots,n) \tag{1.4}$$

如果指标数 >2，为了避免出现内部矛盾，需要进行一致性检验，以确保评判逻辑的一致性。进行一致性检验前，需要先计算判断矩阵 A 的最大特征根 $\gamma_{\max}$，这里采用了和积法计算，如式（1.5）所示。

$$\gamma_{\max} = \sum_{i=1}^{n} \frac{[A\overline{W}_i]_i}{n(\overline{W}_i)_i} \tag{1.5}$$

按照式（1.6）计算一致性指标 $C.I.$。

$$C.I. = \frac{\gamma_{\max} - n}{n-1} \tag{1.6}$$

基于评价指标的数量 n，根据表1-7得到平均随机一致性指标 $C.R.$，若 $C.R.$ 满足式（1.7）的关系，方可认为一致性检验通过，否则需要修改判断矩阵 A，重新进行计算和一致性检验，直到通过为止。

$$\frac{C.I.}{C.R.} < 0.1 \tag{1.7}$$

表1-7 平均随机一致性指标 $C.R.$ 取值

n	3	4	5	6	7	8	9	10	11
$C.R.$	0.58	0.9	1.12	1.24	1.32	1.41	1.45	1.49	1.51

2）客观赋权法。客观赋权法是通过对实测的评价指标数据进行计算分析来确定各指标权重的方法。客观赋权法利用了完善的数学理论知识，较少受主观因素的影响，但忽视了决策者的知识经验和主观愿望。熵值法是客观赋权法中较为常用的方法。熵是信息论中的一个概念，是对无序化程度的度量，表示事物或问题的不确定性。熵值法是根据各个指标原始数据的变异程度进行赋权的方法。其基本思想是：若某个指标数值变化越大，则其信息熵的值越小，表明该指标值的变异程度越大，提供的信息量越多，在综合评价中所能起到的作用也越大，其权重也就越大。相反，某个指标数值变化越小，则其信息熵的值越大，表明指标值得变异程度越小，提供的信息量也越少，在综合评价中所起到的作用也越小，其权重也就越小。下面简要介绍熵值法确定权重的一般步骤。

首先，将原始指标数据按照式（1.8）和式（1.9）进行标准化处理。这里假设有 m 辆待评价的智能汽车，每辆车都存在 n 个同一层级的评价指标。

$$y_{ij} = \frac{x_{ij} - x_{j\min}}{x_{j\max} - x_{j\min}} \tag{1.8}$$

$$Y_{ij} = \frac{y_{ij}}{\sum_{i=1}^{m} y_{ij}} \tag{1.9}$$

式中，Y_{ij} 为第 i 辆被测试车辆的第 j 个评价指标经归一化处理后的测试数据。

然后，按照式（1.10）和式（1.11）计算第 j 项指标的信息熵值 e_j 和信息效用值 d_j。其中信息效用值 d_j 越大，表明指标越重要，对评价的重要性就越大。

$$e_j = -\frac{1}{\ln m} \sum_{i=1}^{m} Y_{ij} \ln Y_{ij} \tag{1.10}$$

$$d_j = 1 - e_j \tag{1.11}$$

值得注意的是，对于归一化处理后为零的测试数据，即当 $Y_{ij}=0$ 时，其信息熵的计算参考式为（1.12）用于求极限。

$$Y_{ij}\ln Y_{ij} = 0 \tag{1.12}$$

最后，利用式（1.10）得到的信息效用值 d_j，计算第 j 项评价指标权重，计算公式如式（1.13）所示。

$$w_j = \frac{d_j}{\sum_{j=1}^{n} d_j} \tag{1.13}$$

式中，w_j 为第 j 项指标的权重；n 为指标个数。

则各个评价指标的权重向量如下：

$$W = (w_1, w_2, \cdots, w_n)^T \tag{1.14}$$

3）综合赋权法。综合赋权法属于主观赋权法和客观赋权法的结合，既可以客观反映各指标的重要程度，又能反映决策者的主观经验。综合赋权法的常用方法是，首先分别利用主观赋权法和客观赋权法求出合理的权重系数，再根据具体情况确定两种赋权法所得权重系数各自所占的比例，最后求得综合的权重系数。虽然综合赋权法在理论上相比主、客观赋权法更具合理性和灵活性，能够适应不同测评情形下的需求，但如何合理、可信地确定主、客观赋权法的相对重要程度（即折中系数的选取方法）仍然有待进一步研究。目前对于折中系数的选取依然带有较大的主观性，难以保证综合赋权结果的准确性。

例如，利用层次分析法（AHP）和熵值法分别确定各评价指标的权重，这里假设折中系数为1，可利用式（1.15）进行组合得到综合的权重系数。

$$\eta_j = \frac{W_i w_i}{\sum_{i=1}^{n} W_i w_i} \tag{1.15}$$

式中，W_i 为层次分析法确定的权重；w_i 为熵值法确定的指标权重；n 为指标个数。

（2）集结模型　在确定智能网联汽车各评价指标的权重之后，需要进一步与各评价指标及其属性值进行联合，以综合得出待测评车辆的最终评价结果，在定量评价中通常以数值的形式呈现，在此过程中需要应用集结模型。常用的集结模型有加权算术平均法、灰色关联度法、模糊综合评价法、BP 神经网络法、逼近理想解排序法（Technique for Order Perference by Similarity to an Ideal Solution，TOPSIS）等。下面简单介绍加权算术平均法、灰色关联度法、模糊综合评价法和 BP 神经网络法四种方法。

1）加权算术平均法。加权算术平均法是利用加权的算术平均值来综合各指标的评价信息。加权算术平均法相对直观，易于实现和十分常用。在智能汽车的评价中能够涵盖较多的评价指标，并保证每个指标所含有的信息得到充分地利用，具有较大程度的综合性，并且能够应用于分类分层的指标体系，但单项指标的极值可能会影响评价结果的准确性。例如，有研究以各评价指标的成本函数值为指标属性值，通过熵值法确定各评价指标的权重系数，再应用式（1.16）所示的加权平均的方法获得综合评价结果。

$$S_i = \sum_{j=1}^{n} w_j \cdot S_i(j) \quad i=1,2,\cdots,m \tag{1.16}$$

式中，S_i 为第 i 辆待评价车辆的综合评价结果；w_j 为第 j 个评价指标对应的权重系数；$S_i(j)$ 为第 i 辆待评价车辆的第 j 个评价指标的属性值。

2）灰色关联度法。灰色关联度法是根据各评价指标的实测数据设定各评价指标的最优属性值，并将实测数据与最优属性值做比较，计算灰色关联度系数，再结合前文确定的各评价指标权重，得到智能汽车性能评价的最终定量结果。灰色关联度法是一种多因素统计分析方法，其核心是计算关联度。关联度可用来描述各因素间关系的强弱、大小和次序，关联度越大，说明比较序列和参考序列变化的态势一致。下面简单介绍灰色关联度法进行综合评价的具体步骤。

①确定分析序列。设有 m 个评价对象，每个评价对象有 n 个指标，则原始数列矩阵如下。

$$X = [x_{i1}, x_{i2}, \cdots, x_{in}] \quad i=1,2,3,\cdots,m \tag{1.17}$$

②设 $X_0 = [x_{01}, x_{02}, \cdots, x_{0n}]$ 为最优属性值，将评价指标按照式（1.18）进行无量纲化处理：

$$x_{ij} = x_{ij}/x_{0j} \quad i=1,2,3,\cdots,m;\ j=1,2,3,\cdots,n \tag{1.18}$$

得到无量纲矩阵：

$$X_0' = [1,1,\cdots,1] \tag{1.19}$$

$$X_i' = [x_{i1}', x_{i2}', \cdots, x_{in}'] \tag{1.20}$$

按照式（1.21）、式（1.22）和式（1.23）计算差序列、最大差和最小差。

差序列：
$$\Delta_{ij} = |x_{ij}' - 1| \tag{1.21}$$

最大差：
$$\Delta_{ij}(\max) = \max[\max(\Delta_{ij})] \tag{1.22}$$

最小差：
$$\Delta_{ij}(\min) = \min[\min(\Delta_{ij})] \tag{1.23}$$

按照式（1.24）计算关联系数：

$$\xi_{ij} = \frac{\Delta(\min) + \rho\Delta(\max)}{\Delta_{ij} + \rho\Delta(\max)} \tag{1.24}$$

式中，ρ 为分辨系数，$0 < \rho < 1$。

③将用层次分析法或熵值法等确定的权重系数和关联系数相乘，得到各评价对象的综合评价结果。

$$S_i = \sum_{j=1}^{n} w_j \cdot \xi_{ij} \quad i=1,2,\cdots,m \tag{1.25}$$

式中，S_i 为第 i 辆待评价车辆的综合评价结果；w_j 为第 j 个评价指标对应的权重系数，由层次分析法或熵值法等赋权过程确定；ξ_{ij} 为第 i 辆待评价车辆的关联度系数。

3）模糊综合评价法。模糊综合评价法首先需确定评价指标集合与评价等级集合。评价指标集合构成了评价框架，评价等级集合规定了评价结果的选择范围。然后，确定各评价指标对各评价等级的隶属度，形成评价矩阵。最后，将其与权重向量合成模糊综合评价结果向量，并与各评价等级的相应分值向量进行运算，得到最终的综合评价结果。基于模糊数学隶属度理论，定性评价问题可转化为定量评价问题，适合非确定性问题的求解。同时，此方法还适用于多级指标体系，并能较好地对主观指标进行量化处理。在实际研究与应用中，可将模糊综合评价法与层次分析法相结合，通过层次分析法确定各指标权重，再由模糊综合评价法对智能化水平进行定量综合评价。模糊综合评价法的一般步骤如下。

① 在指标体系确定的基础上，针对单指标 $u_i(i=1,2,3,\cdots,m)$ 进行单指标评判，从而得到对应的评价等级 $v_j(j=1,2,3,\cdots,n)$ 的隶属度 r_{ij}。由此，m 个指标的评价结果构成一个评价矩阵 R。

$$R = (r_{ij})_{m \times n} = \begin{bmatrix} r_{11} & r_{12} & \cdots & r_{1n} \\ r_{21} & r_{22} & \cdots & r_{2n} \\ \vdots & \vdots & \ddots & \vdots \\ r_{m1} & r_{m2} & \cdots & r_{mn} \end{bmatrix} \qquad (1.26)$$

② 将用层次分析法等方法确定的各指标权重集 $A=(a_1,a_2,\cdots,a_m)$ 与评价矩阵 R 进行合成，得到各因素的模糊综合评价模型，如式（1.27）所示。

$$B = AR = (a_1,a_2,\cdots,a_m) \begin{bmatrix} r_{11} & r_{12} & \cdots & r_{1n} \\ r_{21} & r_{22} & \cdots & r_{2n} \\ \vdots & \vdots & \ddots & \vdots \\ r_{m1} & r_{m2} & \cdots & r_{mn} \end{bmatrix} = (c_1 \; c_2 \cdots c_n) \qquad (1.27)$$

对于多层次的评价系统来说，需采用多级模糊评价模型。由最下层开始计算，得到的结果组成上一级评价要素的评价矩阵，以此类推得到总的评价模型 B。

③ 按照隶属度等级（好、较好、一般、较差、差）确定对应的分数集 $\mu=[1.0\ 0.8\ 0.6\ 0.4\ 0.2]$。按照式（1.28）计算得到百分制计分下的综合得分 G。

$$G = 100B\mu = (c_1 \; c_2 \cdots c_n)[\mu_1 \; \mu_2 \cdots \mu_n]^T \times 100 \qquad (1.28)$$

4）BP 神经网络法。BP 神经网络是一种经典的反馈型网络，能够学习和存储大量的输入/输出模式映射关系而无需通过数学方程显式描述此映射关系，其拓扑结构如图 1-35 所示，包括输入层、隐含层和输出层等。模型输入层节点数为评价指标数量，隐含层的节点数没有统一规则，可通过试凑的方法确定，输出层的节点数为 1，即评价结果。隐含层激活函数取 Sigmoid 变换函数，输入层和输出层的激活函数一般取线性函数。当待评价智能网联汽车数量庞大时，BP 神经网络法能够实现快速输出评价结果。但此方法无法深入研究不同智能汽车评价结果存在差异的具体原因，对技术研发的指导性较弱。

第1章 绪 论

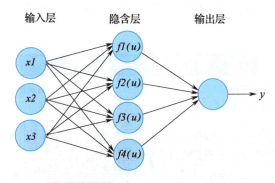

图 1-35 BP 神经网络的拓扑结构

下面以基于 AHP 熵值法重要性指标筛选的 BP 神经网络综合评价过程为例，说明基于 BP 神经网络法（Back Propagation Neural Network）进行智能汽车性能综合评价的一般过程。如图 1-36 所示，①根据自动驾驶系统功能行为的定义，确定被评价系统的指标体系结构；②利用 AHP 熵值法计算指标体系结构中最底层指标的综合权重；③根据重要性指标筛选法删除掉权重较低的指标，得到相对重要的指标；④搭建 BP 神经网络评价模型，输入层神经元个数为确权过程确定的相对重要的指标个数，输出层为评价得分，中间层神经元个数可通过试凑得到；⑤将专家评价的样本输入到搭建好的 BP 神经网络模型进行训练，得到训练好的 BP 神经网络评价模型；⑥将被评价对象的指标值作为输入，进入训练好的模型便可以得到该评价对象的最终得分。

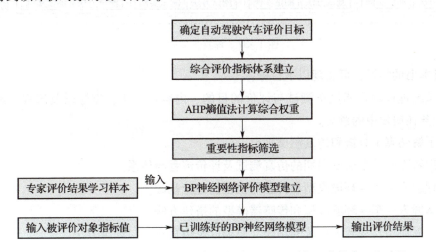

图 1-36 基于 AHP 熵值法重要性指标筛选的 BP 神经网络综合评价过程

1.6 课程目标与主要内容

本课程以企业、行业需求为牵引，产教融合从理论和实践两个方面构建涵盖虚拟仿真测试与评价、封闭场地测试与评价以及开放道路测试与评价的理论和方法，形成需求分析 – 场景生成 – 环境搭建 – 测试执行 – 评价

微课视频
课程目标与主要内容

的理论体系和实践指南，实现了建底层逻辑架构、填具体基础技术、验智能驾驶系统，具体内容如图 1-37 所示。

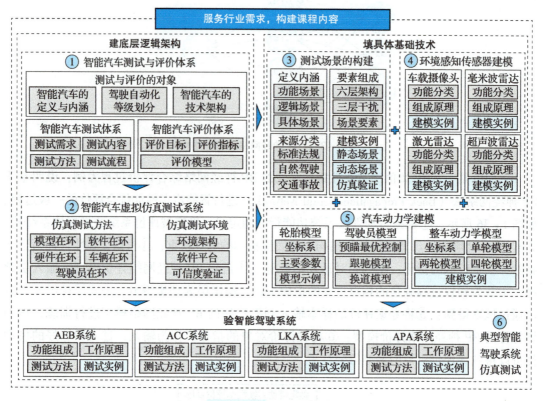

图 1-37 课程主要内容

通过本书的学习，可实现以下目标：

1）系统地理解智能汽车测试与评价的目的、内容、方法、指标以及流程，理解每个子测试任务在研发中的意义。

2）了解仿真工具链和仿真测试平台。

3）理解面向整个研发周期的仿真测试及评价流程与体系。

4）理解人-车-环境模型和传感器模型的理论基础。

5）掌握人-车-环境模型和传感器模型的搭建方法。

6）掌握典型自动驾驶系统的功能、原理以及仿真测试与评价方法。

本章习题

1. 请回答智能汽车的定义、内涵和技术架构。
2. 请依据我国国家标准回答智能汽车等级划分的依据。
3. 传统汽车整车性能测试的项目包括哪些？
4. 请解释运行设计域的内涵。
5. 请解释动态驾驶任务的内涵。

6. 智能汽车的测试验证流程主要包括哪些测试验证方法？

7. 什么是多传感器信息融合？多传感器信息融合的作用是什么？根据融合内容层级的不同可分为哪些融合技术？

8. 从软件测试的角度出发，如何理解智能汽车的测试方法？

9. 我国制定了哪些自动驾驶测试的相关规定？

10. 除了车辆动力学性能的评价指标，智能汽车还需要针对哪些性能建立系统性评价体系，分别包含哪些评价指标？请根据已学知识对上述问题进行论述。

11. 在一个复杂的评价体系中需要选择合适的评价模型对评价指标进行计算，请论述目前采用的评价模型种类以及应用到的主要方法。

12. 2022年10月我国发布的GB/T 41798—2022《智能网联汽车自动驾驶功能场地试验方法及要求》中规定了智能汽车的功能测试需要对哪些自动驾驶功能项目和哪些场景进行测试？

13. 请论述智能汽车的智能性可以从哪些方面去理解，相应地应如何制定智能性的评价指标，以及可以采用什么样的评价方法。

14. 请说明什么是基于用例的测试方法，什么是测试用例，以及基于用例的测试方法的特点。

第 2 章
智能汽车虚拟仿真测试系统

随着虚拟仿真技术的发展，虚拟仿真在整个智能汽车开发过程中所占的比重也在不断提升。虚拟仿真技术主要通过精确的物理建模、高效的数值仿真以及逼真的图像渲染等技术，构建包括车辆、环境、传感器、驾驶员等在内的"人–车–环境–系统"模型，为智能驾驶汽车/智能驾驶系统提供测试环境，达到虚拟仿真测试目的。在智能汽车 V 模型测试验证流程中，模型在环、软件在环、硬件在环、驾驶员在环和车辆在环等均属于虚拟仿真测试。基于场景的虚拟测试方法在测试效率和测试成本等方面具有巨大的技术优势，是智能汽车测试验证的重要手段。如图 2–1 所示，基于场景的虚拟仿真测试过程为：首先，以自动驾驶功能定义、运行设计域（ODD）、标准法规及性能要求等为依据进行测试需求分析；进而，基于场景需求的分析结果生成海量测试场景并形成测试场景库；然后，以测试场景为输入搭建虚拟测试环境运行仿真测试；最后，利用仿真测试结果数据对智能汽车的功能和性能进行评价。可见，场景库的构建、虚拟仿真测试环境的搭建、仿真测试可信度的验证与评估以及仿真测试的执行与评价是智能汽车虚拟仿真测试的关键环节。因此，本章分别对仿真测试的任务、场景库的构建、仿真测试的方法、仿真测试的环境以及仿真测试可信度的验证与评估等方面进行了阐述。

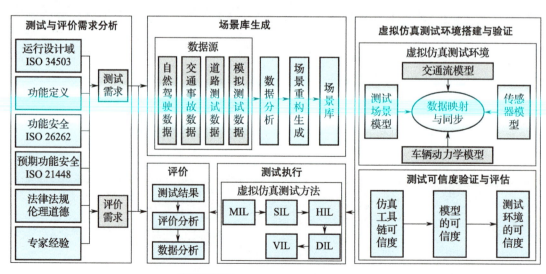

图 2–1 智能汽车虚拟仿真测试方法

2.1 仿真测试的任务

对于智能汽车而言，虚拟仿真测试需要完成的任务主要包括：
1）验证智能驾驶系统设计方案的正确性。
2）验证智能驾驶系统参数选择的合理性。
3）验证智能驾驶系统的抗干扰能力。
4）验证智能驾驶系统对故障的适应能力。
5）验证智能驾驶系统的软硬件功能和协调性。
6）验证智能驾驶系统指标要求满足情况，对多个子功能进行综合性验证。
7）对自动驾驶过程中遭遇的事故及故障进行复现与分析等。

联合国自动驾驶工作组 WP.29 提出的自动驾驶功能虚拟仿真测试内容见表 2-1，主要包括系统安全、故障响应、目标识别与响应 OEDR、功能及 ODD、安全验证五个方面。其中，系统安全测试内容包括遵守道路交通法规与适应道路交通规则的能力；故障响应测试内容包括最小风险模式、驾驶功能接管、系统缺陷识别能力；目标识别与响应 OEDR 测试内容包括目标感知与目标响应能力；功能及 ODD 测试内容包括 ODD 识别能力；安全验证测试内容包括关键复杂场景下的性能与车辆行为可预测性能力。

表 2-1 自动驾驶功能的虚拟仿真测试项目

安全概念	说明	虚拟仿真测试
系统安全	遵守道路交通法规	√
	适应道路交通规则	√
故障响应	最小风险模式	√
	驾驶功能接管	√
	系统缺陷识别	√
目标识别与响应 OEDR	目标感知	√
	目标响应	√
功能及 ODD	ODD 识别	√
安全验证	关键复杂场景下的性能	√
	车辆行为可预测性	√

智能汽车的测试验证是一个全面而复杂的过程，涵盖了从整车到系统，从硬件到软件，从感知到执行的多个层面，涉及信号获取、环境感知、信息传输、决策规划、车辆控制和执行机构六个部分进行测试验证。因此，智能汽车的虚拟仿真测试不仅包括对系统/整车的功能和性能的测试验证，也包括环境感知模块、决策规划模块和执行控制模块的具体功能和性能的测试验证。具体来说，虚拟仿真测试的内容包括：

（1）视觉传感器、毫米波雷达和激光雷达等传感器性能的测试　例如，验证摄像头在各种光照条件下的图像采集质量和图像处理算法的准确性，检测雷达在多种速度和距离条件下的目标检测能力，以及评估激光雷达在复杂环境下的三维点云数据采集精度和分辨率等。

（2）感知精度的测试与验证　通过仿真环境模拟不同的障碍物来测试系统的识别和分类能力，验证系统对各种交通标志和信号的识别率和准确性，以及测试系统在不同路面和光照条件下对车道线的识别能力等。

（3）信息传输测试验证　评估车辆内部各模块间、车辆与外部通信的延迟，以及测试在干扰和信号衰减条件下的通信稳定性等。

（4）决策规划测试验证　通过仿真不同的道路和交通场景来验证路径规划的合理性和效率，以及模拟各种驾驶场景来测试系统的决策逻辑和安全性等。

（5）车辆控制测试验证　仿真不同的车辆状态和路面条件来评估控制算法的稳定性和响应性，以及测试系统在紧急情况下的反应速度和应对策略。

（6）执行机构测试验证　验证执行器（如电机、液压系统等）的响应时间和执行精度，以及测试人机交互界面的易用性和反馈的准确性等。

2.2　场景库的构建

基于场景的虚拟测试方法是智能汽车测试验证的重要手段。测试场景是基于场景的虚拟测试的核心和源头，在智能汽车的产品开发、测试、验证中起着关键作用。测试场景是指定义了主车的测试目的和/或期望的场景。其中，场景是测试车辆在执行特定驾驶任务时与外部环境及其交互活动的连续时间序列的描述模型，是测试车辆与其行驶环境各组成要素在一段时间内的总体动态描述。场景要素主要包括静态要素和动态要素，场景的具体要素组成由需要测试的功能来决定。欧盟 PEGASUS 项目按照抽象程度的不同，将场景分为功能场景、逻辑场景和具体场景。关于场景具体内涵和元素组成在第 3 章会进行详细介绍。

场景库是一种由海量测试场景构成的满足智能汽车测试需求的测试场景数据库。构建场景库的数据源包括自然驾驶、交通事故、标准法规、专家经验、实车测试以及仿真测试等。场景库对现实世界的覆盖率越高，仿真测试结果越真实。因此，为保证智能汽车虚拟仿真测试的测试质量，场景库需要满足真实性、交互性、扩展性、批量化和自动化等条件。如图 2-2 所示，智能汽车测试场景库可分为数据层、场景层、应用层三层结构，具体构建流程如下。

（1）数据层　负责存储自然驾驶、交通事故、标准法规、专家经验、实车测试以及仿真测试等多种数据源，并对上述数据进行特征分类、提取和分析等工作。

（2）场景层　首先分析被测试车辆自动驾驶功能定义、ODD 以及性能需求等，并筛选、确认功能场景；然后，基于数据层的多源数据进行场景理解、特征提取和聚类等，以确定相关参数取值区间和概率分布，形成逻辑场景；最后，通过对取值区间和概率区间进行分层采样和泛化，生成具体测试场景，形成测试场景库。

(3) 应用层 根据测试需求确定相应的仿真测试方法和场景仿真软件，调用具体场景并转化为场景仿真软件可用的场景格式。同时，应用层将测试结果反馈给数据层和场景层，一方面补充数据层中的数据源，另一方面对场景层的场景泛化和重构进行优化和更新。

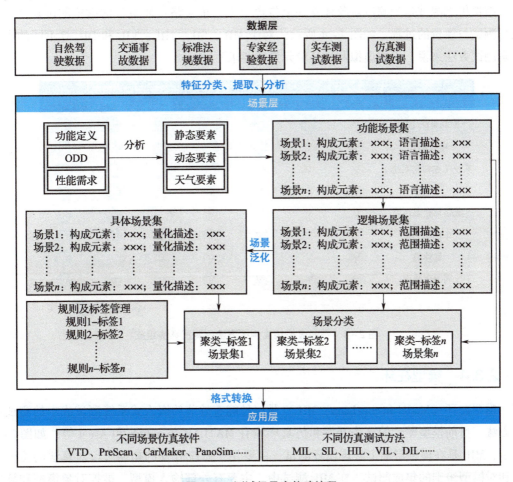

图 2-2 测试场景库构建流程

2.3 仿真测试的方法

模型在环（Model-in-the-Loop，MIL）、软件在环（Software-in-the-Loop，SIL）、硬件在环（Hardware-in-the-Loop，HIL）、驾驶员在环（Driver-in-the-Loop，DIL）和车辆在环（Vehicle-in-the-Loop，VIL）是智能汽车虚拟仿真测试的重要方法。如图 2-3 所示，在产品开发的不同阶段分别采用不同的虚拟仿真测试方法，需要解决包含单元测试、模块测

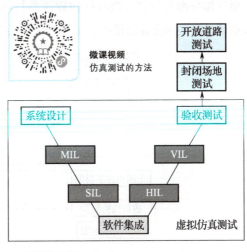

图 2-3 智能汽车产品的测试验证流程

试、集成测试、系统测试和整车验收测试等多个过程中的大部分问题。在单元和模块测试中主要以 MIL 和 SIL 为主，在集成测试和系统测试阶段主要以 HIL 和 VIL 为主，在整车验收阶段也会借助 DIL 和数字孪生等方法进一步缩短实车测试的周期和里程需求。

虚拟仿真测试是为测试对象建立一个包含"人–车–路–环境"的虚拟测试环境，并执行测试与评价的过程。如图 2-4 所示，对于 MIL、SIL、HIL、VIL 和 DIL 等不同的虚拟仿真测试方法来说，组成虚拟测试环境元素的要求不同。

组成	模型在环	软件在环	电控单元硬件在环	系统硬件在环	静态整车在环	动态整车在环	道路测试
控制算法/代码	V	R	R	R	R	R	R
电控单元	V	V	R	R	R	R	R
系统（如转向系统）	V	V	V	R	R	R	R
车辆	V	V	V	V	R	R	R
道路与静态环境	V	V	V	V	R	R	R
车辆动力学	V	V	V	V	V	R	R
驾驶员	V	V	V	V	V	R	R
周围交通流	V	V	V	V	V	V	R

V 虚拟　　R 真实

图 2-4　不同虚拟仿真测试方法的测试环境组成

2.3.1　模型在环

模型在环（Model-in-the-Loop，MIL）是一种能有效节约嵌入式系统测试成本的测试验证方法，目前模型驱动的算法开发和仿真环境有 MATLAB/Simulink 和 Ascet 等。如图 2-5 所示，MIL 是在模型层面上实现闭环测试，主要用于系统开发的初期阶段对算法的验证测试和对模型级别的集成测试。在 MIL 测试中，主要有外部输入模型、被控对象模型和算法模型三部分参与测试，没有任何硬件参与测试。对于智能汽车的 MIL 测试，外部输入模型包括场景模型和交通流模型；被控对象包括车辆动力学模型、执行机构模型和传感器模型等。

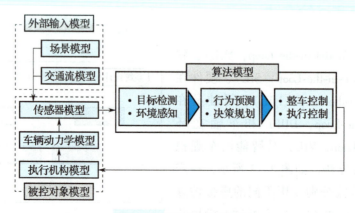

图 2-5　MIL 测试示意图

其中，传感器模型包括真值传感器、车载摄像头、激光雷达、毫米波雷达以及超声波雷达等传感器模型。

实际上，根据需要测试验证内容的不同，在 MIL 测试系统中包含的模型内容也不同。例如，在环境感知算法测试验证的 MIL 中，场景模型、交通流模型及传感器模型是重点，车辆动力学模型和执行机构模型可以简化。然而，在整车控制或部件控制算法测试验证的 MIL 中，车辆动力学模型和执行机构模型则是重点，场景模型、交通流模型及传感器模型则可以简化。在进行 MIL 测试之前，首先需要建立算法模型、外部输入模型和被控对象模型，然后需要对被控对象模型和外部输入模型的可信度进行验证与评估，最后将算法模型放入已验证的被控对象模型和外部输入模型 MIL 测试环境中形成测试闭环，进行算法的验证测试。在仿真测试过程中，控制算法模型和被控对象模型间需要进行信息交互连接，根据仿真运行的结果和预期的对比结果对控制算法进行回归优化。因此，被控对象模型和外部输入模型的精度尤为重要，是整个模型在环仿真测试的关键。为了确保仿真测试的可信度，在系统分析与模拟过程中，需保证模型能够真实、准确地反映实际系统的物理变化规律，并能在计算机上稳定运行。

2.3.2 软件在环

软件在环（Software-in-the-Loop，SIL）测试中的"软件"是指算法模型转换成 C 代码编译之后的软件。SIL 测试的目的是验证代码与算法模型在行为和功能上是否完全一致，从而测试算法的有效性和稳定性。例如，在 Simulink 中开发的模型算法可自动生成为 C 代码，但生成的代码可能存在一定的错误，需要通过 SIL 来验证自动生成的代码与算法模型的一致性。可见，与 MIL 仿真测试类似，SIL 测试中也需搭建被控车辆的场景模型、交通流模型、传感器模型、车辆动力学模型和执行机构模型等。不同的是，在 SIL 测试中控制算法是以成型的代码或软件的形式接入到测试系统中进行测试验证。在 SIL 测试时使用与 MIL 完全相同的测试输入，将 MIL 的测试输出与 SIL 的测试输出进行对比，查看相同的测试输入下两者的输出偏差是否在可接受范围内。SIL 测试属于黑盒测试，仅关注系统的输入和输出，而无需检测其内部信号，具有很高的灵活性和移植性，可在硬件测试前及时发现控制算法的设计缺陷，节省开发成本。

图 2-6 所示为基于 PanoSim 和 Apollo 的智能驾驶联合仿真 SIL 测试系统。该系统采用开源的百度 Apollo 平台作为智能驾驶控制器 ECU，可实现环境感知、决策规划和控制执行等主要功能，并输出车辆控制命令；采用 PanoSim 集成平台作为场景仿真与测试平台，实现对测试场景、测试车辆、传感器等的仿真模拟。

2.3.3 硬件在环

硬件在环（Hardware-in-the-Loop，HIL）测试是将实际硬件（如传感器、控制器、执行器等）嵌入到仿真环境中进行测试的一种方法，可在仿真环境中模拟真实世界的物理条件，提高仿真测试的置信度，降低实施成本，缩短开发周期，且重现性良好。HIL 主要由硬件平台、实验监控软件和实时仿真系统组成。

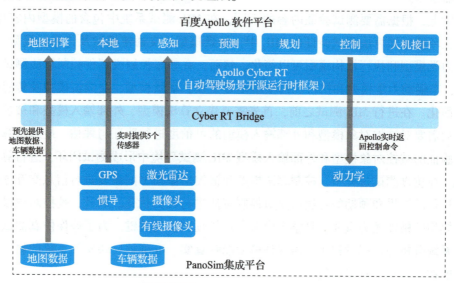

图 2-6　智能驾驶 SIL 仿真实例

（1）硬件平台　包括具备实时操作系统的实时机或嵌入式设备、执行机构、真实的传感器、负载模拟等。其中实时机是硬件在环系统的核心部分，能够提供实时运算的处理器、A/D 或 D/A 转换板卡的 I/O 接口、故障注入单元（FIU）、车载通信网络 CAN 接口等，以确保使用者和研究人员能快速将模型编译下载和实时运行，通过与其他硬件通信连接，实现系统的闭环测试。

（2）实验监控软件　实验监控软件安装在上位机上，用于提供测试命令、创建可视化交互界面、灵活修改用户界面、配置激励生成、记录数据、自动分析数据和生成报告等。实验监控软件通过以太网与实时机连接，配有编程软件及丰富的功能扩展名，使用者可以根据实际需要配置监控实时硬件平台、构建和下载系统模型、处理和分析测试结果，能够支持多方建模环境以导入算法和模型。

（3）实时仿真系统　提供类似实车的实时运行环境，供车辆动力学模型、发动机模型、动力传动系统模型、轮胎模型、制动系统模型、转向系统模型等在 HIL 硬件处理器中实时运行。

图 2-7 所示为中国汽车工程研究院股份有限公司的 HIL 测试方案。其中包括驾驶模拟器、摄像头暗箱、毫米波雷达模拟器暗室，以及上位机和控制机柜实时仿真系统等。在 HIL 测试中，将上位机和控制机柜连接，把在上位机上建立的动力学模型和控制算法代码下载到控制机柜里。然后将控制机柜和毫米波雷达暗室、摄像头暗箱等传感器模拟器连接，以获取感知信息。同时控制机柜与驾驶模拟器连接获取驾驶员的操纵信息。最后控制机柜发出的控制指令传递给底盘执行台架实施驾驶操作。另外，通过显示器和控制机柜的连接，实现对行驶环境和车辆运行状态的实时反馈。根据具体连接的硬件内容不同，HIL 测试可以分为环境感知系统在环测试、决策规划系统在环测试、控制执行在环测试及其组合在环测试等。

第 2 章 智能汽车虚拟仿真测试系统

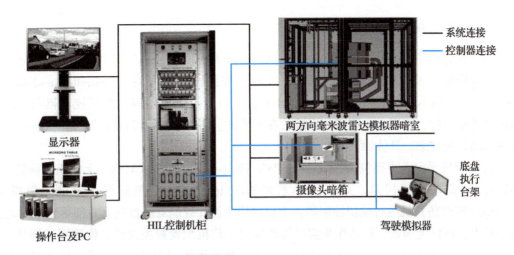

图 2-7 硬件在环测试案例

1. 环境感知系统在环测试

如图 2-8 所示,环境感知系统在环测试为真实传感器在环的闭环测试,主要包括雷达系统在环测试、车载摄像头系统在环测试、V2X 系统在环测试及多源传感融合系统在环测试等。根据传感器输出信号的不同,又可分为传感器物理信号级仿真、传感器原始信号级仿真、传感器目标信息级仿真、传感器最终目标列表仿真等。传感器物理信号级仿真是将真实的传感器引入 HIL 测试环节,通过专门的技术来提供传感器的激励信号,如毫米波回波模拟、基于摄像头视角的交通画面等。传感器原始信号级仿真是跳过传感器部分前端模块,直接模拟前端模块数据流给下一级处理单元,如基于摄像头视频注入的在环测试。传感器目标信息级仿真是将传感器识别的目标物列表通过相关的通信协议传输给控制器。传感器最终目标列表仿真是将目标信号融合的结果直接输入给控制器的决策层。

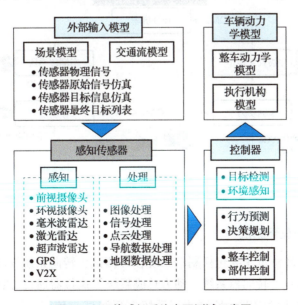

图 2-8 环境感知系统在环测试示意图

049

2. 决策规划系统在环测试

决策规划在环测试是指将真实的车辆控制器放入虚拟的整车环境中，使用实时处理器运行仿真模型来模拟被控对象的状态，并通过控制器局域网络（ControllerAreaNetwork，CAN）接口、输入/输出（Input/Output，I/O）接口以及以太网等将车辆控制器与实时仿真模型连接通信，实现对决策规划系统的在环测试。图2-9所示为某智能汽车决策规划系统在环测试的方案，具体如下。

（1）硬件平台　主要包括NI系列的PXIe和Speedgoat两个实时机、上位机、场景工作站以及4K高清环视屏幕。其中，NI系列的PXIe实时仿真机运行车辆动力学模型；Speedgoat实时仿真机运行模拟控制器；上位机用来设计智能驾驶控制器并部署到Speedgoat实时机上；高性能场景工作站作为实时仿真机的上位机配置被控对象、构建测试场景、监控平台数据，运行PanoSim-RT虚拟仿真系统实现图像的实时渲染；采用4K高清环视屏幕作为像机在环系统的视频源输入。值得注意的是，该案例中控制器是通过Speedgoat实时系统运行Simulink模型来模拟控制器，严格来说属于快速控制原型（Rapid Control Prototype，RCP）。当控制器为真实的控制器时，才是严格的决策规划系统在环测试。

（2）实验监控软件　集中了场景设计、车辆动力学参数修改、交通配置、传感器模拟等功能，通过以太网同实时仿真机连接，能够配置仿真参数、建立可视化交互界面、导入第三方模型、记录与回放数据并以文件形式保存。

（3）实时仿真系统　采用PanoSim-RT系统，可支持多种仿真模拟模型，主要包括车辆动力学模型、发动机模型、动力传动系统模型、制动系统模型、轮胎模型、转向系统模型、驾驶员模型、传感器模型、场景模型以及交通模型等。

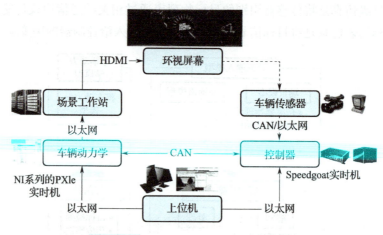

图2-9　决策规划系统在环测试实例

3. 控制执行系统在环测试

控制执行系统在环测试主要包括制动系统在环测试、转向系统在环测试、驱动系统在环测试等，制动器系统、转向器系统、动力总成系统等执行器通过I/O接口与快速控制原型连接，缩短系统的研发周期。控制执行系统在环测试与传统车辆的测试方法和内容相似，发展较早且较为成熟。

硬件在环（HIL）测试结合了实时仿真和物理硬件，提供了一个安全、高效且成本效益高的测试解决方案。由于实时仿真系统和真实的物理硬件的参与，HIL 测试比 MIL 和 SIL 等离线仿真测试的可信度更高。与实车测试相比，HIL 测试的效率更高，成本更低。HIL 有效弥补了离线仿真测试和实车测试的不足，在智能汽车的开发与测试验证过程中具有不可替代的优势，具体包括：

1）实时环境下测试，提高验证的准确性。HIL 是在实时环境下进行仿真测试的，确保了嵌入式控制器的物理时钟与仿真运算时间同步，这有别于离线仿真的逻辑时间。离线仿真中的时间为逻辑时间，其仿真设置时间不等价于物理时间，仅是软件运算的计算时长，其真实仿真时间会随着模型的复杂程度和硬件资源改变而变化。然而汽车中使用的控制器通常为嵌入式设备，例如，单片机、FPGA、RAM 板卡和工控机等，其时间是通过晶体振荡器和时序电路产生的物理时钟，其运算时间同物理时间保持一致，不会随模型的复杂程度和硬件资源的变化而变化。因此，HIL 可以通过实时仿真系统和硬件设备，实现对控制系统准确性和实时性的测试与验证。

2）真实传感器、执行器等真实硬件的参与提高了测试验证的置信度。数学模型是在理论假设上建立的系统几何与物理特性的抽象和映射关系。一方面，建模过程往往是基于一定的理论假设，因此过于理想，或者难以精确表述非线性等特征，不能完全真实反映系统机理特性。另一方面，实际中很多系统具有较强的不确定性难以建模。因此，在仿真回路中嵌入传感器、执行器等真实的物理机构，可提升仿真系统的置信度。

2.3.4 驾驶员在环

驾驶员在环仿真（Driver-in-the-Loop，DIL）是指将真实驾驶员与驾驶模拟器引入到仿真环境中，与自动驾驶系统进行交互，并模拟真实驾驶环境的一种测试方法。DIL 测试系统包含车辆模拟系统、环境模拟系统和驾驶模拟系统等，驾驶员可以通过操控转向盘、踏板等控制设备与自动驾驶系统进行交互；仿真环境则根据驾驶员的输入模拟系统的行为反应，从而评估自动驾驶系统在真实驾驶场景下的表现。与实车试验相比，驾驶模拟器能够以较低的成本安全地模拟某些极限工况，还能够精确地复现试验过程；与 HIL 测试相比，不仅引入了人的因素来替代驾驶员模型，使得系统的仿真结果更加具有参考意义，而且还能够为驾驶员提供接近真实的驾驶体验，并能采集驾驶行为数据。DIL 测试的内容主要包括：

（1）人机切换策略测试　即在人机共驾过程中，通过对切换时间、舒适性和安全性等的评价，评估人机共驾策略的合理性。

（2）人机接口（Human Machine Interface，HMI）系统设计　即配合驾驶模拟器中的人机交互界面，可在概念设计初期从声音、图像等方面对人机交互设计进行主观评价，尽早发现设计中的缺陷并加以完善，从而提高设计质量和效率。

（3）驾驶员行为分析　即利用驾驶模拟器提供的驾驶员在环系统，通过给驾驶员穿戴相关的传感设备，可在智能驾驶的不同交通场景下对驾驶员的行为进行分析，如疲劳、注意力、心跳、压力和焦虑等。

（4）耐久性测试　即通过建立虚拟的道路、交通和天气等场景，对智能驾驶系统进行模拟真实道路的耐久性测试。通过驾驶员在环测试系统，可将驾驶员的主观评价提前到智能驾驶系统开发阶段，而不必等智能驾驶车辆生产出来，大幅缩短了智能驾驶系统的开发和测试周期，降低了开发成本。

如图 2-10 所示，在 DIL 驾驶模拟仿真系统中，驾驶员通过操作设备将控制命令输入到车辆动力学模型中，实时运行得到车辆运动状态，通过实时数据通信传递到体感模拟运动平台、转向盘和视听系统，进一步模拟和反馈给驾驶员体感、力感以及视觉听觉响应，最后驾驶员根据反馈信息决定下一步操作。整个系统的运行监控与数据存储均在辅助系统中完成。

图 2-11 所示为某智能驾驶 DIL 测试案例，主要由平台控制系统、实时虚拟仿真软件 PanoSim、实时仿真器、驾驶舱和力感模拟器、六自由度体感模拟基座、视觉渲染和显示设备、仿真数据监测和记录设备等组成。其中，PanoSim 主要提供复杂的车辆动力学模型，支持 dSpace/NI 实时环境下的实时运行，搜集驾驶员输入的信号和输出转向盘的力反馈信息。如图 2-12 所示，随着 VR 技术的快速发展和应用，驾驶模拟器中的场景仿真系统可由 VR 技术代替，与体感反馈系统、触感反馈系统共同构成了驾驶员在环沉浸式虚拟现实仿真环境。

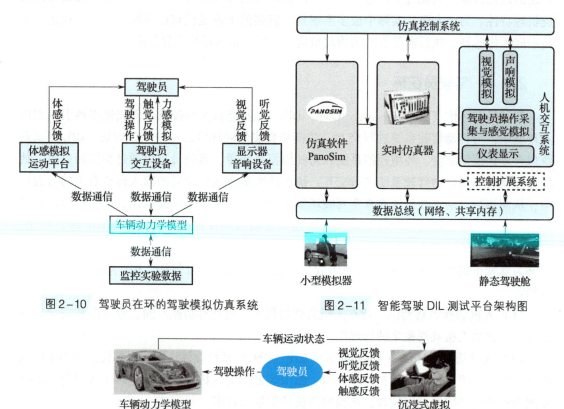

图 2-10　驾驶员在环的驾驶模拟仿真系统

图 2-11　智能驾驶 DIL 测试平台架构图

图 2-12　驾驶模拟器系统框架

2.3.5 车辆在环

车辆在环仿真（Vehicle-in-the-Loop，VIL）作为硬件在环的一种特殊类型，将实车引入到测试闭环中代替车辆动力学模型，以提升仿真测试的置信度。VIL 测试是在封闭实验室内或空旷的场地中系统地进行基于多场景的功能与性能测试，以测试和验证智能车辆能否应对复杂多变的交通场景、恶劣天气和极端路况，其中环境仍来自于虚拟仿真系统。如图 2-13 所示，在 VIL 中主要包含真实车辆、虚拟行驶环境、信息交换方式三部分，可以实现虚拟行驶环境和真实车辆的信息同步交互，从而完成智能汽车的功能/性能测试。

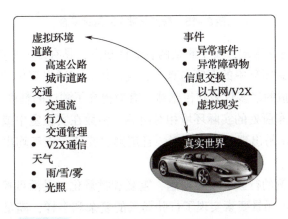

图 2-13 面向智能驾驶的车辆在环仿真测试环境

虚拟行驶环境主要包括场景和交通流模型。如图 2-14 所示，实车与虚拟环境间主要通过 V2X、以太网及虚拟现实（VR）等技术实现信息交互。例如，利用高度逼真的场景图像渲染技术，摄像头视觉传感器从高清晰度的屏幕显示画面获取图像信息，也可利用 VR 给驾驶员直接传递环境信息。图 2-15 所示为基于 Panosim 的智能驾驶车辆在环仿真测试平台案例。

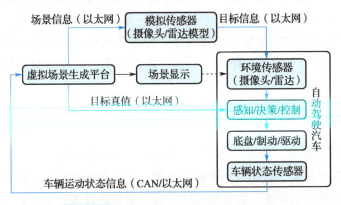

图 2-14 实车与虚拟环境的信息交互方式

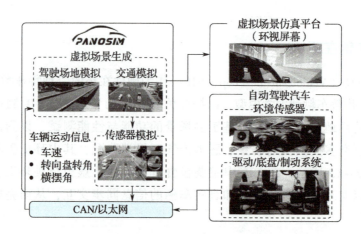

图 2-15 智能驾驶 VIL 测试平台

VIL 兼顾了虚拟仿真测试、实车测试两者的优缺点，具有以下特点。

（1）真实性　测试闭环中的车辆是真车，代替仿真测试中简化的车辆动力学模型以及无法通过建模准确模拟的诸多仪表和传感器，有效提高了测试的精度。

（2）安全性　真车所处的实际环境相对简单，多数在实验室中或环境相对简单的真实道路上。测试过程中不易出现危险的因素，且道路、交通、天气均由模拟实现，避免了事故、伤亡和经济损失。

（3）可控性　车辆的行驶环境可定制、重复和批量化，灵活可控。实验室条件下模拟的道路、交通、天气等场景要素实现了行驶场景的复杂和多样，满足了测试过程中行驶场景全面覆盖的需求。

2.4　仿真测试环境的搭建

2.4.1　仿真测试环境架构

微课视频
仿真测试环境架构

智能汽车虚拟仿真测试系统由场景模型、传感器模型、交通流模型和车辆动力学模型，以及人-车-环境-系统模型间的数据通信组成。因此，虚拟仿真测试环境包括场景模型、传感器模型、交通流模型和车辆动力学模型，建立各模型的仿真工具链，以及实现不同模型间数据映射的通信接口等。值得注意的是，由于虚拟仿真测试方法的不同，其中部分模型也可以是真实的部件。以图 2-16 所示的自动驾驶算法 MIL 测试为例，其仿真测试环境的架构为：以测试场景为输入，导入传感器模型和车辆动力学模型，在场景覆盖度分析、场景泛化策略分析等测试策略指导下，融合交通流模型提供的虚拟交通流，通过场景解析、地图解析、仿真运算、模型耦合、时间同步等运算处理，实现对测试场景的模拟，建立智能汽车虚拟仿真测试所需的测试环境。仿真测试结果输出至评价模块，形成自动驾驶算法虚拟仿真测试评估结果。此外，通过对测试结果进行分析，识别虚拟仿真测试过程中的危险场景和边缘场景，为封闭场地测试场景选择和实际道路测试场景选择提供依据。

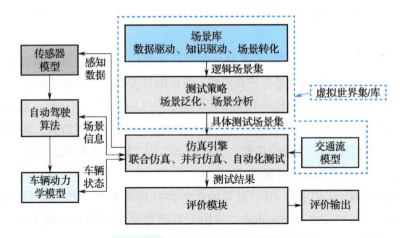

图 2-16 虚拟仿真测试环境的架构

图 2-17 所示为虚拟仿真测试环境中车辆动力学模型、场景模型、传感器模型、交通流模型和自动驾驶算法间的数据映射内容。传感器模型通过测试场景获取道路、交通流、环境等信息，并将原始数据或目标级数据输入给自动驾驶算法，自动驾驶算法将经过感知、规划、决策、控制等模块计算得到的控制指令输入给车辆动力学模型，以验证自动驾驶算法功能的实现情况。虚拟仿真测试还可以通过联合仿真、并行仿真、自动化测试等方式提高测试精度和效率。

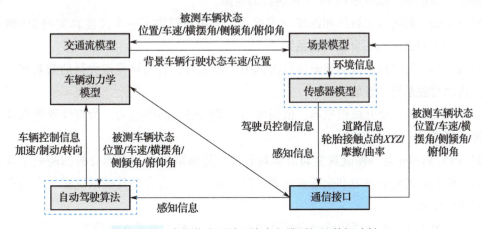

图 2-17 虚拟仿真测试环境中各模型间的数据映射

2.4.2 仿真测试软件平台

目前国内外出现的自动驾驶仿真软件主要有 MATLAB、VTD、PreScan、PanoSim、51Sim-one、TADSim、Cognata、CARLA、百度 Apollo 以及 Carcraft 等。整体来看，国外在场景仿真领域起步较早，相对成熟的仿真软件较多。国内场景仿真虽起步晚，但得益于驾驶场景的多样化，国内仿真软件在场景数据与云仿真领域也具备一定的先进性，场景仿真软件对比分析见表 2-2。这些仿真软件各具特色，为

微课视频
仿真测试软件平台

自动驾驶技术的研发人员提供了多样化的选择，以满足不同测试需求和研发阶段的要求，具体介绍如下：

1）MATLAB 是一款综合性的软件工具，在自动驾驶仿真测试方面能够提供包含数据处理和可视化、车辆动力学建模、场景仿真建模、算法的开发以及集成测试等全方面的支持。

2）VTD 软件是一套全面的模块化仿真工具链，在 Linux 平台上运行，涵盖了道路环境建模、交通场景建模、天气和环境模拟、简单和物理真实的传感器仿真、场景仿真管理以及高精度的实时画面渲染等全方位功能，支持从 SIL 到 VIL 的全周期开发流程，并且与开放标准格式，如 OpenDRIVE 紧密集成。

3）PreScan 由基于 GUI 的，用于定义场景的预处理器和用于执行场景的运行环境构成，能够无缝集成 MATLAB 和 Simulink。可用于自动驾驶系统从 MIL 到 HIL 的测试应用，使得工程师能够轻松创建和测试算法。

4）CarMaker 是一款集动力学仿真、ADAS 和自动驾驶于一体的综合软件，提供了包括发动机、底盘、悬架、传动、转向等车辆本体模型，另外还支持车辆、驾驶员、道路和交通环境等自动驾驶系统的闭环仿真。

5）CarSim 是一款整车动力学仿真软件，可以无缝连接 MATLAB/Simulink，便于进行联合仿真和数据分析。CarSim 的 RT 版本支持与 HIL 测试系统如 dSpace 和 NI 的集成，有助于在实际硬件环境下验证控制算法。最新版本的 CarSim 增加了 ADAS 功能，支持构建复杂的道路和交通模型，以及多达 99 个传感器的模拟。

6）Cognata 利用人工智能和深度学习技术，为用户提供了一个高度真实的 3D 城市模拟平台，用于测试和验证自动驾驶系统。

7）Carcraft 仿真器是自动驾驶技术测试的关键工具，它能够模拟大量的驾驶场景，帮助提升自动驾驶系统的性能。

8）CARLA 是一个开源模拟器，依托虚幻引擎的强大图形能力，为自动驾驶系统的研发和验证提供了一个灵活的平台。

9）PTV Vissim 是一种微观交通流仿真软件，是城市规划和交通分析的高效工具，能够模拟各种复杂的交通环境和交通参与者间的交互行为，为自动驾驶系统提供高精度动态交通环境的仿真。

10）SUMO 是一种开源的微观交通流仿真软件，支持大规模车辆仿真，支持由 Vissim、OpenStreetMap、OpenDrive 转换来的路网格式，提供的 C++ 和 MATLAB 接口支持联合仿真，为自动驾驶系统仿真测试提供随机、复杂的动态交通环境。

11）PanoSim 是国内较早出现的汽车智能驾驶仿真产品，可提供车辆动力学建模、交通流建模与场景生成、环境传感器建模等功能，适用于汽车动力学、智能辅助驾驶系统等领域的研发和测试。

12）51Sim–One 以其高精度和实时仿真的特性，支持多传感器仿真和交通流仿真，能够帮助用户快速积累自动驾驶经验。

13）TADSim 基于高精度地图和先进的游戏技术，提供了一个闭环的仿真验证环境，适用于自动驾驶感知、决策和控制模块的测试。

14）百度的 Apollo 仿真平台提供了基于云端的决策系统仿真服务，支持多种仿真场景，为自动驾驶算法的评价和改进提供了强有力的工具。

表 2-2 场景仿真软件对比分析

	仿真软件	开发公司/机构	特点	支持的仿真内容
国外	MATLAB	MathWorks 公司	综合性的软件工具，为自动驾驶系统的开发、仿真和测试提供全方位的支持	数据处理和可视化；车辆动力学建模；场景仿真建模；算法的开发；联合仿真
	VTD	VIRES（MSC 软件集团）	模块化仿真工具链，支持全周期开发流程，开放式模块框架	道路环境、交通场景、传感器仿真、实时画面渲染
	PreScan	Tass International（西门子）	基于 GUI 的预处理器和运行环境，无缝连接 MATLAB/Simulink	场景搭建、传感器添加、控制系统运行仿真
	CarMaker	IPG 公司	动力学仿真软件，闭环仿真系统	车辆动力学、交通环境、驾驶员模型
	CarSim	Mechanical Simulation 公司	动力学仿真软件，支持 HIL 测试	车辆动力学、ADAS 功能、3D 资源和高精地图导入
	Cognata	Cognata	利用 AI 和深度学习的 3D 模拟平台	静态环境、动态场景、传感器
	Carcraft	Waymo	用于大量虚拟车辆行驶测试的仿真器	回放数据测试、全新虚拟场景测试
	CARLA	西班牙巴塞罗那自治大学	开源模拟器，依托虚幻引擎	场景、传感器和环境配置、驾驶行为模拟
	PTV Vissim	PTV 公司	微观交通流仿真软件	复杂的交通环境、多种交通参与者交互
	SUMO	德国国家宇航中心	开源微观连续交通流仿真软件	路网编辑、交通仿真、可视化端显示
国内	PanoSim	浙江天行健智能科技有限公司	集成多种模型的仿真软件平台	车辆动力学、环境传感、无线通信模型
	51Sim-One	51VR	一体化仿真与测试平台，高精度实时仿真	多传感器仿真、交通流仿真、算法仿真
	TAD Sim	腾讯	基于高精度地图和游戏技术，闭环仿真	感知、决策、控制等模块的闭环仿真
	百度 Apollo	百度	基于云端的决策系统仿真服务	仿真场景，评价系统

2.4.3 仿真测试可信度的验证与评估

虚拟仿真测试是智能汽车测试验证的重要手段，虚拟仿真测试的可信度验证与评估是虚拟仿真测试技术得以应用和推广的前提。虚拟仿真测试的可信度可以从客观和主观上两个方面理解。客观上，虚拟仿真系统可信度由仿真系统与原型系统之间相似性决定，表示仿真系统与仿真目的相适应的程度。主观上，可信度是仿真系统的使用者对应用仿真系统在一定环境、一定条件下仿真实验的结果，以及解决所定义问题正确性的信任程度。可信度评估是指对模型/仿真系统/仿真实验结果是否可信以及可信程度进行分析、计算和评价。

然而，目前虚拟仿真测试可信度验证与评估并没有形成完善的体系，也还没有成熟的标准。参考美国国家航空航天局（NASA）的建模与仿真标准 NASA-STD-7009A，联合国车辆法规协调论坛自动驾驶与网联汽车工作组、自动驾驶测试评价方法非正式工作组（WP. 29/GRVA/VMAD）提出了智能汽车虚拟仿真测试的可信度验证思路，如图 2-18 所示。主要包括建模与仿真管理、建模与仿真分析、建模与仿真验证、建模与仿真确认四个方面。原始设备制造商（Original Equipment Manufacturer，OEM）应按照可信度评估框架，对其开发、测试中与仿真工具链相关部分做文档记录，并提交给权威机构做审核与评估。此外，权威机构的评审员还将针对集成后的系统做第三方仿真测试并出具报告。在我国，2022 年 11 月工信部联合公安部发布的《关于开展智能网联汽车准入和上路通行试点工作的通知（征求意见稿）》中针对仿真测试验证也明确要求：应证明使用的模拟仿真测试工具链置信度，以及车辆动力学、传感器等模型可信度，并通过与封闭场地和实际道路测试结果对比等手段验证模拟仿真测试的可信度。

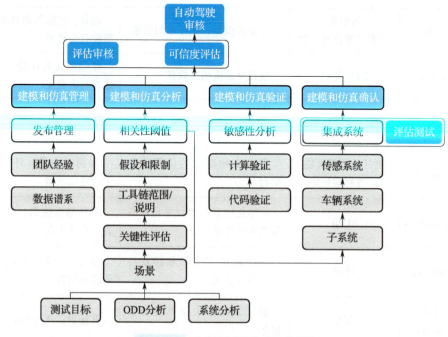

图 2-18 仿真测试可信度评估框架

智能汽车虚拟仿真测试系统是仿真工具链、仿真模型以及测试环境等方面的综合，其可信度验证与评估可以从仿真工具链、仿真模型以及测试环境三个方面的可信度去理解、验证和评估。

1. 仿真工具链可信度

测试工具链包含场景管理模块、仿真软件、评价模块等。测试工具链的可信度要求取决于测试工具的预期使用目的、工具失效相关的风险、相关项或要素的汽车安全完整性等级（ASIL）等。虚拟仿真工具链中的核心模块应完成软件工具的鉴定、评估和资质认证过程，支持 ISO 26262 所需的活动和任务，通过可信度确认，以保障在仿真运算过程中，不会出现因仿真软件本身引发的计算错误、算法逻辑变更、超预期的信号时序变更、同步状态改变等问题，或者在错误发生时能够及时发现。仿真工具链可信度的验证和评估是仿真软件公司在软件开发过程中进行全流程安全评估的措施，通过在使用中积累可信度、工具开发流程评估、软件工具确认、按照安全标准开发等方法，对软件工具的潜在错误和使用限制进行测试与评估。在自动驾驶汽车的虚拟仿真中，对软件工具可信度进行验证和评估应按以下准则进行确认。

1）应提供仿真工具链符合指定用途特定要求的证据。

2）应对确认中发生的仿真工具链功能异常及其相应错误输出、其可能的后果信息，以及避免或探测它们的措施进行分析。

3）应检查仿真工具链对异常运行条件的响应。例如，可预见的误用、不完整的数据、使用被禁止的配置设置组合等。

2. 仿真模型可信度

仿真模型可信度是指在特定应用目的条件下，仿真用户对于建立的仿真模型以及仿真输出结果是否正确的一种信任程度；或者是指基于一定的建模与仿真目的，开发的仿真模型能够再现被仿真对象各项指标的可信程度。可见，仿真模型可信度包括客观和主观两个方面的内容：客观方面是指仿真模型在一定的相似形式下（结构、功能、输出结果等）与被仿真对象的相似程度；主观方面是指基于现有相似程度，仿真模型能否满足预期的仿真应用要求及满足要求的程度。因此仿真模型可信度评估是对仿真模型的准确性、可靠性和有效性进行综合验证与评估，通常结合使用定性方法和定量方法。

仿真模型可信度评估是一个复杂的过程，需要通过校核、验证与确认（Verification、Validation and Accreditation，VV&A）工作来完成。校核是确定仿真模型和有关数据是否准确反映了开发者的概念描述和技术规范；验证是从模型的应用目的出发，确定仿真模型和有关数据代表被仿真对象的正确程度；确认是由权威鉴定仿真模型和有关数据用于特定目的时是否可以接受。在进行可信度评估时，需要考虑多个方面的因素，包括但不限于模型的构建方法、使用的数据质量、模型的验证和校准过程，以及模型在实际应用中的表现。智能汽车虚拟仿真测试系统中的车辆动力学模型、传感器模型、场景模型以及交通流模型的特点各不相同，模型可信度评估的内容和方法也有所不同。

车辆动力学模型是车辆性能仿真的重要组成部分，主要用于模拟车辆在不同行驶状态时的动力学行为。对车辆动力学模型的可信度评估涉及到模型的准确性、稳定性和可靠性评估。首先，需要检验模型构建方法和参数设置是否合理；然后对比分析不同行驶工况下的仿真结果和实车测试结果数据，如对比分析车辆在不同条件下的车辆行驶状态参数变化曲线是否一致；最后，还要结合模型参数敏感性分析、不确定性和误差分析、模型稳定性分析以及模型适应性评估等方法实现模型可信度的综合评估和提升。

　　环境传感器模型可以模拟车辆对真实世界的感知过程。根据传感器建模的层级不同，传感器模型通常分为理想传感器、混合传感器和物理传感器三个层级。相应的传感器模型的可信度评估也可以从目标列表层评估和原始数据层评估等不同层级进行评估。目标列表层评估：通过对传感器模型输出的目标检测结果与传感器实测结果进行统计对比，以此来验证传感器模型的可信度，主要是评估传感器模型在目标识别与分类方面的准确性。传感器原始数据层面的评估则更加关注传感器数据的物理特性，通过对比仿真数据和实际传感器数据，结合定量指标和统计分析评估传感器模型的可信度。

　　场景模型是测试车辆在执行特定驾驶任务时与外部环境及其交互活动的连续时间序列的描述。场景模型的可信度评估是一个复杂但至关重要的过程，可以从虚拟环境的逼真度和测试场景的有效性两个方面去理解。虚拟环境逼真度是指模拟环境与真实世界的相似程度，包括静态路网、天气、光照条件以及动态行为的模拟精度等。测试场景的有效性是指场景模型是否能够覆盖真实世界中自动驾驶系统可能遇到的各种情况，可以从测试场景的多样性、覆盖度和复杂度等方面进行评估。

　　交通流模型可以模拟被测试车辆所在交通环境下的背景交通特性。交通流模型应能够捕捉到交通流的基本特征，如车辆的跟驰、换道、加速和减速行为。交通流模型可信度评估包括模型参数的标定和校准以及仿真模型的验证等过程。参数的标定和校准是确保模型准确性的重要步骤，通常涉及对模型中使用的参数进行调整，以便模型输出与实际观测数据相匹配。仿真模型验证通常是将车辆密度、平均速度、行程时间等仿真结果与实际交通数据进行比较，以检查模型是否能够准确预测交通流的行为。

3. 测试环境可信度

　　完成仿真工具链和模型的可信度验证和评估后，在进行虚拟仿真测试时还需要对搭建的整个测试环境的可信度进行验证和评估。主要是通过对比相同场景下实车测试和虚拟仿真测试的测试结果来确定测试环境的可信度，具体流程如下。

　　1）在完成可信度验证和评估的场景模型库中，选取用于测试环境可信度验证的场景子集，并确定相应的特征参数。

　　2）完成车辆动力学模型、传感器模型以及交通流模型中重要参数的标定。

　　3）参照测试场景模型设计相同的实车测试场景，进行封闭场地测试。

　　4）选择和实车测试相同的场景进行虚拟仿真测试。

　　5）对比实车测试和虚拟仿真测试结果，确认仿真环境的可信度。

本章习题

1. 智能汽车虚拟仿真需要完成哪些任务？
2. 在智能汽车虚拟仿真测试中，如何确保测试结果的准确性和可靠性？
3. 设计一个智能汽车虚拟仿真测试系统中的碰撞检测和响应机制。
4. 论述智能汽车虚拟仿真测试系统的必要性。
5. 以 MIL 为例，阐述 MIL 测试环境中各要素间的数据交互内容和通信方式。
6. 设计一个智能汽车路径规划算法的仿真测试案例。
7. 什么是智能汽车 MIL 测试？简述 MIL 测试系统的组成要素。
8. 什么是智能汽车 SIL 测试？简述 SIL 测试系统的组成要素。
9. 什么是智能汽车 HIL 测试？简述 HIL 测试系统的组成要素。
10. 什么是智能汽车 DIL 测试？简述 DIL 测试系统的组成要素。
11. 什么是智能汽车 VIL 测试？简述 VIL 测试系统的组成要素。
12. 描述智能汽车虚拟测试的一般步骤。列举至少三种市场上常见的虚拟测试软件，并简要说明它们的主要功能。
13. 调研并分析智能汽车在复杂交通环境下的虚拟测试挑战，并提出一种可能的解决方案。

第3章
仿真测试场景的构建

场景是从空间和时间维度描述人–车–路–环境之间复杂动态关系的模型，是自动驾驶汽车产品研发和功能测试的基础。如图3-1所示，场景在智能汽车的产品开发、测试、验证中起着关键作用，且不同阶段对场景描述的需求不同。例如，在产品功能设计阶段，场景主要服务于产品的功能定义需求，作为产品定义的输入，场景内容越丰富产品功能设计就越全面；在研发测试阶段，场景主要服务于产品研发的迭代测试，侧重于强调行驶环境的复杂性、危险性和随机性等特征对自动驾驶系统性能造成的影响，场景内容越丰富自动驾驶系统性能越稳定，系统的适应能力越强；在测试评价阶段，场景主要服务于系统的标准化能力评估测试，场景必须具备可解释性、可重复性等特点，确保测试评价结果的客观性和公平性。可见建立测试场景的仿真模型，是进行智能汽车仿真测试与评价的基础。同时，随着产品的开发、测试和验证每个环节的完成，测试场景的描述也在不断完善和丰富。本章将通过测试场景的定义、要素组成以及来源与分类等方面对测试场景进行概述，并进一步介绍构建场景仿真模型的流程与实例。

图3-1 场景在产品开发、测试、验证中的示意图

3.1 测试场景的定义与内涵

场景（Scenario）描述了测试车辆在执行特定驾驶任务时与外部环境及其交互活动的连续时间序列，是一定时间和空间范围内行驶环境与汽车驾驶行为的综合反映，涵盖了环境元素的特性、静态和动态交通要素、各交通参与者和观察者的行为表现，以及这些实体之间的相互关系。在理解场景的定义时，应该明确场景（Scenario）、布景（Scene）和情景（Situation）之间的区别和联系。布景和情景是场景的组成部分。其中，布景是对某个时刻的描述，是周围环境的快照呈现，包括当时的道路层要素、交通设施层要素、临时改

变层要素、交通参与者层要素、环境层要素、被测车辆层以及各层要素之间的关系。被测车辆由当前的布景出发，以驾驶任务为导向，受布景中各个要素的约束做出行为决策，并完成既定的驾驶任务，到达下一个新的布景。从一个布景到另一个新的布景的过程则称之为情景。因此，场景可以理解为：在时间和空间条件约束下，由驾驶情景连接起来的一系列布景，是被测车辆驾驶情景及其行驶环境相互交互的过程。布景是对场景片段的描述，而场景则是连续布景的短暂发展，每一个场景都由一个初始的布景开始。

场景的描述应源于标准和法规的专业术语。跟场景相关的重要标准主要是 ISO 3450 系列。如图 3-2 所示，整个 ISO 3450 系列的标准在智能汽车的开发与验证过程起着至关重要的指导作用。其中，ISO 34501 主要是有关场景术语和定义的描述，ISO 34502 是基于场景的测试框架的描述，ISO 34503 主要是自动驾驶系统 ODD 的描述，ISO 34504 则是场景属性和分类的描述，ISO 34505 是场景质量评估与验证的描述。

关于场景描述中的重要术语包括：

1）主车，指在给定场景中被测试的车辆。

2）实体，指给定场景中感兴趣的关键场景要素，包括静态实体和动态实体。其中静态实体是指在场景中保持不变的实体，如建筑物、绿化带、斑马线、道路以及障碍物等。动态实体是指在场景中经历变化或可能发生变化的实体。如主车、周围车辆、行人和交通信号灯等。

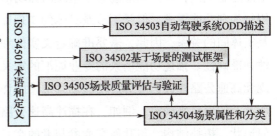

图 3-2　ISO 3450 系列标准的示意图

3）环境，指除主车之外所有实体的集合，包括静态环境和动态环境。其中，静态环境是静态实体的集合，而动态环境则是指除主车以外动态实体的集合。

场景是自动驾驶汽车产品研发和功能测试的基础，为了测试自动驾驶系统能否在各种情况下做出适当的决策和应对措施，测试场景需要模拟各种不同的道路、交通条件和事件。根据需求和应用目标的差异，场景被分解为多个层级以实现更加准确的描述。欧盟 PEGASUS 项目系统分析了自动驾驶汽车不同研发阶段的测试需求，并根据自动驾驶产品开发的概念阶段、系统开发阶段和测试阶段对场景的需求差异，按照抽象程度和表达方式的不同将场景分为功能场景、逻辑场景和具体场景三个层级模型，如图 3-3 所示。

图 3-3　PEGASUS 场景分级抽象模型

在智能汽车的开发和验证过程中，通过逐级细化和实例化，功能场景、逻辑场景和具体场景帮助开发人员更好地理解系统的行为和功能，并识别潜在的问题和风险。功能场景通常是最初的抽象描述，是语言级的操作场景，通过语言来描述场景中各个场景要素之间关系，其详细程度取决于项目开发需求。逻辑场景是对功能场景的进一步细化和详细描述，通过状态空间中的参数范围来表示各场景要素之间的关系。具体场景是对逻辑场景的实例化，提供了实际的输入、输出和系统状态。测试场景是指用于对主车或自动驾驶系统进行测试与评价的具体场景。测试用例则是在测试场景的基础上增加被测车辆的预期驾驶表现。

3.1.1 功能场景

功能场景（Functional Scenarios）的描述在项目概念阐释、潜在危险分析以及风险评估阶段起着关键作用。功能场景是系统所需功能的高级抽象，描述了系统在特定情况下的期望行为和功能需求，但是不涉及具体的实现细节。功能场景以语义描述的方式来表达实体及实体间的关系，因此，需要准确定义实体和实体关系的专业词汇，实现场景描述的一致性和准确性。描述功能场景的专业词汇的定义一般来源于现有标准和法规，如道路交通法规和高速公路建设标准等。功能场景描述的详细程度和实体内容需要根据实际的开发阶段所涉及的项目来确定。例如，在描述高速公路行驶的功能场景时，需要详细描述道路的几何形状、拓扑结构、与其他交通参与者的交互以及天气状况等元素；在描述地下停车场行驶的功能场景时，可能更需要关注建筑物布局的词汇描述，而天气条件则不需要进行详细描述。另外，有时在描述功能场景时还需要添加描述实体特征的附加术语。

3.1.2 逻辑场景

逻辑场景（Logical Scenarios）是以状态空间的方式对功能场景进行更进一步的描述，包含系统或组件在特定输入信号、环境状态、系统状态等条件下的预期行为。因此，需要对状态空间中各变量参数的范围进行确定，以描述实体特性和实体间关系的多样性。而状态空间各变量参数范围往往是通过对采集信息的统计分析来确定，可以选择概率分布（如高斯分布、均匀分布等）的方式来确定，变量参数间的关系也可以通过相关函数或数值条件等方式进行描述。逻辑场景的定义和描述主要用于项目开发阶段生成必要的需求信息，对于系统的开发、测试和验证至关重要。因此，逻辑场景的描述需要包含表达系统所有必要的基本要素。

3.1.3 具体场景

具体场景（Concrete Scenarios）是对逻辑场景的实例化，通过确定逻辑场景中状态空间参数的具体值，实现对实体和实体之间的关系进行具体精确的描述。一个具体场景可以通过选择逻辑场景状态空间所有参数值来确定，而参数值的确定往往可以通过在状态空间参数范围内进行离散采样来实现。理论上，对于每个具有连续数值范围的逻辑场景，可以推导出任意数量的具体场景。若为每个参数选择一个无限小的采样步长，就可以得到无限多的具体方案。通过为逻辑场景中状态空间的每个参数确定具有代表性的离散值并进行组合，可以实现具体场景的高效泛化。以图3-4所示的在带限速标志的三车道弯道高速公路上行驶场景为例，对其进行功能场景、逻辑场景和具体场景描述的内容如图3-5所示。在示例中，功能场景中包含了表示道路布局的"三车道高速公路弯道"，表示道路几何形状的直线或弯曲，以及表示交通流特征的"交通流移动缓慢"等附加术语。逻辑场景则通过车道宽度、弯道半径等参数的范围对道路特征进行描述。而具体场景中，每个参数都给出了一个具体值。

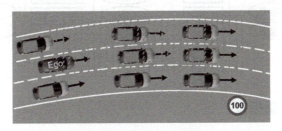

图3-4 行驶场景示意图

功能场景	逻辑场景	具体场景
基础道路结构： 车道高速公路弯道 100km/h限速标志	基础道路结构： 车道宽度[2.3, 3.5]m 曲率半径[0.6, 0.9]km 交通标志位置[0, 200]m	基础道路结构： 车道宽度3.2m 曲率半径0.7km 交通标志位置150m
静态目标：—	静态目标：—	静态目标：—
动态目标： 交通堵塞 主车靠近中间车道 交通流移动缓慢	动态目标： 交通堵塞结束点[10, 200]m 交通流移动速度[0, 30]km/h 主车位置[50~300]m 主车速度[20, 130]km/h	动态目标： 交通堵塞结束点40m 交通流移动速度30km/h 主车位置200m 主车速度100km/h
环境： 夏日，下雨	自然环境： 温度[10, 40]℃ 雨点大小[20, 100]μm	自然环境： 温度20℃ 雨点大小30μm

图3-5 场景描述示例

3.2 测试场景的要素组成

为了准确描述事件及其发生、演进过程，构建场景时应当精确地描述与特定场景相关的道路、环境、交通参与者以及驾驶员等要素，并排除对场景构建具有微弱或根本没有影响的要素。场景主要包括主车和环境，而环境又分为动态环境和静态环境，具体如图3-6所示。本节从六层场景模型、三层干扰因素、静态场景要素和动态场景要素对测试场景的要素组成进行介绍。

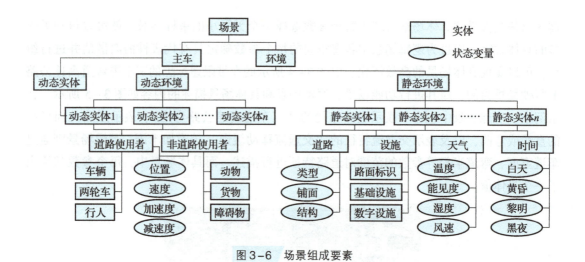

图 3-6 场景组成要素

3.2.1 六层场景模型

六层场景模型从系统外部组织结构来分析场景的要素组成和描述逻辑。如图 3-7 所示，六层场景模型包括道路结构、道路基础设施、道路和设施临时性改变、交通参与者、自然环境和通信状态等。六层场景模型中每一层应包含明确的场景要素，通过场景的层次、每层的要素组成以及要素间的逻辑关系，构成了生成场景的逻辑关系，见表 3-1。

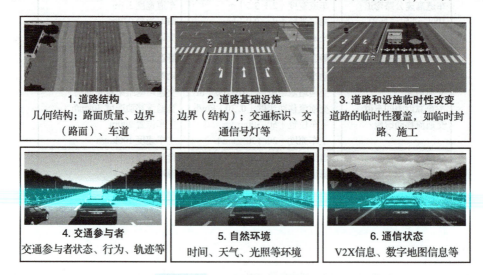

图 3-7 六层场景要素架构示意图

表 3-1 六层场景要素架构

层数	名称	内容
第一层	道路结构	道路拓扑结构信息，包括道路所处区域的类型、拓扑结构、车道信息、路面状况、附属物等

(续)

层数	名称	内容
第二层	道路基础设施	在第一层道路结构之上的交通设施情况，包括交通信号灯、标志牌、路灯、闪光灯等交通设施设备
第三层	道路和设施临时性改变	特定场景中的局部时间或空间片段产生的临时变化，如道路条件变化、车道变化、气象和光照条件变化等
第四层	交通参与者	场景中对事件发生有影响的交通参与者，如车辆、人物、动物和物体信息等，是静态场景和动态要素的重要连接
第五层	自然环境	场景所处的自然环境，气象信息、光照信息和建筑物等
第六层	通信状态	场景中的信息通信、路侧单元、边缘计算单元等

3.2.2 三层干扰因素

三层干扰因素从系统内部组织结构来分析场景的要素组成和描述逻辑。结合驾驶环境通过系统分析三层干扰因素，可以提取交通场景列表。如图3-8所示，可以从感知、决策和控制三个方面分析干扰因素，具体包括感知干扰、交通干扰和车辆干扰三层干扰。其中，感知干扰是指由传感器本身或其周围环境造成的感知限制以及感知目标可能被其他对象或交通参与者遮挡造成的传感器盲点。交通干扰主要与交通状况有关，结合驾驶环境和周围环境系统地分析和分类交通干扰可以提取交通场景列表。车辆干扰涵盖了由于车辆外部力量导致的单一车辆事故的潜在危险场景，涉及感知和车辆控制命令正常，但车辆未能遵循控制命令的情况。

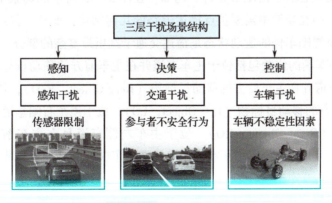

图3-8 三层干扰因素

1. 感知干扰

如图3-9所示，感知干扰可以从感知限制和传感器盲点两个角度去分析。感知限制可从车辆传感器的限制、环境的因素以及目标物的特点等方面分析。传感器盲点主要是从外围车辆的特点、道路形状以及道路结构三个方面去分析。通过逐层分析每个因素，并将所有的因素整合起来,最后得到关于场景的感知干扰描述。如图3-10所示的道路形状盲点测试场景,弯道上深色的测试车辆想要换道,由于弯道产生传感器的盲点,导致测试车辆没有感知到周围车辆(浅色车辆)也将换道同一车道的行为趋势,而产生潜在危险。图3-11所示为道路结构盲点测试场景,由于道路结构原因遮挡了测试车辆部分视野而产生传感器盲点,比如进隧道和出隧道的时候车辆将可能存在传感器盲点导致的潜在危险。

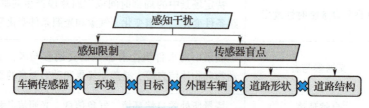

图3-9 感知干扰因素

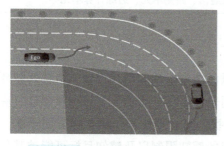

图3-10 道路形状盲点测试场景

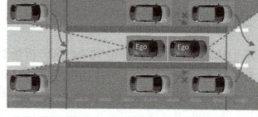

图3-11 道路结构盲点测试场景

2. 交通干扰

如图3-12所示,交通干扰可以从道路的几何结构、主车的行为、周围车辆的位置以及周围车辆的运动状态四个角度来分析。例如,在图3-13所示的场景中,主车要从倾斜的岔道转到主道,则在场景中需要重点描述道路的几何结构;此外,描述主车的行为、周围车辆的位置以及周围车辆的运动状态是描述交通干扰里最复杂的部分。如图3-14所示,Ego为主车,周围车辆的位置包括位于主车车道并在主车前方的移动目标物(Front Object,FO),位于主车车道并在主车后方的移动目标物(Rear Object,ReO),位于主车左侧车道并在主车侧方/后方的移动目标物(Left Object,LO),位于主车右侧车道且在主车侧方/后方的移动目标物(Right Object,RO),位于主车左侧车道且在主车前方的移动目标物(Left Front Object,LFO),位于主车右侧车道且在主车前方的移动目标物(Right Front Object,RFO),位于主车车道且在FO前方的移动/静止目标物(Fore Front Object,FFO)以及位于主车前方且横穿道路的移动目标物(Danger Object,DO)等。

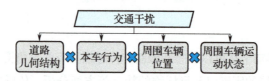

图3-12 交通干扰因素

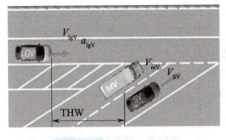

图 3-13 匝道汇入场景

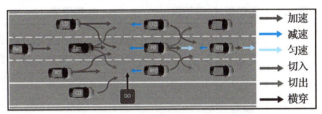

图 3-14 周围车辆位置以及状态描述

3. 车辆干扰

车辆干扰，可以从车身和轮胎两个方面分析，主要分析由于车辆外力导致的潜在危险。车身方面，主要分析道路结构、天气情况和其他外力；轮胎方面，则分析轮胎情况和道路磨损。图 3-15 所示为车辆在弯道上行驶的场景，重点分析车辆在弯道行驶时的离心力对车辆产生一个横向干扰。图 3-16 所示为车辆在雨天行驶的场景，重点分析雨天道路附着系数变小，导致地面纵向力和横向力下降对车辆产生的干扰。

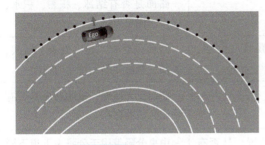

图 3-15 弯道行驶场景

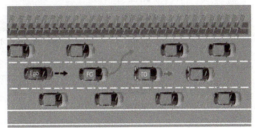

图 3-16 雨天行驶场景

3.2.3 静态场景要素

场景要素可以分为静态场景要素和动态场景要素，其中静态场景要素应涵盖场景中不发生变化的实体及其关键参数，包括道路结构、道路基础设施、道路临时事件和通信状态等。

1. 道路结构

道路结构层的描述应包含道路拓扑、道路路面状态和道路附属物等信息（详见表 3-2），主要参考标准有 JTG D20—2006、JTJ 001—1997、CJJ37—2012、CJJ152—2010 等。

表 3-2 道路结构

第一层	第二层	第三层	第四层	定义
道路结构	道路拓扑结构	主路	车道数量、车道宽度、车道方向、道路曲率、坡度	道路等级最高的主体道路，通常将自车所在主干道设置为主路

(续)

第一层	第二层	第三层	第四层	定义
道路结构	道路拓扑结构	次路	车道数量、车道宽度、车道方向、道路曲率、坡度、分支侧和主路的夹角、和主路起始点距离、次路类型	指和主路相交的道路，通过主路和次路的设置，能够完整描述道路拓扑结构信息
		辅路	车道数量、车道宽度、车道方向、道路曲率、坡度、辅路位置	指处在主路两侧或一侧单向或双向行驶，能够缓解主路交通压力的道路
		右转专用道	车道数量、车道宽度、车道方向、道路曲率、坡度、纵向起点、是否设置安全岛、安全岛长度	在交叉口处设置的专供右转车辆使用的道路
	道路路面状态	路面材质	—	路面的物理材料质地
		路面覆盖物	—	路面是否有结冰、积雪、积水、湿滑、油水等情况
		路面损坏	损坏的类型、形状、位置、尺寸	路面是否有坑洼、开裂、断层、沉陷、颠簸等影响行车的情况
		路面反光	反光类型	路面反光情况，描述路面是否有反光区域的存在
	道路附属物	中央分隔带	起始位置、结束位置、是否有行人驻足区	中央分隔带用于分隔主干道不同方向的交通流
		侧分带	起始位置、结束位置、是否有行人驻足区	侧分带是主干道和辅路之间的分隔带
		路肩	起始位置、结束位置、类型、高度、宽度	位于行车道外缘至路基边缘、具有一定宽度的带状结构部分
		路边屏障	起始位置、结束位置、类型	路边屏障是缓和道路噪声等道路对外界消极影响的设施
		减速带	起始位置、结束位置、数量、间隔	安装在公路上使经过的车辆减速的交通设施
		隧道	起始位置、结束位置、高度、顶部结构	埋置于地层内的工程建筑物
		横跨桥梁	起始位置、结束位置、类型、高度、宽度、横跨车道	横向跨越在车道上的桥梁
		路灯	起始位置、结束位置、重复距离、照明亮度	在光照条件差的情况下为交通参与者提供光源的交通设施

2. 道路基础设施

道路基础设施应包含交通信号灯、标志牌和交通标线等，详见表3-3。

表3-3　道路基础设施

第一层	第二层	第三层	第四层	定义
道路基础设施	交通信号灯	机动车信号灯	位置、高度、是否模糊、类型、灯光状态	用于分配在空间上会相互冲突的机动车流通行权的交通信号灯
		车道方向指示灯	位置、高度、是否模糊、灯光状态	用于指示车道是否可以通行以及可以通行的方向的交通信号灯
		人行横道信号灯	位置、高度、是否模糊、灯光状态	用于分配行人交通流通行权的交通信号灯
		闪光警告灯	位置、高度、是否模糊、朝向、灯光状态	用于提示交通参与者在此处应该注意观察，确认安全后再通过的交通信号灯
	标志牌	—	位置、高度、是否模糊、类型、朝向	交通标志牌用于对道路信息的指示
	交通标线	车道线	位置、是否模糊、尺寸、类型	用来分隔同向行驶的交通流的交通标线
		人行横道线	位置、是否模糊、尺寸、形态	引导行人安全地过马路，用于标识行人过街通道的交通标线
		导流线	位置、是否模糊、尺寸、颜色、弧度	表示车辆必须按规定的路线行驶，不得压线或越线行驶的交通标线
		车位标线	位置、是否模糊、尺寸、类型、朝向	车位标线是对停车位信息的描述

3. 道路临时事件

道路临时事件包括道路条件变化、车道变化、车道占据、气象和光照条件变化等，描述时应包含事件发生的车道位置、起始点和结束点等信息，详见表3-4。

表3-4　道路临时事件

第一层	第二层	第三层	第四层	定义
道路临时事件	道路条件变化	道路曲率变化	车道位置、起始点、结束点、曲率值	道路曲率表示道路曲线偏离直线的程度
		道路坡度变化	车道位置、起始点、结束点、坡度值	道路坡度表示道路高程的变化
		道路覆盖物变化	车道位置、起始点、结束点、覆盖物类型	道路覆盖物描述在道路表面的物体

(续)

第一层	第二层	第三层	第四层	定义
道路临时事件	车道变化	车道宽度变化	车道位置、起始点、结束点、宽度改变的方向、改变后的车道宽度、过渡线的起始位置、过渡线的结束位置	车道宽度改变的方向：从左向右、从右向左、两边；改变后的车道宽度；车道宽度改变的过渡线的起始和结束位置等信息
		车道数量变化	车道位置、起始点、结束点、过渡线的起始位置、过渡线的结束位置、车道增减的车道数	包含车道增减的过渡线的起始和结束位置，车道增减的车道数，如果是车道数增加还需要描述增加车道的宽度和原车道是同向还是反向等信息
		车道中心线偏移	车道位置、起始点、结束点、中心线偏移的车道数、过渡线的起始位置、过渡线的结束位置	包含车道中心线偏移的车道数，车道偏移过渡线的起始和结束位置等信息
	车道占据	道路施工	车道位置、起始点、结束点、占道物体、施工人数	包含道路施工的起始和结束影响的纵向位置，施工占据的道路物体，施工人员数量等信息
		物体占据车道	车道位置、起始点、结束点、类型、颜色、数量	包含占据道路的车辆的长-宽-高和颜色等物理属性，占据的道路位置，车辆是处于正立、侧翻或倒翻的状态等信息
	气象条件变化	天气条件变化	起始点、结束点、类型	晴天、阴天、雨天、雪天、雾天、冰雹、沙尘暴、雾霾、台风等
		能见度变化	起始点、结束点、类型	指视力正常的人能将目标物从背景中识别出来的最大距离
		湿度变化	起始点、结束点、类型	空气中水蒸气的含量，可分级为干燥、适宜、潮湿等类型
		风向变化	起始点、结束点、类型	分为无风、顺风、逆风、侧风等
		风速变化	起始点、结束点、类型	可分为变大、变小、突变等类型
	光照条件变化	变化后的光照	起始点、结束点、类型	包含变化后的光照是正常的、有阴影的，强光直射还是强弱光交替变化等信息
		变化方向	方向	逆光、顺光等方向信息
		反光照射	是否反光	反光照射应描述是否出现光线反光的情况

4. 通信状态

通信状态层包括对路侧单元、边缘计算单元、定位以及这些信息设备的信号衰减区域的描述，详见表3-5。

表3-5 通信状态

第一层	第二层	第三层	第四层	定义
通信状态	路侧单元	—	位置、通信类型、传感器类型、工作参数、是否损坏	包括路侧单元位置、通信类型、传感器类型、工作参数（测量半径、角度、方向、强度等）、是否损坏等信息
	边缘计算单元	—	位置、通信类型、所计算的信息、工作参数、是否损坏	指在靠近物体或数据源头的一侧，采用网络、计算、存储、应用核心能力为一体的开放平台，提供近端计算服务的部件
	定位单元	—	位置、通信类型、设备类型、工作参数、是否损坏	包含定位单元位置、通信类型、设备类型、工作参数（计算速度、信号强度、发送速率等）、是否损坏等信息
	信号衰减区域	—	位置、衰减的情况	包含信号衰减所处的位置、衰减的情况（正常、严重衰减、轻微衰减）等信息

3.2.4 动态场景要素

动态场景要素是指处于不断变化状态的交通环境要素。这些要素包括交通参与物（如车辆、行人、自行车等）、其位置、速度、方向、加速度等动态属性，以及交通流量、交通拥堵等随时间变化的交通情况。这些要素的不断变化会影响交通环境的演变，对自动驾驶系统的感知、决策和行为规划产生直接影响。动态场景要素应具体、清晰地体现场景中的实体状态随着时间的变化。动态要素应与静态要素关联，状态变化应分为轨迹和动作，对每种具体的信息类型设置关键参数以具体化描述。

1. 交通参与物

交通参与物是对所有参与预期功能安全等事件的交通实体的描述，是连接场景静态要素和动态要素的重要实体。交通参与物主要包括车辆、人物、动物和其他物体等。动态环境要素见表3-6。

表3-6 动态环境要素

第一层	第二层	第三层	第四层	定义
交通参与物	车辆信息	单个车辆信息	车辆类型、是否是自车、是否算法控制、长-宽-高、颜色、位置、朝向、车身标识、车牌	包含车辆类型、是否是自车、是否算法控制等属性信息

(续)

第一层	第二层	第三层	第四层	定义
交通参与物	车辆信息	车流信息	车道位置、起始位置、结束位置、交通流状况	描述交通场景的背景交通流的状况，如单车、少量车流、密集或者拥堵
	人物信息	行人个体信息	朝向、衣着、携带物、姿态	包含其横向、纵向、朝向等位置信息，衣着、携带物等外观信息，姿态等运动状态信息
		人群信息	人群位置、数量、密度	众多行人构成的行人流
		交警信息	位置、手势动作	交警信息应该包含交警所在的位置、指挥交通的手势动作等信息
	动物信息	—	位置、类型、颜色、运动状态	除人类之外所有生命体的总称
	其他物体信息	—	位置、类型、大小、颜色、运动状态	物体的位置、类别、大小、颜色、运动状态等信息

2. 动态触发机制

动态触发机制应描述场景要素状态切换的形式。动态触发机制主要包括直接连接、自然过渡、时间触发、地点触发、车距触发、速度触发、加速度触发七种触发方式。动态触发机制及定义见表3-7。

表3-7 动态触发机制及定义

触发方式	定义
直接连接	直接连接描述不同场景要素之间的顺次变化，且无其他要素过渡状态
自然过渡	自然过渡描述不同场景要素之间具有中间过渡状态的连续性顺次变化
时间触发	时间触发表示达到特定时间点时，切换相应预期功能安全场景要素状态
地点触发	地点触发表示达到特定空间点后，切换相应预期功能安全场景要素状态
车距触发	车距触发表示达到特定车距点后，切换相应预期功能安全场景要素状态
速度触发	速度触发表示当速度满足指定速度条件时，切换相应场景要素状态
加速度触发	加速度触发表示当加速度满足指定加速度条件时，切换相应预期功能安全场景要素状态

3. 轨迹描述方法

轨迹是指一定时间内在平面上顺次连接的关键位置序列，描述了实体的运动情况。轨迹描述的时间粒度应以秒为基本单元。轨迹点包括：轨迹点的横纵坐标，轨迹归属的交通参与者在该点的速度、加速度、朝向角和持续时间等关键信息。每一条轨迹至少应包含轨迹起点、轨迹的触发机制以及轨迹起始和结束所在的道路编号等信息。基本轨迹类型主要包括：直行轨迹、变道轨迹、超车轨迹、路口转弯轨迹、支路汇入轨迹、调头轨迹等。基本轨迹类型及其定义见表3-8。

表 3-8 基本轨迹类型及其定义

轨迹类型	定义
直行轨迹	直行轨迹为车辆在一段时间内沿直道行驶的轨迹。直行轨迹包括：变速点、轨迹末点等轨迹点
变道轨迹	变道轨迹为车辆从所在车道更换至临近车道内的轨迹。变道轨迹包括：变道方向、轨迹起始点、变道起始点、变道终点、轨迹终点等轨迹点
超车轨迹	超车轨迹为车辆借助临近车道快速行驶超过前方车辆并回归到原来车道的轨迹。超车轨迹包括超车方向、轨迹起点、超车变道起点、超车变道终点、回原车道起点、回原车道终点以及轨迹终点等轨迹点
路口转弯轨迹	路口转弯轨迹为车辆在交叉路口切换到另一个行驶方向道路的轨迹。路口转弯轨迹信息包括轨迹起点、转向点和轨迹终点三个轨迹点转弯方向等信息
支路汇入轨迹	支路汇入轨迹为次路车辆通过匝道汇入主干道行驶轨迹。支路汇入轨迹包括轨迹起点、支路的驶出点、主路的汇入点和轨迹终点等轨迹点信息
调头轨迹	调头轨迹为车辆在当前道路上，将行驶方向转换为当前行驶方向相反方向的轨迹。调头轨迹包括轨迹起点、调头变道起点、调头变道终点、轨迹终点、调头方向等信息

4．动作信息

动作信息描述了交通参与物的形态变换情况，由一组形态按照一定的时间顺序在实体上顺次展现。通常设置动作的时间粒度以秒为基本单元。每一个动作至少应包含动作类型、动作触发机制等信息。动作信息见表 3-9。

表 3-9 动作信息

第一层	第二层	第三层	第四层	定义
动作信息	车辆部件操作信息	车门状态	车门位置、操作	车门状态信息应包含车门位置以及对车门的操作等信息
		车灯状态	传感器类型、工作参数、工作状态、被控状态	车灯状态信息应包含描述车灯信号类型，对车灯的操作等信息
		刮水器状态	被控状态、工作状态	刮水器状态的信息应包含刮水器被控制状态，刮水器工作状态等信息
		智能设备状态	设备类型、操作	指车辆部件中具有计算处理能力的设备、器械或者机器
	行人动作信息	—	动作类型	描述行人的行为动作
	信号灯切换	—	信号灯类型、指示方向、操作	信号灯切换描述交通信号灯的控制状态的改变

5. 自然环境

自然环境指当前场景时间片段内影响场景的气象、光照、电磁干扰和建筑物等环境元素，见表3-10。

表3-10 自然环境

第一层	第二层	第三层	第四层	定义
自然环境	气象信息	—	天气状况、温度、湿度、风速、风向、能见度	包括天气状况、温度、湿度、风速、风向、能见度等状况
	光照信息	—	光源位置、光源类型、光照强弱、光照方向、是否有反射光	光照信息需要描述光源位置、光源类型、光照强弱、光照方向以及是否有反射光等情况
	建筑物信息	—	类型、位置	建筑物在路面的光照阴影会对感知系统的工作带来影响
	电磁干扰	—	干扰来源、传播途径、影响到的设备	车辆硬件设备及其相互通信易受外部电磁干扰

3.3 测试场景的构建方法

微课视频
测试场景的构建、来源与分类

构建测试场景是进行智能汽车虚拟仿真测试的前提。首先需要结合传感器和高精地图等获取静态场景数据，进一步构建静态场景；然后基于传感器采集的动态场景数据构建动态场景；最后，基于场景数据标准，将静态场景和动态场景整合为可以用于虚拟仿真测试的测试场景模型。

随着智能汽车虚拟仿真技术的发展，国内外各种场景仿真软件百花齐放、功能多样，模型精度不一。为了提高场景模型的通用性及复用性，自动化及测量系统标准协会ASAM（Association for Standardization of Automation and Measuring Systems）针对自动驾驶虚拟仿真测试领域发布了OpenX标准。如图3-17所示，OpenX系列标准主要包括OpenDRIVE、OpenSCENARIO、Open Simulation Interface（OSI）、OpenLABEL和Open Curved Regular Grid（OpenCRG）等。在仿真测试的整体流程中，OpenDRIVE和OpenSCENARIO针对仿真场景的数据格式进行统一；OpenCRG实现了路面物理信息与静态道路场景的交互；OpenLABEL针对原始数据和场景给出了统一的标定方法；OSI连接了自动功能与仿真工具，同时集成了多种传感器。

如图3-18所示，静态路网描述标准OpenDRIVE，静态道路表面描述标准OpenCRG以及动态场景描述标准OpenSCENARIO三个标准相结合，提供了包含静态和动态内容，以及由场景驱动的交通模拟的描述。OpenDRIVE的静态路网数据描述了道路的几何形状以及可影响路网逻辑的相关特征，如车道和标志。OpenDRIVE描述的路网可以人工生成或来自于真实世界，其主要目的是提供可用于仿真的路网描述，并使这些路网描述之间可以进行交换。OpenCRG 主要关注道路表面的相关物理信息描述，用于描述轮胎和地面接触时与摩擦相关的问题。OpenCRG 允许在仿真软件中对道路路面进行 3D 渲染，包括路面的摩擦系数和灰度等信息。通过弯曲的网格分割，OpenCRG 可以实现对道路的高精度描述，并降低内存占有率和计算时间。同时，OpenCRG 支持与 OpenDRIVE 格式静态场景和 OSI 中动力学模型的交互，并与 MATLAB 等软件相兼容。OpenSCENARIO 包含了仿真应用中动态内容的说明及文件组成模式，其主要用于描述多车复杂操作工况，它定义了一个数据模型以及以此为基础的文件格式，用于描述驾驶与交通仿真模拟器、虚拟开发、测试与验证中使用的场景。OpenSCENARIO 可以描述复杂的、同时发生的车辆操作行为，其中包括多个不同的实体实例，如车辆、行人以及其他交通参与者。

图 3-17　OpenX 系列仿真测试标准

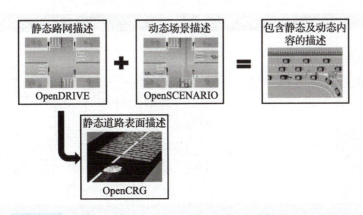

图 3-18　OpenDRIVE 与 OpenCRG、OpenSCENARIO 之间的关联

场景仿真软件生成的场景仿真数据应满足 OpenDRIVE 和 OpenSCENARIO 的标准。对于采用其他格式场景数据的仿真工具，也应该配备相应的场景文件解析接口，实现与标准数据格式的转换。

3.4　测试场景的来源与分类

智能汽车的测试场景具有复杂多样性、全面覆盖性以及典型代表性等特征。场景是行驶环境与驾驶行为的综合组成，是道路、交通、天气、光照等外部环境因素，以及智能汽车内部驾驶任务与状态等内部要素在一定的时空范畴内相互作用的体现。从场景概念构建的角度来看，有高速公路、乡村道路、城市交通等多样的行驶环境，而在这些行驶环境下的驾驶行为方式、速度调控机制、行驶模式等相互协作就形成了整体场景。构建场景的数据来源主要包括标准法规、自然驾驶数据、交通事故数据、封闭场地测试数据以及虚拟仿真数据等。本节重点介绍基于标准法规、自然驾驶数据和交通事故数据生成的测试场景。

3.4.1 基于标准法规的测试场景

近年来，随着汽车自动驾驶技术在全球的迅速兴起，自动驾驶测试评价相关标准成为各个国际标准化组织的重点工作方向。基于标准法规的测试场景的数据主要源于已有的权威标准与评价规程，例如，国际标准化组织（ISO）、美国国家公路交通安全管理局（NHTSA）、欧洲新车评价计划（E-NCAP）、中国新车评价计划（C-NCAP）等多个标准与评价规程。这些标准与规程所提供的数据源在行业内得到广泛承认，具有权威性与规范性。它们明确了在自动驾驶技术中关键的测试目标和方法，涵盖了感知、决策制定、紧急情况应对能力等多个方面的测试标准。基于这些标准法规构建的测试场景可以用于自动驾驶系统在多样化的交通场景中的驾驶功能和合规性验证，被认为是自动驾驶功能研发与认证阶段必要的、不可或缺的基础性测试场景。基于标准法规构建场景的流程为：梳理相关测试标准中定义的测试场景要素、参数范围以及测试流程，并转化成如图3-19所示的场景描述文件，根据场景的六层要素对场景的静态地图、动态场景进行构建，最终形成如图3-20所示的场景文件。

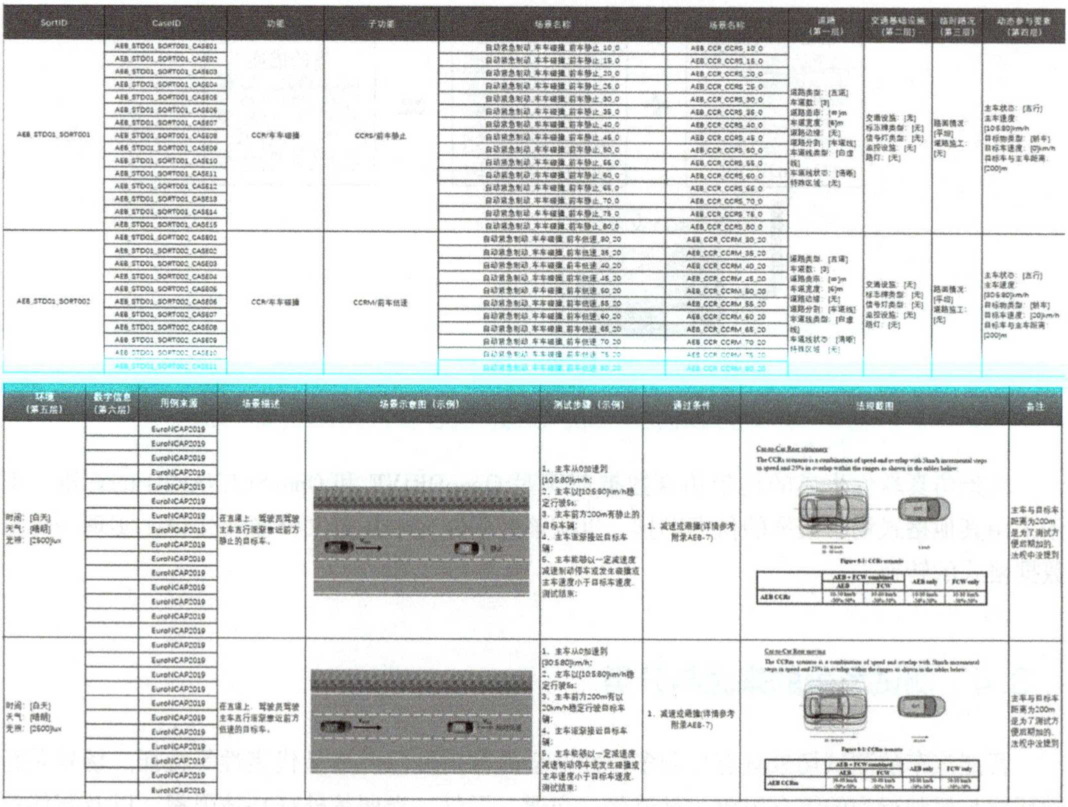

图3-19 标准法规场景描述文件样例

图 3-20　标准法规场景文件样例

3.4.2　基于自然驾驶数据的测试场景

自然驾驶场景，顾名思义就是人类驾驶员驾车行驶在道路环境中与周围交通参与者、交通基础设施等产生交互的真实场景。自然驾驶研究（Naturalistic Driving Study，NDS）通过使用先进的数据收集技术来记录真实世界中的驾驶行为，提供了车辆动态状态、驾驶行为决策以及道路环境等多维信息，包含了汽车在实际道路环境中所经历的人–车–环境–任务等多个关键要素。通过对这些数据的分析，研究人员和开发者可以更深入地理解自动驾驶系统在实际道路环境中的表现，评估其在多样情景下的适应能力。目前公开的自然驾驶数据集有 HighD、NGSIM、ApolloScape、Waymo Open Dataset、KITTI 等。

基于自然驾驶数据的测试场景有助于验证自动驾驶系统的感知、决策规划以及与其他交通参与者间的安全交互等能力。通过分析自然驾驶数据，并利用六层场景结构依次实现功能场景、逻辑场景和具体场景的描述。如图 3-21 所示，基于自然驾驶数据生成测试场景的具体流程为：

1) 综合分析运行设计域（ODD）描述、功能定义、功能安全、预期功能安全以及行为安全等要素，明确安全目标。

2) 从安全目标出发，明确感知、决策和控制三层干扰因素，进一步确定功能场景的关键要素，结合六层场景结构确定功能场景。

3) 将功能场景细化，转化为逻辑场景。为了确保逻辑场景的准确性，从自然驾驶数据，提取典型驾驶场景和目标物的轨迹数据。

4) 对典型场景的状态参数进行标注，对状态参数进行统计分析，获得状态参数的分布特点，从而确定状态参数的范围，得到逻辑场景。

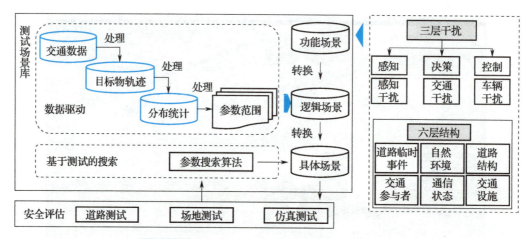

图 3-21 基于自然驾驶数据生成测试场景的流程

5)基于逻辑场景中的参数分布信息,通过采样、随机组合和优化选择等方式生成海量具体场景,以反映真实驾驶情境的多样性。

6)将生成的具体场景参数以通用场景格式存储,从而形成数万个虚拟场景文件,每个文件都代表一个具体自然驾驶情景。

7)最后根据测试需求,运用参数搜索算法在场景库中筛选出符合条件的具体场景。

3.4.3 基于交通事故的测试场景

微课视频
测试场景的
定义与架构

典型的交通事故数据有美国的 GES(General Estimates System)、德国的 GIDAS(German In-Depth Accident Study)以及中国的 CIDAS(China In-Depth Accident Study)。利用上述事故数据,分析各类事故的发生频率、伤亡情况和道路交通状况等参数,选取各种类型的事故样本,然后再现的事故场景对智能汽车的测试验证非常重要。事故场景可分为车-车事故、车-两轮车事故、车-人事故、单车事故、违规事故,共五个大类 27 个小类(见表 3-11)。基于交通事故的测试场景库可用于智能汽车的虚拟仿真测试。通过在虚拟环境中再现真实的事故场景,进行虚拟仿真测试,能够有效评估智能驾驶系统在多种实际事故情境下的性能和应对能力,从而提高智能驾驶系统的安全性和可靠性。

如图 3-22 所示,生成基于交通事故的测试场景的关键在于提取交通事故车辆的运动状态、轨迹和道路环境等关键信息。具体流程如下。

1)提取道路的车道线和边界线数据,计算道路的参考线、车道宽度、车道线等信息,生成道路和道路连接关系,结合事故信息对道路信息进行补充,形成标准 OpenDrive 文件。

2)利用事故再现数据提取工具对事故场景轨迹进行还原,设置触发条件最终形成标准 OpenScenario 文件。这些数据将被存储为 GIDAS/xml 格式的文件,形成基于交通事故的测试场景库。

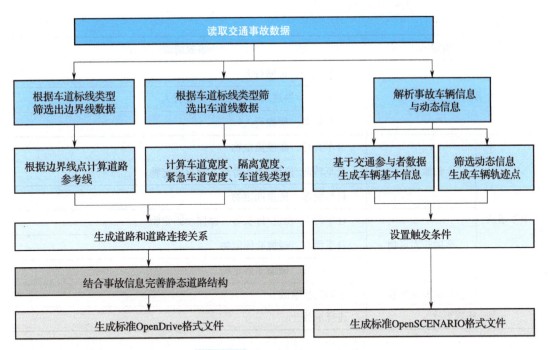

图 3-22 事故场景库生成流程

表 3-11 27 类事故场景的统计及分类

事故类型		事故描述
车-车事故	追尾事故	自车直行，追尾静止车辆
		自车转向/换道/掉头等，追尾静止车辆
		自车直行，追尾前方运动车辆
		自车转向/换道/掉头等，追尾运动车辆
		自车直行，追尾切入车辆
	正撞事故	自车直行，与相反方向行驶车辆正面碰撞
		自车转向/换道/掉头等后，与相反方向行驶车辆正面碰撞
	侧撞事故	自车直行，与侧向直行车辆侧撞
		自车转向/换道/掉头等后，与直行车辆侧撞
		自车换道，侧撞换道车辆
	刮蹭事故	同向刮蹭
		对向刮蹭
	倒车碰撞事故	自车倒车，与车辆发生碰撞
车-两轮车事故		自车直行，碰撞两轮车
		自车转向/换道/掉头等后，碰撞两轮车
		自车倒车，碰撞两轮车

(续)

事故类型		事故描述
车－人事故		自车直行，碰撞行人
		自车转向/换道/掉头等后，碰撞行人
		自车倒车，碰撞行人
单车事故	车辆撞固定物	自车直行，碰撞固定物
		自车转向/换道/掉头等后，碰撞固定物
		自车倒车，碰撞固定物
	车撞非固定物	自车转向/换道/掉头等，碰撞非固定物
		自车倒车，碰撞非固定物
		自车直行，碰撞非固定物
	车辆失控事故	车辆失控事故
违规事故		违规事故

3.5 测试场景的建模实例

3.5.1 静态场景描述

OpenDRIVE 定义了静态场景的描述方法，主要任务是对道路及道路上的物体进行描述。OpenDRIVE 格式使用文件扩展名为 xodr 的可扩展标记语言（XML）作为描述路网的基础，所有在 OpenDRIVE 中使用的浮点数均为 IEEE 754 双精度浮点数。仿真测试应用端，对于 OpenDRIVE 地图的构建，除了利用带有 Open 接口的仿真软件手动搭建，也可利用实采的高精地图，经过三次多项式拟合而成，生成满足 OpenDRIVE 格式的仿真标准地图。这部分往往需要具备测绘资格的公司去完成，例如奥迪、博世、四维图新、百度等。但是三次多项式拟合后的 OpenDRIVE 地图是间断式拟合，往往需要进行一些手工的平滑处理，否则在仿真场景里面会出现断层、断面、道线丢失等一系列问题。此外，对于高精度地图高程信息的释放也需要进行相关处理，以满足国家地图信息释放要求。

语法方面，OpenDRIVE 采用了应用较广泛的 XML 格式语法；内容方面，在符合 XML 格式基本框架的前提下，OpenDRIVE 标准对需要描述的地图、道路以及建筑物的内容节点进行了定义，使用者可对于该节点进行扩充。在道路信息描述中，主要包含参考线、车道线、道路横向与纵向坡度、侧面形状、路网的连接与路口信息、相邻车道信息、路面信息和铁路信息等大类，以及更多细小的子类信息，使用者需按分类填写相应数据。Open-DRIVE 标准使静态场景数据中的内容条目与格式实现了统一，有利于不同仿真软件实现对同一场景文件的兼容。

\<header\> 元素是 OpenDRIVE 中的第一个元素。OpenDRIVE 允许将外部文件包含在

OpenDRIVE 文件中，而如何处理该类文件则视应用而定。包含数据用 < include > 元素来表示，可被存储在 OpenDRIVE 里任意位置。

1. 坐标系

OpenDRIVE 使用三种类型的坐标系，如图 3-23 所示。

1）惯性 $x/y/z$ 轴坐标系 Inertial coordinate systems。
2）参考线 $s/t/h$ 轴坐标系 Reference line coordinate systems。
3）局部 $u/v/z$ 轴坐标系 Local coordinate systems。

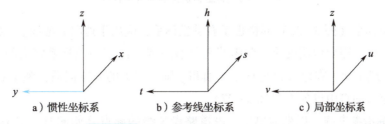

a）惯性坐标系　　　b）参考线坐标系　　　c）局部坐标系

图 3-23　OpenDRIVE 中可使用的坐标系

若无另外说明，对局部坐标系的查找与定位将相对于参考线坐标系来进行，对参考线坐标系位置与方向的设定则相对于惯性坐标系来开展。具体方法为对原点、原点的航向角/偏航角、横摆角/翻滚角和俯仰角的旋转角度及它们之间的关系进行详细说明。

如图 3-24 所示，惯性坐标系、参考线坐标系和局部坐标系可在 OpenDRIVE 中同时被使用。图 3-24 中描述了三个坐标系相对于彼此的位置与方向设定。

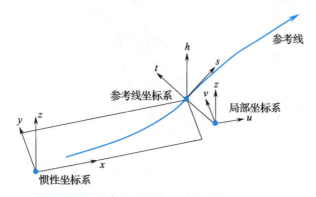

图 3-24　OpenDRIVE 中坐标系之间的相互关系

惯性坐标系是根据 ISO 8855 定义的坐标系，遵循右手法则，其轴的指向方向如下。

1）x 轴⇒右方。
2）y 轴⇒上方。
3）z 轴⇒指向绘图平面外。

通过依次设置航向角/偏航角（heading）、俯仰角（pitch）和横摆角/翻滚角（roll），元素（如物体、标志等）可被置于惯性坐标系中，如图 3-25 所示。

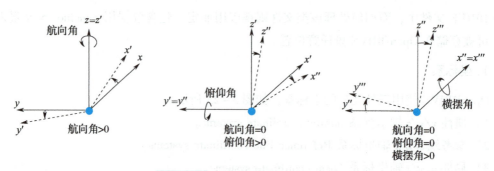

图3-25 有旋转定义的惯性坐标系

参考线坐标系（图3-26）同样也是右手坐标系，应用于道路参考线。s方向跟随着参考线的切线方向。需要说明的是：参考线总是被放置在由惯性坐标系定义的xy平面里。t方向与s方向成正交。在定义完垂直于x轴和y轴、朝上的h方向后，整个右手坐标系才算完成。被定义的自由度如下（图3-27）。

1) s坐标沿参考线，以米为单位，由道路参考线的起点开始测量，在xy平面中计算（也就是说，这里不考虑道路的高程剖面）。

2) t侧面，在惯性xy平面里正向向左。

3) h在右手坐标系中垂直于st平面。

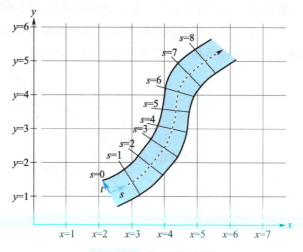

图3-26 参考线坐标系

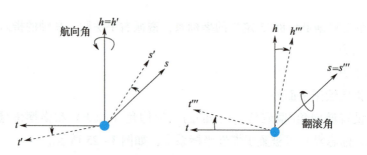

图3-27 参考线坐标系（带旋转定义）

根据 ISO 8855 局部坐标系是右手坐标系，其轴的指向方向如下。以下内容适用于非旋转坐标系。

1) u 向前匹配 s。
2) v 向左匹配 t。
3) z 向上匹配 h。

可通过依次设置航向角/偏航角、俯仰角和横摆角/翻滚角，将元素（如物体）置于局部坐标系中（图 3-28）。

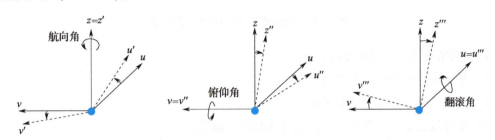

图 3-28　局部坐标系（带旋转定义）

2. 几何形状

道路的走向可以是多种多样的，可以是空旷地面上的直线、高速公路上细长的弯道、亦或山区狭窄的转弯。为从数学角度对所有这些道路线形进行正确建模，OpenDRIVE 提供了多种几何形状元素。如图 3-29 所示，一般有五种定义道路参考线几何形状的可行方式：直线、螺旋线或回旋曲线（曲率以线性方式改变）、有恒定曲率的弧线、三次多项式曲线、参数三次多项式曲线。

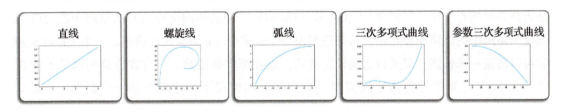

图 3-29　OpenDRIVE 道路参考线几何形状

道路参考线是 OpenDRIVE 中每条道路的基本元素。所有描述道路形状以及其他属性的几何元素都依照参考线来定义，这些属性包括车道及标志。按照定义，参考线向 s 方向伸展，而物体出自参考线的侧向偏移，向 t 方向伸展。图 3-30 所示为 OpenDRIVE 中一条道路的不同部分，具体包括：

1) 道路参考线。
2) 一条道路上的单独车道。
3) 沿道路放置的道路特征（如标志）。

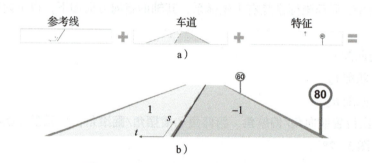

图 3-30 OpenDRIVE 道路的组成部分

以下规则适用于道路参考线。

1）每条道路必须有一条参考线。

2）每条道路只能有一条参考线。

3）参考线通常在道路中心，但也可能有侧向偏移。

4）几何元素应沿参考线以升序（即递增的 s 位置）排列。

5）一个 < geometry > 元素应只包含一个另外说明道路几何形状的元素。

6）若两条道路不使用交叉口来连接，那么新的道路的参考线应总是起始于其前驱或后继道路的 < contactPoint >。参考线有可能被指向相反方向。

7）参考线不能有断口。

8）参考线不应有扭结。

3. 道路

路网在 OpenDRIVE 中用 < road > 元素来表示。每条道路都沿一条道路参考线延伸。每条道路必须拥有至少一条宽度 >0 的车道。OpenDrive 中的道路可以与真实路网中或为应用而设的路网中的道路相提并论。每条道路由一个或多个 < road > 元素描述。一个 < road > 元素可以覆盖一条长路、交叉口之间较短的路，或甚至多条道路。只有在道路的属性不能在先前 < road > 元素中得到描述或需要一个交叉口的情况下，才应开始一个新的 < road > 元素。

(1) 道路连接　为了建立路网，需要建立道路连接，道路可以连接到其他道路或交叉口上（孤立的道路除外）。在 OpenDRIVE 中，道路连接用 < road > 元素里的 < link > 元素来表示。< predecessor > 以及 < successor > 元素在 < link > 元素中被定义。对于虚拟和常规的交叉口来说，< predecessor > 以及 < successor > 元素必须使用不同的属性组。

(2) 道路类型　道路类型（如高速公路以及乡村公路）定义了道路的主要用途以及相关的交通规则。道路类型对于整个道路横截面均有效。通过在沿参考线的给定点上定义不同道路类型，可在 < road > 元素中根据需要改变道路类型。道路类型将持续有效，直到另一个道路类型被定义。在 OpenDRIVE 中，道路类型用 < road > 元素中的 < type > 元素来表示。

(3) 车道　在 OpenDRIVE 中，所有道路都包含了车道。每条道路必须拥有至少一条宽度 >0 的车道，并且每条道路的车道数量不受限制。需要使用中心车道对 OpenDRIVE 中的车道进行定义和描述。中心车道没有宽度，被用作车道编号的参考，自身的车道编号为 0。对其他车道的编号以中心车道为出发点：车道编号向右呈降序，也就是朝负 t 方向；向左呈升序，也就是朝正 t 方向。

图 3-31 所示为一条道路的中心车道，该车道拥有多条交通车道以及不同的行驶方向。在该示例中，根据靠左行车以及靠右行车的交通模式，中心车道将道路类型中定义的行驶方向分隔开来。由于并未使用车道偏移，因此中心车道等同于道路参考线。

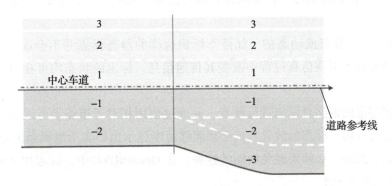

图 3-31　拥有不同行驶方向车道的道路以及其中心车道

以下规则适用于车道的使用。

1) 每条道路必须拥有一条中心车道及一条宽度 >0 的车道。
2) 可根据需要设定任意数量的车道。
3) 中心车道不能拥有宽度，这就意味着不能将 <width> 元素用于中心车道。
4) 中心车道编号必须为 0。
5) 车道编号在中心车道右从 1 开始，朝负 t 方向为降序，朝正 t 方向为升序。
6) 车道编号必须保持连续性且无任何间断。
7) 每个车道段都必须有唯一的车道编号。
8) 可通过使用 <lane> 元素的 type 属性对双向车道进行详细说明。
9) 为了能够更好地确认方向，车道应按照降序 ID 按从左到右的顺序排列。
10) 正 ID 的车道在中心车道左侧，负 ID 的车道在中心车道右侧。

(4) 交叉口　交叉口是指三条或更多道路相聚的地方。与其相关的道路分为两种类型：含有驶向交叉口车道的道路称为来路。在 OpenDRIVE 中，交叉口用 <junction> 元素来表示；连接道路用 <junction> 元素中的 <connection> 元素来表示。OpenDRIVE 并未特意将去路定义为元素或属性，来路也可被视作去路，因此二者在此处可被相提并论。通往该道路的连接道路将此类道路隐性地定义为去路。

以下规则适用于交叉口。

1) 只有在道路不能被直接连接的情况下，交叉口才能得以使用。若一条道路拥有两条或以上可能的前驱或后继道路,这将导致二义性出现,此时交叉口便会为连接清除二义性。

2) 与道路不同,交叉口并不具备任何前驱或后继交叉口。

3) 交叉口可拥有自己的名称,以便将自身与其他交叉口区分开来。

4) 如果只有两条道路相汇,那么便不应该使用交叉口。

4. 标志

标志具备不同的功能和属性。

1) 标志用于控制交通行为,如限速和转弯限制。除此之外,它们还用于警示道路上的危险情况。

2) 标志可以是静态或动态的,如停车标识这样的静态标志并不会改变其传递信息,而交通灯等动态标志可在仿真过程中改变其传递信息。标志的状态均可在 OpenSCENARIO 中得到定义。

必须根据特定的道路对标志进行放置,并通过使用相对于道路参考线的 s 和 t 坐标对标志的位置进行描述。标志的放置方式必须能够清晰显示出标志所属哪条道路或车道以及它们的生效点。此外,必须要避免模糊的诠释。在 OpenDRIVE 中,标志用 < road > 元素里的 < signals > 元素来表示。

3.5.2 动态场景描述

动态场景的描述内容主要由 OpenSCENARIO 来定义,包括主车的位置与速度,以及其他交通参与者的信息。生成 OpenSCENARIO 描述的动态场景,可以利用仿真软件自带的 OSC 接口,输出 osc 格式的标准文件。在 OpenSCENARIO 中,场景剧本 Storyboard 涵盖了完整的场景描述,回答了场景中"谁""什么时候""做什么"等基本问题。每个场景剧本包含一个初始化要素,其次是一个或多个场景内容要素,主要包括实体实例、初始化和场景内容等。

(1) 实体实例 Entity 可以随着时间动态地改变位置的目标物体。

(2) 初始化 Init 用于设定场景的初始条件,如实体实例的位置和速度。

(3) 场景内容 Story 允许场景创建者对不同详情进行分组,并可将这些详情分组到更高的层次结构中,从而达到在大型场景中提供结构的目的。

在 OpenSCENARIO 中的场景内容包含动作集(Act)、操作组(Maneuver Group)、操作(Maneuver)以及行为(Action)等内容。其中,动作集定义了执行被定义行为所需的条件组,可以通过动作集的启动触发器和停止触发器两个功能来实现。只有在启动触发器判定为真时,动作集所包含的操作组才被执行。操作组是动作集的一部分,它描述了什么实体实例(谁)在场景中作为动作执行者被分配到哪一个操作中。操作定义了场景中正在发生什么"事情",它们相当于事件(Event)可以共享的公共范围。在该范围之内,事件会通过触发行为以及指定用户定义的条件来控制仿真的界面及相关的实体实例。行为用于创建或修改场景的动态要素,具体有专属动作(Private Actions)、全局动作(Global Actions)和用户定义的动作(User Defined Actions)三类行为。

在场景的初始化阶段,行为负责设置动态对象、环境、基础设施等的初始状态。在场景的任何后续阶段中,事件被触发,从而引发指定行为的执行。行为具有单一性,需要通过组合才能使其在场景中产生有意义的行为。因此,行为由事件创建,而事件可以认为是行为的容器。事件还包含启动触发器,启动触发器不仅能决定事件开始的时间,它还可以用于启动事件中的行为。场景汇总了一系列有意义的行为,而触发器掌握着对此类行为的控制权。因此,触发器在场景如何衍变方面起着重要作用。同一组行为可以导致多种不同的结果,而这一切都取决于行为被触发的方式。OpenSCENARIO 中的触发器是条件组合之后的结果。

在 OpenSCENARIO 中,条件(Condition)作为逻辑表达式的容器,在运行时会对其进行评定,且值始终为真或伪。条件根据其逻辑表达式当前和先前的评估进行运算,从而生成布尔值输出,以供触发器使用。条件组(Condition Group)用于对条件进行关联。对条件组的评估通常会在其运行过程中进行,并且只有在所有被关联的条件为真时,其评估结果才能同样是真。反之,条件组则会被判定为伪。由此可见,条件组是一种将任何已知数量的条件捆绑到单个触发器中的方法,触发器继而被定义为是由多个条件组得出的关联。只有在至少有一个关联的条件组为真时,触发器才能是真;否则将显示为伪["或"(OR)运算]。鉴于不同条件组的特性[条件之间的关系是"与"(AND)]以及条件组的关联[成员之间的关系是"或"(OR)],触发器包含了每个条件之间的关系(与/或运算)的全面映射。触发器用于启动或停止正在进行的场景要素,并分别作为启动触发器 startTrigger 和停止触发器 stopTrigger 被引用。

3.5.3 基于 VTD 的测试场景建模实例

VTD(Virtual Test Drive)目前运行于 Linux 平台,采用 OpenDRIVE、OpenCRG 和 OpenSCENARIO 标准,具有道路环境建模、交通场景建模、天气和环境模拟、简单和物理真实的传感器仿真、场景仿真管理以及高精度的实时画面渲染等功能,支持从 MIL 到 VIL 的全周期开发流程,开放的模块式框架可以方便地与第三方的工具和插件联合仿真。VTD 支持 OpenDRIVE 格式高精地图的导入,具备或可扩展丰富的道路元素库,包括道路、交通标志、路面标线、交通灯、道路附属设施、道路周围建筑和树木等交通环境要素模型库;支持复杂路网快速建模,可以设置不同道路形态的模型,具备车道级数据的应用能力;支持交通仿真和真实工况的导入,支持和第三方车辆动力学软件的集成。基于 VTD 构建仿真场景模型,主要应用于静态道路构建 ROD(Road Designer)、交通动态行为创建 SE(Scenario Editor)以及渲染 IG(Image Generator)三个模块,对应路网搭建、动态场景配置以及仿真运行三个建模步骤。

1. ROD 模块

ROD 模块主要用于构建静态逻辑路网和道路环境,如十字路口、匝道、隧道、桥梁等各种复杂结构,可以添加房屋、树木等,生成标准道路文件 xodr 和可视化文件 osgb。通过 VTD 的 GUI 界面 tools 功能按钮可打开 ROD 工具,ROD 工具界面如图 3-32 所示。区域 1 为各类工具模块及显示设置区;区域 2 可创建生成道路和进行项目设置;区域 3 为俯视角和显示路网;区域 4 为与道路相关的属性元素;区域 5 为侧视角,可查看道路高低起伏、翻滚和曲率等。

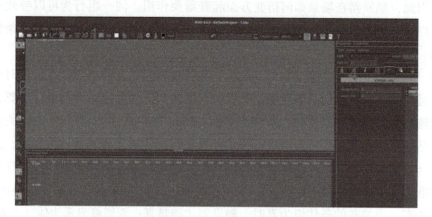

图 3-32 ROD 工具界面

在 ROD 中构建道路主要有以下四个步骤。

第一步:创建道路参考线,定义基本几何形状(圆弧线、螺旋线、直线等)。利用图 3-32 中区域 2 的参考线选项创建道路几何形状,设置参考线起始点和终止点的 x、y 坐标,确定参考线。

第二步:利用参考线形成 track 并添加车道属性。通过按钮将步骤一生成的参考线变成可添加车道属性的 track,并利用区域 2 的相关道路属性选项(图 3-33)设置车道属性,即定义车道类型、数量、宽度、车道线等。

第三步:添加道路特征。利用区域 2 中的功能添加选项,设置道路特征,如高低起伏、横截面、路面标识、标志牌、信号灯、桥梁、隧道,以及交通标识等。

第四步:添加 junction,对需要通行的道路及车道建立连接关系,如图 3-34 所示。

 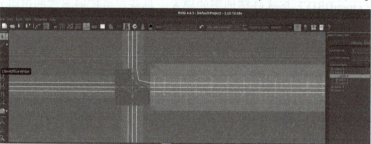

图 3-33 道路属性　　　　图 3-34 创建道路连接

上述步骤可初步完成静态道路模型的创建。为了使模型更加逼真，还需要在道路模型的基础上添加房屋，树木，护栏等要素。选中需要添加模型的 track，单击右键选择"3D model"选项，从模型库中添加相应模型（图 3-35），即完成了全部的静态道路创建。最后将已创建的静态道路文件按照特定格式要求导出，例如，通过 Databases 导出为可视化文件 osgb 文件，通过 opendrive 导出为 xodr 文件，如图 3-36 所示。

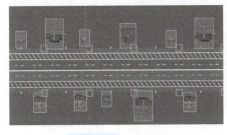

图 3-35　3D 模型

图 3-36　文件导出

2. 交通动态行为创建

通过 SE 工具可创建交通流、红绿灯配置、车辆切入切出等交通动态行为。如图 3-37 所示，通过 VTD 的 GUI 界面中 tools 的 Scenarioeditor 打开 SE 工具。其中，区域 1 为菜单栏及可视化设置，包括但不限于文件的创建、保存，地图的导入、交通灯配置以及监控；区域 2 为工具栏，依次是车辆、行人、目标物和添加触发，以及行驶路径和行驶轨迹的创建。区域 3 为场景的俯视图，可监控仿真画面的运行。

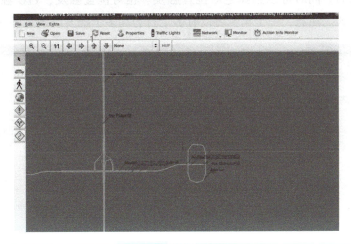

图 3-37　SE 工具界面

在 SE 中创建交通动态行为的主要步骤包括：

1) 通过 Properties 导入地图文件。

2) 添加交通参与者（车辆或者行人）等。通过左侧车辆按钮添加车辆，设置主车和目标车，设置车辆名称，选择车辆模型和驾驶员模型，设置车辆初始化状态，同时将主车的 Animation 设置为 External，如图 3-38 所示。

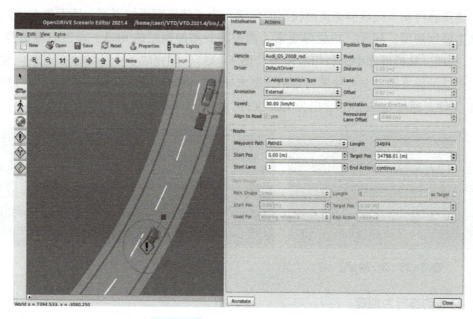

图 3-38 车辆模型及初始化设置

3）指定主车行驶路径，通过 path 或 pathshape 设定路径轨迹。

4）添加触发。给车辆添加相应的行为及触发，对于一些特定的行为，可以通过 scp 指令的方式来触发。如图 3-39 所示，其左侧界面是行为列表，右侧界面可以添加自动驾驶、变速和变道等行为。同时可以选择绝对位置触发、相对位置触发、TTC 触发和 THW 触发等不同的触发方式。注意，一个车辆可以有多个行为和多个触发以满足场景的设计。

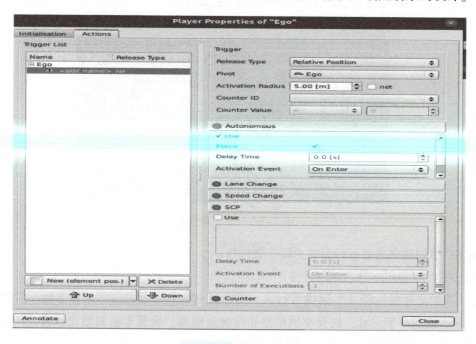

图 3-39 行为及触发

5）添加其余目标车，添加方式和主车一样，但 Animation 应设置为 Internal。

6）通过 Traffic Light 功能配置交通灯。如图 3-40 所示，依次设定控制组的控制逻辑、状态变化、对应的响应时间以及对应的交通灯状态变化。

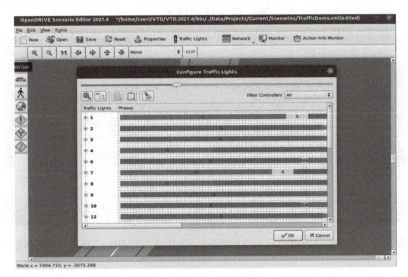

图 3-40　交通灯配置

3.5.4　场景模型验证与评价

仿真场景构建完成后需要进行验证，验证构建的场景是否符合设计要求，场景要素是否包含在设计运行范围内。场景是从静态道路和动态交通行为两方面构建的，同样也应从这两方面对所构建的场景进行验证。

1. 静态道路验证

以车道偏离预警系统 LDW 为例，基于 ISO 3450X 标准下的六层场景模型和三层干扰因素对场景进行描述。图 3-41 所示为车辆在弯道上沿车道线行驶以一定横向速度偏离车道的场景样例（LDW_CURVE_LD_LCURVE500_72_0.6_1.0_GB-T26773）。

道路 （第一层）	交通基础设施 （第二层）	临时路况 （第三层）	动态参与要素 （第四层）	环境 （第五层）	数字信息 （第六层）	场景描述
道路类型：[左转弯]； 车道数：[3]； 道路曲率：[500]m； 车道宽度：[3.75]m； 道路边缘：[无]； 道路分割：[车道线]； 车道线类型：[白虚线]； 车道线状态：[清晰]； 特殊区域：[无]	交通设施：[无]； 标志牌类型：[无]； 信号灯类型：[无]； 监控设施：[无]	路面情况：[平坦]； 道路施工：[无]	自车状态：[左转弯，向左偏离]； 自车速度：[72]km/h； 自车偏离速度：[0.6]m/s	时间：[白天]； 天气：[晴朗]； 光照：[2500]lux		在弯道上，驾驶员驾驶主车沿车道线行驶，以一定横向速度偏离车道

图 3-41　LDW_CURVE_LD_LCURVE500_72_0.6_1.0_GB-T26773 场景描述

093

根据图 3-41 中的场景描述可以得出该场景的静态道路要素主要是：第一层，弯道曲率为 500m 的左转弯，车道数量为 3 条，车道宽度为 3.75m，车道隔离方式为车道线，车道线清晰；第二层，除植被外，无其他交通基础设施；第三层，路面平坦，无临时施工情况。图 3-42 所示为构建的静态场景，符合场景描述。

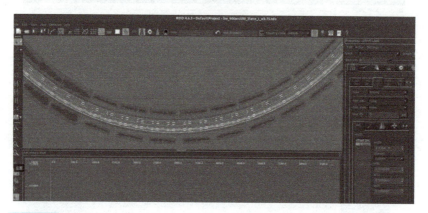

图 3-42　LDW_CURVE_LD_LCURVE500_72_0.6_1.0_GB-T26773 的静态场景

2. 动态交通行为验证

动态交通行为的验证主要从场景文件路径、画面同步性、动态目标物层级、场景描述方面进行验证，确认其是否一致。

1）打开 Scenario Editor，单击打开 Properties，如图 3-43 所示，选取 LDW_CURVE_LD_LCURVE500_72_0.6_1.0_GB-T26773.xosc，查看 Scene 中路径是否正确。

图 3-43　路径验证

2）在 GUI 中运行场景，验证 IG 画面与 Scenario Editor 俯视图是否同步。如图 3-44 所示，验证场景导入成功。

a）IG 画面　　　　b）Scenario Editor 俯视图

图 3-44　IG 画面验证

3) 选取 LDW_CURVE_LD_LCURVE500_72_0.6_1.0_GB-T26773.xosc，图 3-45 所示为运行场景，查看车辆运行状态，验证构建的场景是否满足场景描述。

a）场景开始　　　　b）速度向左偏离　　　c）主车对偏离车道进行调整　　　d）场景结束

图 3-45　场景运行验证

本章习题

1. 阐述场景模型中的组成要素有哪些？
2. 列举至少三种不同类型的车辆干扰因素？
3. 阐述生成逻辑场景的主要流程。
4. 设计一种提取图 3-46 所示的主车右超车场景数据的规则和参数。
5. 你认为图 3-47 所示的邻车切入场景可以用于哪些自动驾驶功能测试？通过调研设计用于仿真测试的具体场景。

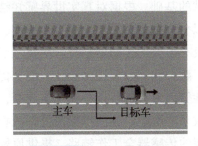
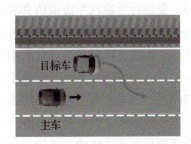

图 3-46　主车右超车场景　　　　图 3-47　邻车切入场景

6. 基于某一软件，生成如图 3-46 和图 3-47 所示的具体场景。
7. 调研并设计用于紧急制动功能测试的具体场景，并基于 OpenDRIVE 和 OpenSCENARIO 生成仿真场景模型。
8. 调研并设计用于自适应巡航控制功能测试的具体场景，并基于 OpenDRIVE 和 OpenSCENARIO 生成仿真场景模型。
9. 在智能汽车测试与评价领域，请回答什么是测试场景？什么是测试用例？什么是场景库？

第4章
环境感知传感器的建模

智能汽车利用视觉传感器、超声波雷达、毫米波雷达、激光雷达等获取道路、车辆位置和障碍物等环境信息，把信息传输给车载控制中心，为智能汽车提供决策依据。本章分别以车载摄像头、毫米波雷达、激光雷达和超声波雷达等环境感知典型传感器为例，系统地介绍它们的功能、组成和原理，并介绍如何利用成熟软件建立相应的传感器模型，如何实现传感器模型与场景模型的集成，以及如何实现传感器模型与智能汽车模型间的信息交互。

4.1 传感器建模的一般方法

利用建模或参数化手段，建立感知系统传感器模型为智能汽车的仿真测试提供可靠的环境感知模拟，是进行智能汽车虚拟仿真测试的基础。根据对真实世界感知结果的保真度以及传感器建模的复杂程度，传感器模型可以分为理想传感器、混合传感器、物理传感器三个层级。其中，理想传感器模型通常表示没有误差的传感器模型，主要考虑环境中的几何关系，与传感器的物理特性无关，主要用于融合和规控算法的验证。混合传感器模型是在理想传感器的基础上考虑噪声和目标物属性等因素或进行部分物理级建模，增加误差信号来描述天气条件等不确定性对传感器感知效果的影响。物理传感器模型从物理特性的角度还原从传感器信号生成、传输、接收到处理的传感器全工作链路，提供原始信号用于信号处理及目标追踪算法，并且考虑了传感器与目标物特性对信号的干扰与影响，间接获得传感器感知结果的偏差。物理级传感器仿真主要用于部件级/原始信号处理开发与测试。

建立传感器模型一般步骤包括：

1）确定仿真需求。根据需求确定传感器模型的性能指标、场景和环境要求。

2）深入了解所要建立车载传感器的工作原理、数据输出格式和性能指标。

3）根据传感器的工作原理，设计合适的数据采集和处理方法。例如，对于摄像头模型，可以使用真实场景的图像数据进行采集、图像处理和校准。

4）根据采集到的数据和传感器的工作原理，建立传感器模型模拟传感器的输出数据、感知范围和角度，噪声和误差等。

5）将建立的传感器模型与场景模型进行集成。

6）仿真测试和验证。通过模拟各种交通场景，评估传感器的性能和准确性，以及传感器数据对智能决策的影响。

7) 优化和改进。根据测试结果，通过调整算法参数、改进数据处理方法和优化噪声等方式，对传感器模型进行优化和改进。

4.2 车载摄像头

微课视频
车载摄像头概述

4.2.1 车载摄像头的功能和分类

车载摄像头（Camera）通过采集车辆周围环境图像信息，进行图像处理，进而实现对周围环境的感知。车载摄像头是智能汽车系统环境感知的核心组件，在增强车辆环境感知能力、提升驾驶安全与便利方面发挥着至关重要的作用。根据安装部位的不同，车载摄像头可以分为前视摄像头、环视摄像头、后视摄像头、侧视摄像头以及内置摄像头五类，见表4-1。前视摄像头主要用于车辆和行人探测、交通标志识别、车道偏离警告、车距监测以及自适应巡航控制等，环视摄像头主要用于全景泊车和车道偏离警告，侧视摄像头可用于盲点检测，后视摄像头用于倒车辅助，内视摄像头用于疲劳驾驶预警和情绪识别等。

表4-1 车载摄像头分类

安装部位	功能	描述
前视	前向碰撞预警、车道偏离预警、交通标志识别、行人碰撞预警、车道保持辅助等 ADAS 功能	在前风窗玻璃上，视角45°左右；双目摄像头拥有更好的测距功能，但成本较单目摄像头贵50%
环视	全景泊车	车辆四周装配4~8个摄像头，通过图像拼接实现全景影像
后视	倒车影像，泊车辅助	安装在行李舱盖上，实现泊车辅助
侧视	盲点监测	在后视镜下方，一般用于盲点监测
内置	疲劳提醒	安装在车内后视镜处监测驾驶员状态

根据摄像头镜头数量的不同，车载摄像头可分为如图4-1所示的单目摄像头、双目摄像头和多目摄像头。单目摄像头通过单个镜头采集图像，然后通过图像处理算法进行目标识别和距离测量。单目摄像头与毫米波雷达、超声波雷达配合使用能满足L3以下级别自动驾驶功能的需求，如车道偏离预警、自适应巡航控制等。双目摄像头通过对两个镜头的图像进行视差计算，从而更准确地测量目标物体的距离和深度信息。因此，与单目摄像头相比，双目摄像头的精度更高、成本也相对较高，主要搭载于高端车型上。多目摄像头则通过多个镜头的图像进行融合，可以覆盖更广泛的视野，提供更丰富的环境信息，能够更精准识别和分析环境，目前只应用在部分厂商的个别车型上。双目摄像头适用于需要更高精度和深度的自动驾驶，如自动泊车、障碍物识别等；多目摄像头适用于需要更全面环境感知的自动驾驶，如高级自动驾驶、无人驾驶等。

a）单目摄像头

b）双目摄像头

c）多目摄像头

图4-1 摄像头的分类

4.2.2 车载摄像头的组成和工作原理

1. 车载摄像头的组成

如图4-2所示，车载摄像头主要由光学镜头、图像传感器、图像信号处理器和图像存储器等组成。其中光学镜头主要由光学镜片、滤光片和保护膜等组成。图像传感器通常有CMOS和CCD两种。其中，CMOS的制作工艺相对成熟，成本较低。因此，除了特殊领域（工业相机），大多数的摄像头都使用CMOS传感器。CMOS图像传感器中的重要参数包括：靶面大小、像素数量、像素尺寸等。为了有更高的动态范围和更好的暗光性能，车载摄像头一般像素尺寸较大，像素的数量较少，例如，$3\mu m$ 的 CMOS 传感器，有800万像素（3840×2160）。

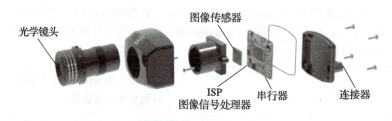

图4-2 车载摄像头组成

2. 车载摄像头的工作原理

目标物体通过镜头生成光学图像，投射到图像传感器上，图像传感器（如 CCD 或 CMOS）再将采集到的图像转换为图像信号，图像信号经图像信号处理器转换为特定格式的图像，传输到显示屏上进行显示，或者将提取到的有效信息传输给决策层用于决策判断。对于车载摄像头而言，成像只是第一步，特征识别才是目标。基于车载摄像头的特征识别流程主要包括图像输入、图像预处理、图像特征提取、特征分类、特征匹配和特征识别，以及结果输出等环节。以基于摄像头的交通信息识别为例，其识别步骤如图4-3所示，具体如下。

（1）图像获取　车载摄像头捕捉到车辆周围的图像数据。

（2）图像预处理　对捕捉到的图像数据进行预处理，包括图像校正、降噪、对比度增强等操作，以提高图像质量和清晰度。

（3）物体检测与跟踪　利用计算机视觉技术，对图像中的各种交通物体进行检测和跟踪，如车辆、行人、交通标志、交通灯等。

（4）特征提取与分类　对检测到的物体进行特征提取（如颜色、形状、纹理等），再基于机器学习或深度学习对特征进行分类，以识别不同的交通参与物。

（5）交通行为分析　对识别出的交通参与物的行为进行分析（如车辆的速度、转向、换道等），以进一步理解交通流量、拥堵情况和交通规则的遵守程度等。

（6）结果输出　将交通信息识别的结果输出给智能汽车，辅助驾驶员或驾驶自动化系统进行相应的决策和操作。

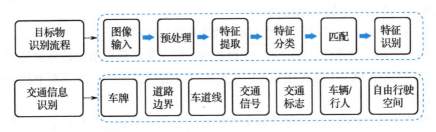

图4-3　基于车载摄像头的交通信息识别流程

4.2.3　车载摄像头的关键技术参数

在仿真测试中，将虚拟摄像头装配到虚拟的车辆上，目的是为了实现对虚拟世界图像的检测，同时确保这些图像特性与真实摄像头所检测到的尽可能一致。为了达到这个目的，车载摄像头的建模技术通常采用基于几何和光学原理的建模和基于图像模拟的混合建模两种方法，这些方法能够对车载摄像头的物理特性、视觉成像过程和图像处理进行模拟和仿真。摄像头的建模往往需要在理想化模型的基础上增加对摄像头模糊化、畸变、暗礁、颜色转换和鱼眼效果等非理想状况的图像后处理。此外，摄像头的安装位置和传感器参数的选择对汽车智能驾驶系统的性能有着显著影响。正确的安装位置可以确保摄像头能够捕获到关键的视觉信息，而合适的传感器参数则可以保证图像的质量和处理效率。目前，成熟的仿真软件平台已经可以提供成形的车载摄像头模型。然而，要在这些软件平台上建立有效的车载摄像头仿真模型，关键在于正确地设置关键参数。通过将配置好的关键参数应用于摄像头模型，并将其安装在虚拟车辆的正确位置，就可以实现对虚拟场景的图像输出，进而进行进一步的分析和测试。

摄像头模型的关键参数包括：外观尺寸、焦距、水平视场角、垂直视场角、分辨率、最低照度、信噪比、动态范围、畸变矩阵、最大可视范围以及输出图像帧数等，具体如下。

（1）**外观尺寸**　涉及外观的长、宽、高等尺寸。若仿真测试软件能够可视化展示摄像头，则还需涉及外观类更细致的参数。通常是采用类型选择的方式，为使用者提供几个常见的摄像头外观形态。

（2）焦距　摄像头焦距。

（3）水平视场角（FOV）　以摄像头的镜头为顶点，与被测目标的物像可进入镜头的最大范围的两条边缘构成的夹角，称为视场角。视场角的大小决定了光学仪器的视野范围，视场角越大，视野就越大，光学倍率就越小。通俗地说，目标物体超过这个角就不会被收在镜头里。水平视场角表示镜头在水平方向上的视野范围。

（4）垂直视场角　也称竖直视场角，表示镜头在垂直方向上的视野范围。

（5）分辨率　宽度×高度（像素），用于度量位图图像内数据量多少的一个参数。简单地说，摄像头的分辨率是指摄像头解析图像的能力，也即摄像头的影像传感器的像素数。最高分辨率就是指摄像头分辨图像的最高能力的大小，即摄像头的最高像素数。

（6）最低照度　图像传感器对环境光线的敏感程度，或者说是图像传感器正常成像时所需要的最暗光线。它是当被摄物体的光照逐渐降低时，摄像机的视频信号电平低于标准信号最大幅值一半时的景物光照度值。

（7）信噪比　输出信号电压与同时输出的噪声电压的比值。

（8）动态范围　摄像机拍摄的同一个画面内，能正常显示细节的最亮和最暗物体的亮度值所包含的那个区间。动态范围越大，过亮或过暗的物体在同一个画面中都能正常显示的区间也就越大。

（9）畸变矩阵　畸变是由透镜聚散光线特性引起的光学透镜固有的透视失真，无法完全消除，但可以改善。在摄像头建模时，需设置畸变参数，通过矩阵计算对虚拟图像进行畸变变换，以模拟真实图像的畸变效果。

（10）最大可视范围　摄像头可以探测到的最远距离。

（11）输出图像帧数　输出图像帧数是指每秒输出图像的数量。

4.2.4　基于 PreScan 的车载摄像头建模实例

1. PreScan 软件介绍

PreScan 是由 TassInternational 研发的一款 ADAS 测试仿真软件，自带了 134 种场景和 19 种传感器模型，支持和 Simulink、ROS、Autoware、Python、FMI、C++的联合仿真，可用于智能汽车的 MIL、SIL 和 HIL 测试等。通过与 MATLAB/Simulink 平台的联合仿真，可以引入各种编程工具开发的算法代码，建立由场景模型、传感器模型、控制算法以及车辆动力学模型组成的仿真闭环系统（图 4-4）。注意，车辆动力学模型可以是 PreScan 自带的模型，也可以通过 MATLAB/Simulink 接入在其他仿真软件中建立的动力学仿真模型（如用 CarSim、VI-Grade、dSpaceASM 等建立的车辆动力学模型）。如图 4-5 所示，基于 PreScan 进行智能汽车虚拟仿真主要包括搭建场景、添加传感器、添加控制系统以及运行仿真四个步骤，具体如下。

（1）搭建场景　PreScan 提供了一个强大的图形编辑器，用户可以使用道路分段，包括交通标牌、树木和建筑物的基础组件库，机动车、自行车和行人的交通参与者库；可以修改天气条件（如雨、雪和雾）以及光源（如太阳光、大灯和路灯）来构建丰富的仿真场景。新版 PreScan 还支持导入 OpenDrive 格式的高精地图。

（2）添加传感器　PreScan 支持种类丰富的传感器，包括理想传感器、V2X 传感器、激光雷达、毫米波雷达、超声波雷达、单目和双目相机、鱼眼相机等。

（3）添加控制系统　可以通过 MATLAB/Simulink 建立控制模型。

（4）运行仿真 3D可视化查看器允许用户分析实验的结果，同时可以提供图片和动画生成功能。此外，ControlDesk和LabView的界面可以用来自动运行实验批次的场景以及运行硬件在环模拟。

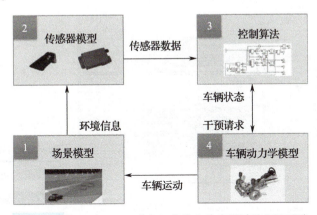

图4-4 基于PreScan进行智能汽车仿真测试的闭环系统

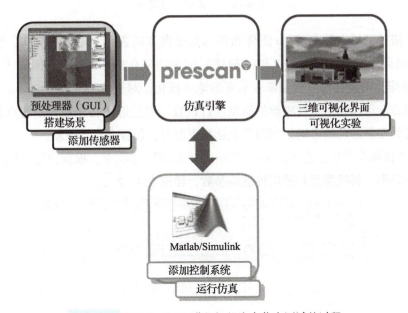

图4-5 基于PreScan进行智能汽车仿真测试的过程

2. 添加摄像头模型

关于场景搭建部分在第3章已做介绍，虽然第3章实例中是基于VTD建立的场景模型，但其建模思路和方法与基于PreScan搭建场景模型有一定的相似之处，因此，本节不再重复介绍。本节重点介绍在已建立的场景模型基础上添加摄像头模型。具体步骤如下。

1) 打开PreScan，打开已经建好场景模型的Experiment。

2) 添加摄像头传感器。在仿真环境中，将摄像头拖到相应的对象上（如车辆、建筑物等），出现如图4-6所示的"系统"选项卡，设置传感器的位置和方向。

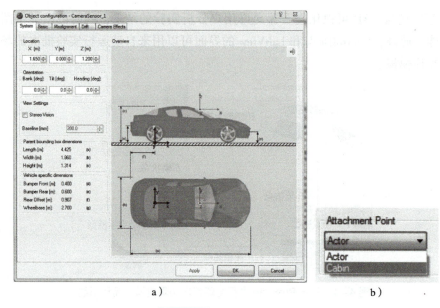

图4-6 "系统"选项卡

注意：搭建区域中的 PreScan 组件和传感器光束方向表示并不完全真实，因为顶视图的2D表示是固定的。只有围绕 Z 轴（横摆）的旋转是真实可视化的。围绕 X 轴（侧倾）和 Y 轴（俯仰）的旋转没有被对象表示正确地可视化。对于 Actros 1851 Truck 车型，摄像头的位置和方向可以相对于驾驶舱的原点进行设置。通过选择在车厢内附着点位置，相机传感器将受到车厢运动的影响，当附着点选择更改时，位置会自动更新。

3）配置摄像头参数。进入图4-7所示的"基本"选项卡，根据摄像头的实际参数输入分辨率和帧率、相机类型和通用传感器参数，详见表4-2。

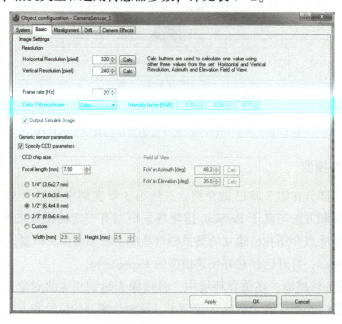

图4-7 "基本"选项卡

表 4-2 车载摄像头分类

变量	描述	默认值
水平/垂直	水平和垂直方向的分辨率	320×246（默认）
比例	设置分辨率为水平和垂直视场的比例，同时保持水平或垂直分辨率	—
帧率	相机速率	20f/s
彩色/单色	选择彩色或单色相机	彩色
指定 CCD	切换到指定 CCD 参数或直接设置参数	指定 CCD 参数
焦距	焦距	7.5mm
芯片尺寸	CCD 芯片尺寸自定义：指定自定义尺寸	1/2″
俯仰/方位视场角	俯仰视场角和方位视场角	46.2°/35.5°（默认）

注：1. Output Simulink Image 选项默认为 OFF。
  2. 捕获的所有帧都是 24 位彩色图。单色图像是从彩色图像推导出来的，使用的是以下关系：$I = 0.3R + 0.59G + 0.11B$。
  3. 最大分辨率尺寸为 3840×2160 像素（宽×高）。
  4. 在 MATLAB/Simulink 软件中用户设置的分辨率应用于模拟模式下的相机图像。在查看器中，图像适应屏幕分辨率，纵横比由窗口决定。某些相机效果取决于分辨率，在这两种情况下可能会有所不同。

4）根据需要在图 4-8 所示的"错位"选项卡中设置错位，具体包括以米为单位的位置错位和以度为单位的方向错位，如相机传感器安装位置的错位。注意，错位在整个仿真运行过程中是固定不变的，可以视为静态干扰。

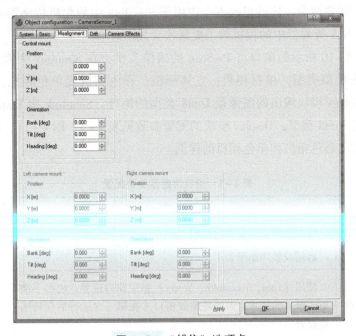

图 4-8 "错位"选项卡

5)根据需要在图4-9所示的"漂移"选项卡中设置漂移,具体包括以米为单位的位置漂移和以度为单位的方向漂移。漂移可以视为随时间变化的动态干扰。

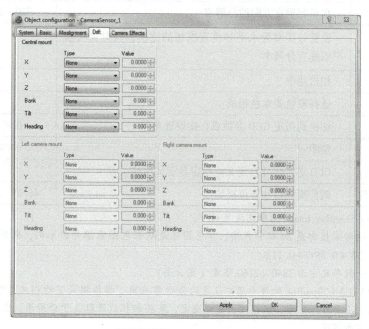

图4-9 "飘移"选项卡

6)可在最后一个"相机效果"选项卡查看相机效果,可以在一般设置中找到有关相机效果的更多信息。注意:在模拟运行时,用户能够更改相机效果并通过3D可视化查看器查看更改。但需要注意,这些更改不会应用于Simulink中的相机传感器视图。只有在重启模拟时,Simulink查看器中的相机效果更新才会显示。

7)通过图4-10所示的窗口将PreScan的摄像头模型在Simulink中输出。在Simulink中有四种摄像头模型类型,单目相机、立体相机、彩色相机或单色相机。在Simulink中CameraSensor_Demux模块输出的图像是Uint8类型的矩阵。Simulink中Display模块显示图像,输入必须是Uint8类型,Display模块的配置参数见表4-3。图4-11、图4-12所示为在Simulink中输出彩色相机和单色相机的样例。

表4-3 相机传感器参数配置

变量	描述	默认值
显示标题	将在图形上方显示的标题	相机名称
激活	启用或禁用图形表示图	是
设置显示窗口位置	使用[xpos, yposwidth, height]指定窗口位置。也可手动更改窗口的位置,方法是缩放窗口并在第一次运行后保持图形打开	—

(续)

变量	描述	默认值
唯一句柄	用于引用唯一图形的唯一句柄，默认不可配置该参数。因为在生成过程中会创建一个唯一句柄。一旦创建了显示块的副本，就需要更改唯一句柄参数，因为此时句柄不再唯一。如果不指定一个唯一句柄，则两个显示将使用相同的图形，从而导致不期望的行为	有 PreScan 设置
存储结果	将相机图像保存到结果子目录	否
格式	指定输出格式	PNG

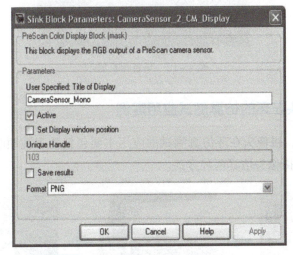

图 4-10 摄像头在 Simulink 中输出的设置窗口

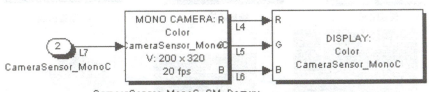

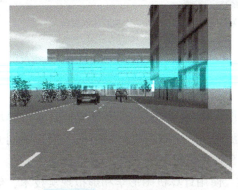

图 4-11 彩色相机显示

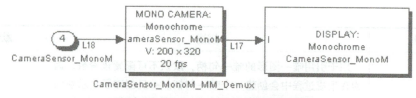

图 4-12 单色相机显示

4.2.5 摄像头在环的仿真测试应用案例

如图 4-13 所示,摄像头在环仿真测试的应用主要包括基于视频暗箱的摄像头在环仿真和基于视频注入的摄像头仿真两种方式。

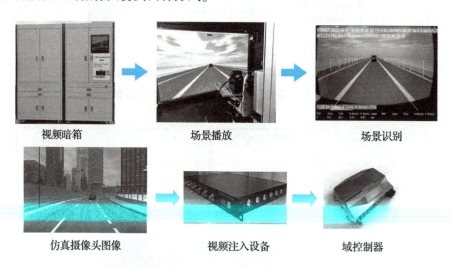

图 4-13 摄像头在环仿真测试的两种应用

1. 基于视频暗箱的摄像头在环仿真

基于视频暗箱的摄像头在环仿真是一种通过模拟真实世界场景并在受控环境中测试摄像头性能的方法。该方法使用一个暗箱或封闭空间,模拟不同光照条件、环境背景和物体运动等,以评估摄像头在各种情况下的表现。主要步骤如下。

(1)虚拟环境创建 使用计算机图形学和虚拟现实技术,创建一个虚拟环境,包括不同的场景、物体、光照条件等,以模拟不同的测试情况。

（2）摄像头模型建立　在虚拟环境中创建一个模拟摄像头的三维模型，包括摄像头的外观、镜头参数、成像传感器等。确保模型与实际摄像头尽可能相似。

（3）场景设置　在虚拟环境中设置需要测试的场景，包括物体的位置、光照方向以及运动轨迹等。场景设置时应涵盖物体检测和运动跟踪不同方面的需求。

（4）数据生成与录制　使用虚拟摄像头模型在虚拟环境中录制视频数据。虚拟摄像头捕捉场景中的图像，并将其转化为视频流。这些数据可以包括不同场景下的图像、视频、深度图等。

（5）数据处理与播放　将虚拟摄像头捕捉的数据进行处理，转换为与实际摄像头相适应的数据格式，并将处理后的虚拟摄像头数据播放给实际摄像头。

（6）摄像头性能评估　将实际摄像头安装在暗箱内，接收虚拟摄像头播放的数据。通过分析实际摄像头捕捉到的图像和视频，评估摄像头在不同虚拟场景下的性能，包括图像质量、物体检测、运动跟踪等指标。

（7）结果分析　根据实际摄像头捕捉的数据和评估结果，分析摄像头的性能表现，找出潜在的问题和改进点。

2. 基于视频注入的摄像头仿真

基于视频注入的摄像头仿真是一种将预先生成的虚拟场景视频或真实采集的数据注入到域控制器中，以评估摄像头性能的方法。以下是详细的步骤。

（1）虚拟场景生成或真实数据采集　首先，生成虚拟场景视频或者在真实环境中采集数据，以获得包含不同场景、物体、光照条件等的视频。

（2）域控制器设置　在域控制器中设置摄像头接收数据的接口。涉及连接硬件设备、配置软件界面等步骤。

（3）数据注入　将预先生成的虚拟场景视频或真实采集的数据注入到域控制器中。将视频数据传输到域控制器的存储设备，或通过网络传输到控制器接口。

（4）摄像头性能评估　使用域控制器接收注入的视频数据，实时显示或录制摄像头的输出。通过分析实际摄像头捕捉到的图像和视频，评估摄像头在不同场景和光照条件下的性能，包括图像质量、物体检测、跟踪能力等。

（5）结果分析　根据评估结果，分析摄像头性能，找出潜在问题并改进。

上述基于视频暗箱的摄像头在环仿真和基于视频注入的摄像头仿真各有优缺点，详见表4-4。可根据具体的测试需求和资源情况选择合适的仿真方法。

表4-4　基于视频暗箱和基于视频注入的摄像头仿真优缺点对比

方法	优点	缺点
基于视频暗箱的摄像头在环仿真	能够在受控环境中精确模拟不同场景和光照条件，可以更细致地评估摄像头性能	可能无法完全模拟真实世界的复杂情况，如天气变化、多样化的物体等
基于视频注入的摄像头仿真	可以将虚拟场景与真实环境结合，模拟更广泛的情况，适用于一些特定场景的测试	生成仿真视频可能需要大量计算资源，注入过程可能引入一些不确定性

4.3 毫米波雷达

4.3.1 毫米波雷达的功能和分类

微课视频
毫米波雷达概述

毫米波雷达（Millimeter-Wave Radar）是一种采用毫米波频段的电磁波技术，用于实现目标检测、距离与速度的测量以及成像等功能的雷达系统。该雷达的频段一般在 30～300 GHz 范围内，波长较短，可以实现高分辨率的目标探测和成像。因此，毫米波雷达技术在自动驾驶汽车、安全监控、气象预报、航空航天等多个领域得到了广泛应用。如图 4-14 所示，在智能汽车中毫米波雷达主要应用于自适应巡航控制（ACC）、前向碰撞预警（FCW）、盲区监测（BSD）以及泊车辅助等高级驾驶辅助系统（ADAS）。

根据工作频率的不同，毫米波雷达可分为 24GHz 雷达和 76～77GHz 雷达两类。24 GHz 雷达主要用于短距离雷达（SRR），探测距离较近（约 30m），探测角度较大（最高可达 120°左右），常应用于盲区检测和泊车辅助等功能。76～77GHz 雷达主要用于中距离雷达（MRR）和长距离雷达（LRR）。MRR 探测距离在 60m 左右，探测角度可达 60°左右。LRR 探测距离一般可达 200m 左右，探测角度一般只有 20°左右。中长距离雷达具有检测精度高、体积小的优点，但制作工艺要求高，常应用于自适应巡航控制（ACC）、辅助制动和前方碰撞预警（FCW）等功能。毫米波雷达的分类和主要应用见表 4-5。

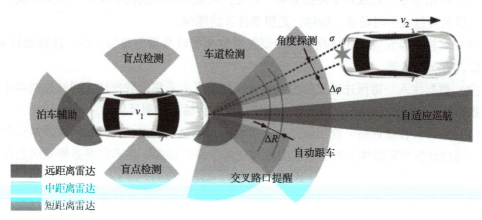

图 4-14 毫米波雷达探测效果

表 4-5 毫米波雷达的分类和主要应用

毫米波雷达类型		短距离雷达（SRR）	中距离雷达（MRR）	远距离雷达（LRR）
工作频段/GHz		24	76～77	76～77
探测距离/m		<60	100 左右	>200
功能	自适应巡航控制系统	—	★（前方）	★（前方）
	前向碰撞预警系统	—	★（前方）	★（前方）
	自动紧急制动系统	—	★（前方）	★（前方）

(续)

毫米波雷达类型		短距离雷达（SRR）	中距离雷达（MRR）	远距离雷达（LRR）
功能	盲区监测系统	★（侧方）	★（侧方）	—
	智能泊车辅助系统	★（前方）（后方）	★（侧方）	—
	车门开启预警系统	★（侧方）	—	—

注："★"符号表示支持的功能，括号内指明了功能的应用方向。

4.3.2 毫米波雷达的组成和工作原理

1. 毫米波雷达的组成

图4-15所示为毫米波雷达的组成。其中单片微波集成电路（MMIC）芯片和天线印制电路板（PCB）是毫米波雷达的核心硬件。MMIC集成了低噪声放大器（LNA）、功率放大器、混频器、探测器、调制器、压控振荡器（VCO）、移相器等各种功能电路，具有电路损耗低、噪声低、频带宽、动态范围大、功率大、抗电磁辐射能力强等特点。天线的结构主要包括天线、收发模块和信号处理模块。发射模块通过天线将电信号（电能）转化为电磁波发出；接收模块接收到射频信号后，将射频电信号转换为低频信号；再由信号处理模块从信号中获取距离、速度和角度等信息。

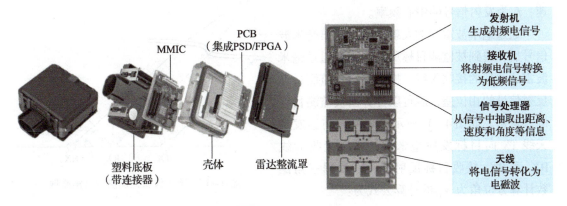

图4-15 毫米波雷达的组成

2. 毫米波雷达的原理

在智能汽车中，毫米波雷达主要用来测量目标物的距离、速度和角度等信息。下面介绍毫米波雷达的测距、测速和测角度的原理。

毫米波雷达通过发射模块发射毫米波信号，发射信号遇到目标后经目标的反射会产生回波信号，发射信号与回波信号相比形状相同，但时间上存在差值。当目标与毫米波雷达信号发射源之间存在相对运动时，发射信号与回波信号之间除存在时间差外，还会产生多普勒频率。因此，如图4-16所示，根据发射波和反射波的时间差可以计算距离。当目标车辆相对于雷达移动时，反射波的频率会发生变化，通过测量频率变化量，可以计算出目标车辆的速度。

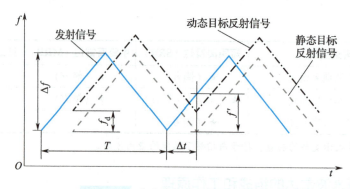

图 4-16 毫米波雷达测距和测速原理

注：Δf 为调频带宽；f_d 为多普勒频率；f' 为发射信号与反射信号的频率差；T 为信号发射周期；Δt 为发射信号与回波信号的时间间隔。

毫米波雷达测量目标物的距离和速度分别为：

$$s = \frac{c\Delta t}{2} = \frac{cTf'}{4\Delta f} \tag{4.1}$$

$$u = \frac{cf_d}{2f_0} \tag{4.2}$$

式中，s 为相对距离；u 为相对速度；c 为光速；f_0 为发射信号的中心频率。

通过毫米波雷达的发射天线发射出毫米波信号后，遇到被监测目标反射回来，通过毫米波雷达并列的接收天线，接收到同一监测目标反射信号的相位差，就可以计算出被监测目标的方位角。如图 4-17 所示，毫米波雷达发射天线 TX 向目标发射毫米波，两根接收天线 RX_1 和 RX_2 接收目标反射信号。根据三角函数计算方位角为 α_{AZ} 的计算公式为：

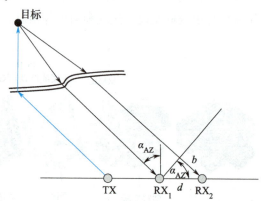

图 4-17 毫米波雷达测量方位角原理

$$\alpha_{AZ} = \arcsin\left(\frac{\lambda b}{2\pi d}\right) \tag{4.3}$$

式中，d 为两根接收天线 RX_1 和 RX_2 的几何距离；b 为两根接收天线接收到的信号的相位差。

4.3.3 毫米波雷达的关键技术参数

与 4.2 节建立摄像头模型一样，在成熟的软件平台上建立毫米波雷达模型主要是对毫米波雷达关键参数和安装位置进行正确地设置。毫米波雷达的技术参数主要有最大探测距离、距离分辨率、距离测量精度、最大探测速度、速度分辨率、速度测量精度、视场角、角度分辨率和角度测量精度等。

(1) 最大探测距离　指毫米波雷达所能检测目标的最大距离。不同的毫米波雷达对应的最大探测距离不同。

(2) 距离分辨率　表示距离方向分辨两个目标的能力。在规定条件下，能区分前后临近两个目标的最小距离间隔。

(3) 距离灵敏度　单目标的距离变化时，可探测的最小绝对变化距离值。

(4) 距离测量精度　测量单目标时，目标距离的测量值与其真值之差。

(5) 最大探测速度　能够探测目标的最大速度。

(6) 速度分辨率　区分两个同一位置的目标速度的能力。

(7) 速度灵敏度　单目标的速度变化时，可探测的最小绝对变化速度值。

(8) 速度测量精度　测量单目标时，目标速度的测量值与其真值之差。

(9) 视场角（FOV）　有效识别目标的范围，分为水平视场角和垂直视场角。

(10) 角度分辨率　在规定条件下，能区分左右两个临近目标的最小角度间隔。

(11) 角度灵敏度　单目标的角度变化时，可探测的最小绝对变化角度值。

(12) 角度测量精度　测量单目标时，目标角度的测量值与其真值之差。

(13) 识别率　正确识别目标信息的程度。

(14) 误检率　将目标识别为一个错误目标的比例。

(15) 漏检率　未能识别目标报文的比例。

毫米波雷达建模仿真的重点是模拟毫米波探测功能，根据配置的视场角和分辨率信息，向不同方向发射一系列虚拟连续调频毫米波，并接收目标的反射信号。建立毫米波雷达模型时并不需要完全复现所有参数，只需设置对目标物回波检测效果有重要影响的最关键参数。例如，安装位置、角度、探测距离、探测角度、距离分辨率和角度分辨率等。

4.3.4　基于 PreScan 的毫米波雷达建模实例

在 PreScan 中建立毫米波雷达模型可以通过独立传感器（Technology Independent Sensor，TIS）和 Radar 两种方式。TIS 是一个能够被用户自由配置的、作为特殊传感器的普通扫描装置。通过 TIS 可以模拟毫米波雷达、激光雷达和超声波传感器的传感器。通过 TIS 进行传感器建模时需要设置的参数包括位置和方向、捕捉频率、光束数量、光束范围、光束类型、噪声和漂移。传感器在识别目标时，每个目标的输出信息包括：距目标距离、与目标相对速度、目标的水平竖直角度、水平竖直入射角、能量损失以及目标 ID 等。与 TIS 相比，Radar 支持使用天线增益图（AGM），可以模拟大气衰减作为频率和降雨类型的函数，可提供来自 Simulink 的外部可控扫描模式和改进的雷达模型等。在 6.1.4 节 AEB 的联合仿真实例中将详细介绍利用 TIS 添加毫米波雷达传感器模型的方法，这里不再重复。下面重点介绍通过 Radar 建立毫米波雷达模型的步骤，具体如下。

1) 打开 PreScan，打开已经建好场景模型的 Experiment。

2) 添加毫米波雷达传感器。在仿真环境中，将 Radar 拖到相应的对象上（如车辆、建筑物等），出现如图 4-18 所示的"位置"选项卡，设置传感器的位置和方向。输入位置和方向的数值后传感器会相对于对象原点进行移动和旋转。图中，粗线显示的是对象的局部坐标系，细线显示的是传感器的局部坐标系。

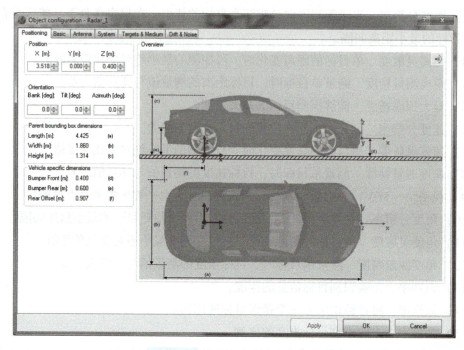

图4-18 传感器位置和方向设置

3）进入如图4-19所示的"基本"选项卡，设置毫米波雷达的扫描方式和扫描参数。

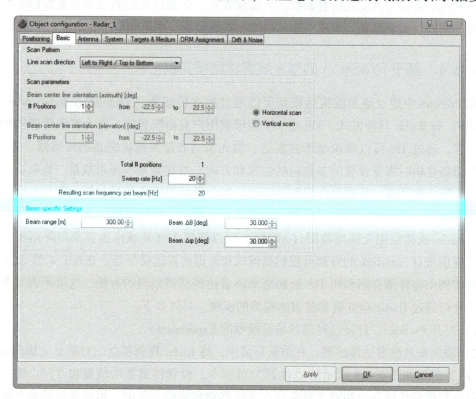

图4-19 传感器扫描方式和扫描参数设置

4)进入如图 4-20 所示的"天线"选项卡,配置天线方向性增益。方向性增益可以是预定义增益或用户定义增益。

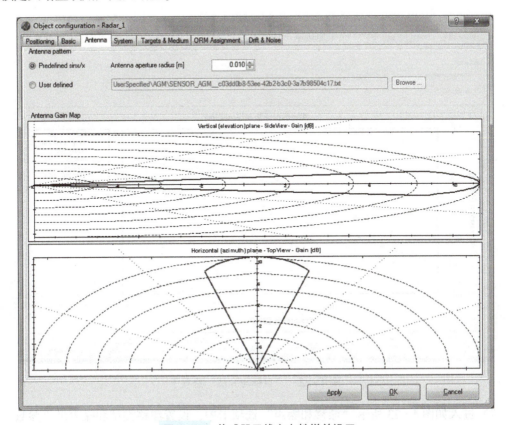

图 4-20 传感器天线方向性增益设置

5)进入如图 4-21 所示的"系统"选项卡,设置操作频率(以 GHz 为单位)和要输出的最大对象数。

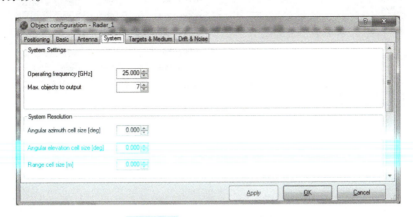

图 4-21 "系统"选项卡界面

6)进入如图 4-22 所示的"目标与介质"选项卡,设置衰减的程度。注意,衰减程度可以通过设置衰减值来明确定义,也可以通过天气设置进行隐性设置。例如,大气衰减

113

主要受降雨影响，通过设置的"雨密度"会选择表中显示的衰减曲线。但要注意，其他天气设置不会自动影响结果，需要通过衰减值来模拟其他天气的影响。

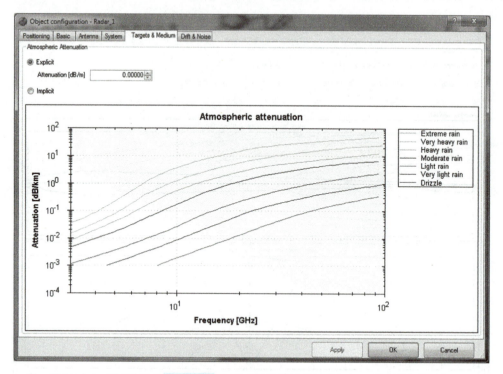

图4-22 "目标与介质"选项卡

7) 进入如图4-23所示"漂移和噪声"选项卡中，设置漂移类型和噪声量等参数。

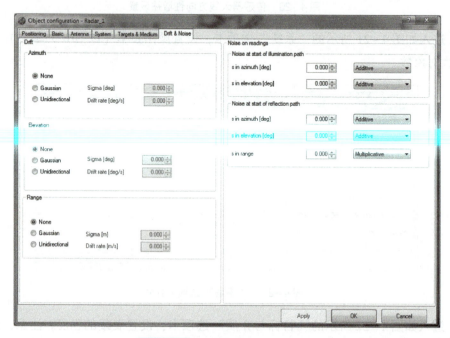

图4-23 "漂移和噪声"选项卡

图 4-24 所示为 Simulink 中毫米波雷达传感器的表示和向量输出。毫米波雷达模块有两个输出端口，分别输出目标数量和总线向量。每个输出总线包含的信号见表 4-6。

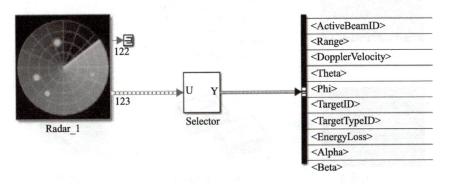

图 4-24　Simulink 中毫米波雷达传感器的表示和向量输出

表 4-6　毫米波雷达每个输出总线包含的信号

信号名称	描述
激活波束 ID	在特定仿真时间步长中正在被激活或使用波束的识别，ID 如果没有检测到目标，值为 0
距离/m	检测到目标物体的距离
多普勒速度/(m/s)	多普勒速度
多普勒速度 $X/Y/Z$/(m/s)	多普勒速度在传感器坐标系的 X、Y、Z 分量
θ/(°)	在传感器坐标系中检测到目标的方位角
φ/(°)	在传感器坐标系中检测到目标的俯仰角
目标 ID	检测到的目标 ID
目标类型 ID	检测到的目标类型 ID
能量损失/dB	接收功率与发射功率之比
α/(°)	雷达波束在目标物体上的方位入射角
β/(°)	雷达波束在目标物体上的俯仰入射角

4.3.5　毫米波雷达在环的仿真测试应用实例

如图 4-25 所示，毫米波雷达在环仿真测试的应用主要包括基于回波模拟台架的在环仿真和基于 CAN 信号注入的在环仿真两种方式。

1. 基于回波模拟台架的毫米波雷达在环仿真

通过回波模拟台架可引入真实被测雷达，通过回波模拟的方式，仿真虚拟目标物，使其被真实雷达识别。目标物的信息可为静态值，支持远程设置；也可以与仿真模型动态关联，并保证一定更新频率（通常为 1kHz）。可仿真的目标特性包括：相对距离、相对速度、RCS 雷达反射横截面、相对方位角以及雷达的高度和倾斜角等信息。在进行毫米波雷

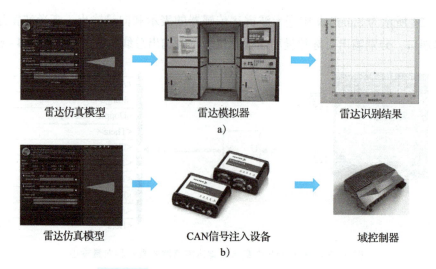

图 4-25 毫米波雷达在环仿真测试的两种应用

达在环仿真测试之前,需要先确定测试的目标和要求(如测试雷达系统的特定功能和性能参数等),然后建立雷达系统的数学模型,包括雷达信号生成、回波模拟和环境场景模拟等,进一步确定雷达暗箱的类型和其他模拟硬件(如运动平台、环境传感器等),最后配置暗箱参数(如雷达信号频率、功率、调制方式等)。基于回波模拟台架的毫米波雷达在环仿真测试的步骤具体如下。

(1) 准备目标雷达系统的硬件 包括雷达天线、接收机、处理单元等。配置 HIL 测试平台,将雷达系统与模拟环境和暗箱连接。

(2) 信号生成和场景模拟 使用模型和算法生成模拟雷达信号,包括发射信号、目标回波、杂波等。通过环境模型生成模拟环境场景,如天气条件、目标运动、多路径效应等。

(3) 测试执行和数据采集 执行预定义的测试用例,模拟各种工作场景和应急条件。使用 HIL 平台采集来自目标雷达系统的实际输出数据,包括回波信号、目标距离、速度等。

(4) 数据分析和评估 分析测试数据,与预期性能指标进行对比,以验证雷达系统的性能。识别潜在问题、性能瓶颈或异常行为,并进行深入分析。

(5) 参数调整和优化 根据测试结果,调整模型参数、算法或硬件设置,以改进系统性能。重复执行测试,直到达到预期的性能要求。

2. 基于 CAN 信号注入的毫米波雷达在环仿真

在基于 CAN 信号注入的毫米波雷达在环仿真中,主要通过软件模拟车辆运行环境、交通场景以及毫米波雷达的探测过程,并将模拟的毫米波雷达数据通过 CAN 总线注入到车辆控制系统中,或者将预先记录的实际雷达数据通过 CAN 总线注入控制系统中,以实现对毫米波雷达的性能评估和对车辆控制系统的集成验证。其中,高精度的模型、仿真的实时性,以及数据转换和注入是关键。

4.4 激光雷达

4.4.1 激光雷达的功能和分类

激光雷达（Light Detection and Ranging，Lidar）通过将激光束发射到周围环境，接收由障碍物反射回来的光信号，并比较接收到的回波信号与发射信号，获得目标的位置（距离、方位和高度）、运动状态（速度、姿态）等信息，实现对目标的探测、跟踪和识别。它具有分辨率高、抗干扰能力强、实时性好等优点，能够同时检测和跟踪多个目标，获得目标的多种图像信息，如深度和反射率等高精度信息，为车辆提供全面的环境信息。

根据工作原理的不同，激光雷达可以分为脉冲式激光雷达和连续波激光雷达。其中，脉冲式激光雷达通过发射脉冲激光，测量反射光的时间差来确定距离；而连续波激光雷达则是通过分析连续波激光的相位变化来确定距离。根据扫描方式的不同，激光雷达可以分为机械式激光雷达和固态激光雷达。如图 4-26 所示，机械式激光雷达通过旋转镜面发射激光，从而实现对周围环境的 360°扫描，具有高精度、长距离探测的优点。但因其内部有旋转部件，容易受到振动、温度等外界因素的影响，使用寿命相对较短。如图 4-27 所示，固态激光雷达采用固定光束发射器，通过微机电系统或光学相控阵等技术改变激光的发射方向来实现扫描，具有体积小、质量轻、使用寿命长、抗振动等优点。但目前在探测距离、精度等方面相对机械式激光雷达有所不足。

根据线数分为 16 线、32 线、64 线、128 线及以上激光雷达。16 线激光雷达适用于简单环境感知和辅助驾驶功能。32 线和 64 线激光雷达适用于中等复杂度的环境感知和自动驾驶功能。128 线及以上激光雷达适用于复杂环境下的高精度感知和 3D 地图定位。

图 4-26 机械式激光雷达示例

图 4-27 固态激光雷达示例

4.4.2 激光雷达的组成和工作原理

1. 激光雷达的组成

如图 4-28 所示，激光雷达主要由发射系统、接收系统、控制系统以及信号处理系统组成。激光发射系统发射一束激光脉冲，当激光脉冲照射到待检测目标后产生反射，反射信号被激光接收系统接收后送至信号处理系统,同时反馈给控制系统,由此来计算待测目标与雷达所在位置的距离。激光雷达的硬件核心是激光器和探测器,软件核心是信号的处理算法。不同类型的激光雷达,其组成是有一定差异的。其中,发射系统包括激光器、发射光学系统,发射激光束探测信号;接收系统包括接收光学系统、光学滤光装置、光电探测器,接收反射的激光信号即回波信号;控制系统包括控制器、逻辑电路,控制激光发射、信号接收及系统工作模式;信号处理系统包括信号处理、数据校准与输出,光电转换,信号分析,数据获取。

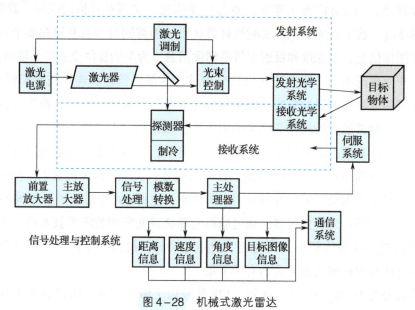

图4-28 机械式激光雷达

2. 激光雷达的工作原理

激光雷达的测距原理是通过测算激光发射信号与激光回波信号的往返时间,从而计算出目标的距离。首先,激光雷达发出激光束,激光束碰到障碍物后被反射回来,激光接收系统进行接收和处理,从而得知激光从发射至被反射回来并接收之间的时间,即激光的飞行时间(Time of Flight,TOF);根据TOF计算出障碍物的距离。根据所发射激光信号的不同形式,激光测距方法有脉冲测距法、相位测距法以及三角测距法等。

(1)脉冲测距法 如图4-29所示,激光器发出一个光脉冲,同时计数器开始计数,当接收系统接收到经过障碍物反射回来的光脉冲时停止计数,计数器所记录的时间就是光脉冲从发射到接收所用的时间,则测量的距离为:

$$s = \frac{c\Delta t}{2} \quad (4.4)$$

式中,s为被测点到激光雷达间的距离;c为光速;Δt为从发射光脉冲到接收反射回来的光脉冲所用的时间。

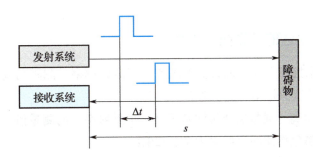

图 4-29 脉冲法测量距离原理示意图

(2) 相位测距法　如图 4-30 所示，相位测距法原理是将发射的连续激光进行幅度调制（调制光的光强随时间做周期性变化），被反射后激光会产生相位变化，利用发射波和反射波之间形成的相位差来间接获得飞行时间，从而测量距离，所以该法也称作间接飞行时间法（indirect Time of Flight，iToF）。测量距离的计算公式为：

$$s = \frac{cT\Delta\varphi}{4\pi} \tag{4.5}$$

式中，s 为被测点到雷达间的距离；c 为光速；T 为光波的周期；$\Delta\varphi$ 为发射波和反射波的相位差。

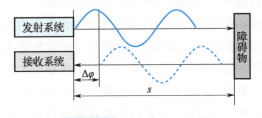

图 4-30 相位测距法原理

(3) 三角测距法　三角测距根据摄像头的光斑成像位置，利用相似三角形的几何关系计算距离。双目视觉、结构光测距等，都可归纳为三角测距原理。激光器发射激光，激光照射到物体表面后发生反射；基线另一端的 CCD 相机接收反射信号，并记录入射光与反射光的夹角。依照光学路径，不同距离的物体会显示在 CCD 上的不同位置。因此，在已知激光源和 CCD 间距离的情况下，根据相似三角形的几何关系，就可以推导出激光源与物体表面的距离。

如图 4-31 所示，激光器发射激光，在照射到物体后，反射光由线性 CCD 接收，由于激光器和探测器间隔了一段距离，不同距离的物体将会成像在 CCD 上不同的位置。按照三角公式进行计算，就能推导出被测物体的距离。

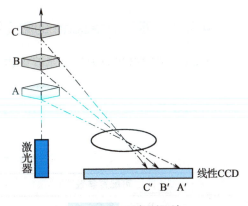

图 4-31 三角测距法

4.4.3 激光雷达的关键技术参数

激光雷达的技术指标主要有最大探测距离、距离分辨率、测距精度、测量帧频、数据采样率、视场角、角度分辨率、波长等。

（1）最大探测距离　通常需要标注基于某一个反射率下的测量值，如白色反射体的反射率大概为70%，黑色物体的反射率为7%～20%。

（2）距离分辨率　是指两个目标物体可区分的最小距离。

（3）测距精度　指对同一目标进行重复测量得到的距离值之间的误差范围。

（4）测量帧频　与摄像头帧频的概念相同，激光雷达成像刷新帧频会影响激光雷达的响应速度，刷新率越高，响应速度越快。

（5）数据采样率　是指每秒输出的数据点数，等于帧率乘以单幅图像的点云数目。通常数据采样率会影响成像的分辨率，特别是在远距离，点云越密集，目标呈现就越精细。

（6）视场角　分为垂直视场角和水平视场角，是激光雷达的成像范围。

（7）角度分辨率　是指扫描的角度分辨率，等于视场角除以该方向所采集的点云数目，因此本参数与数据采样率直接相关。

（8）波长　会影响雷达的环境适应性和对人眼的安全性。

激光雷达仿真需要满足激光测距功能，参照真实激光雷达的扫描方式，模拟每一条真实雷达射线的发射，并且还要对发射出的射线与场景中所有物体求交，才能够将障碍物在三维空间中测量得到的目标信息转化为点云数据，并提供相应的格式才输出。激光雷达反射强度与障碍物的距离、激光发射角度以及障碍物本身的物理材质相关。激光雷达探测范围大，发射出去的激光线束十分密集，在环境中存在多次反射、遮蔽等影响，计算返回的激光束比较复杂，很难较为真实地对激光雷达信号的回波进行模拟。现有激光雷达模型，多是根据每一种物理材质的激光反射率直接计算回波信号，如此计算必然会与现实中的回波信号存在一定的误差。激光雷达仿真需要支持的参数配置包括安装位置和角度、工作频率、最大探测距离、线数和水平分辨率、垂直视场角和水平视场角等。

4.4.4 基于PreScan的激光雷达建模实例

PreScan中TIS可以模拟毫米波雷达、激光雷达和超声波雷达的传感器，可以通过设置TIS中的具体参数来建立激光雷达模型，也可以通过Lidar来建立激光雷达模拟器。本节重点介绍通过Lidar建立激光雷达模型的过程。在Lidar中建立激光雷达模型时，可配置的参数见表4-7。

表4-7　Lidar可配置参数

可配置参数	含义
Position & Orientation	位置和方位角
FoV（Azimuth & Elevation）	视野角度

(续)

可配置参数	含义
Beam Range	检测范围
Number of Beams	波束数
Beam Orientation	波束方向
Sweep Rate	扫描频率
Capture Frequency	捕获频率
Operating Wavelength	工作波长
Divergence Angle	发散角
Atmospheric Attenuation	环境衰减
Noise	噪声
Drift	偏移

通过 Lidar 建立激光雷达模型的步骤，具体如下。

1）打开 PreScan，打开已经建好场景模型的 Experiment。

2）添加激光雷达传感器。在仿真环境中，将 Lidar 拖到相应的对象上，出现如图 4-32 所示的"位置"选项卡，设置传感器的位置和方向。输入位置和方向的数值后传感器会相对于对象原点进行移动和旋转。图中，粗线显示的是对象的局部坐标系，细线显示的是传感器的局部坐标系。

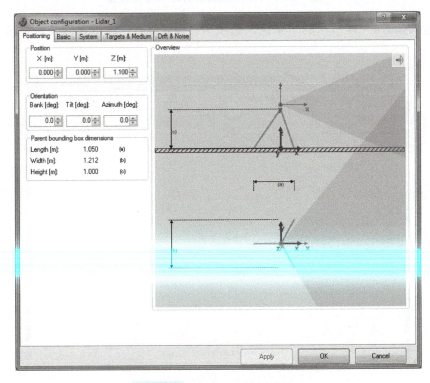

图 4-32 传感器位置和方向设置

3) 进入如图 4-33 所示的"基本"选项卡,设置激光雷达的扫描方式和扫描参数。

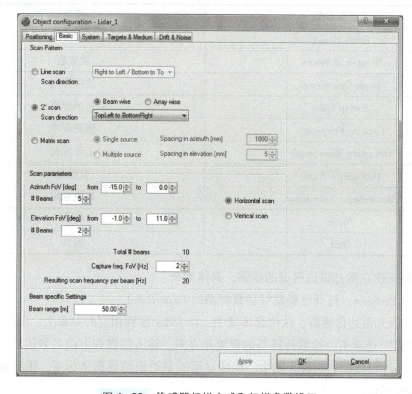

图 4-33 传感器扫描方式和扫描参数设置

4) 进入如图 4-34 所示的"系统"选项卡,设置波长、发散角以及最大输出目标数等参数。

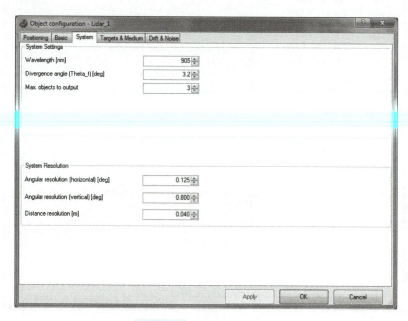

图 4-34 "系统"选项卡

5）进入如图4-35所示的"目标与介质"选项卡，设置透射率因子。有显式和隐式两种设置方式。"显式"时，可以直接指定透射率因子。"隐式"时，衰减由图表显示波长与大气衰减之间的关系。在"系统"选项卡中设置后，即波长就间接地设置了相应的透射率因子。但要注意，天气设置不会自动影响结果，需要通过设置透射率因子值来模拟天气的影响。

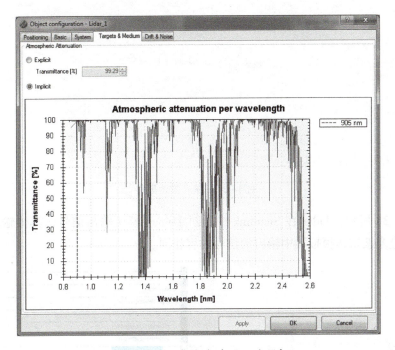

图4-35 "目标与介质"选项卡

6）进入如图4-36所示"漂移和噪声"选项卡中，设置漂移类型和噪声量等参数。

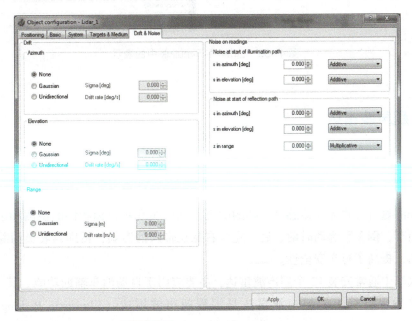

图4-36 "漂移和噪声"选项卡

7) 完成激光雷达的参数配置,结果如图4-37所示。

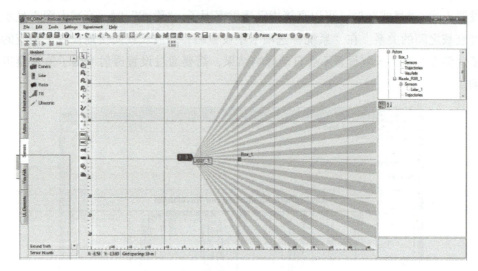

图4-37 激光雷达配置

如图4-38所示,Lidar在Simulink中通过Demux模块输出信号,具体输出的信号和4.3.4节中毫米波雷达模拟器中输出的信号内容相同。

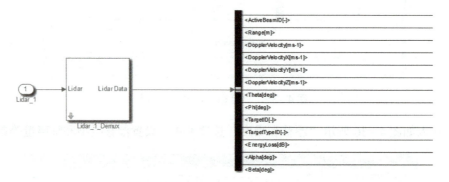

图4-38 Lidar在Simulink中的表示

4.5 超声波雷达

4.5.1 超声波雷达的功能和分类

超声波雷达是一种利用超声波进行探测和测距的传感器技术。它通过发射超声波并接收其回波来测量目标物体与传感器之间的距离,从而实现对目标物体的检测和定位,消除了驾驶员泊车,倒车和起动时前、后、左、右探视带来的麻烦,帮助驾驶员消除盲点和视线模糊缺陷,提高了行车安全性。

智能汽车中通常安装12个超声波雷达,主要应用于自动泊车辅助功能。其中,8个安装在汽车前后保险杠上的超声波雷达是短程超声波雷达(Ultrasonic Parking Assistant,

UPA），其探测距离一般在 15~250cm，用于泊车过程中对前后方障碍物的检测。另外 4 个安装于车身两侧的毫米波雷达为远程超声波雷达（Automatic Parking Assistant，APA），探测距离一般在 30~500cm，用于测量侧方障碍物的距离。超声波雷达具有成本低、响应速度快、结构简单、易于集成等特点，但也具有探测距离相对较短、受天气条件和温度影响较大等缺陷。

4.5.2 超声波雷达的组成和原理

超声波雷达主要由超声波传感器、探头连接线、通信线和控制主板组成。超声波传感器既能发射超声波也能接收反射回来的超声波信号。超声波传感器通常由压电材料制成，当发射超声波时压电材料会振动产生声波，当声波遇到障碍物反射回来时，压电材料将声波转换成电信号。发射电路用于产生特定频率和振幅的超声波信号，以驱动超声波传感器。接收电路负责接收反射回来的超声波信号，并将其传递给信号处理电路。信号处理电路负责放大接收到的超声波信号，并进行滤波处理，以消除噪声和提高信号质量，同时将模拟信号转换为数字信号传输给控制单元。控制单元负责控制传感器的发射和接收，并根据接收到的信号判断是否存在障碍物，计算障碍物的位置和速度。

如图 4-39 所示，超声波雷达通过超声波发射装置向外发出超声波，根据超声波发射的时间和接收器接收到经障碍物反射回来的超声波的时间差来计算距离，详见式（4.6）。

$$s = \frac{c_{声} \Delta t}{2} \tag{4.6}$$

式中，s 为被测点到超声波雷达间的距离；$c_{声}$ 为声速；Δt 为从发射超声波到接收反射回来的超声波所用的时间。

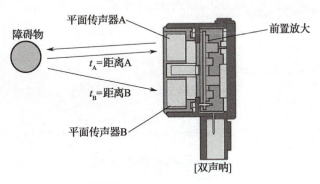

图 4-39 超声波雷达原理示意图

4.5.3 超声波雷达的关键技术参数

超声波雷达的技术参数主要有测量距离、测量精度、探测角度和工作频率等。

1）超声波雷达的测量距离取决于其使用的波长和频率。波长越长，频率越小，测量距离越大。

2）测量精度是指传感器测量值与真实值的偏差。超声波雷达测量精度主要受被测物体表面形状、表面材料等影响。具体来说，当被测物体体积过小、表面形状凹凸不平时，或者被测物体表面材料对声波有较强的吸收作用时，超声波雷达的测量精度下降。

3) 探测角度分为水平视场角和垂直视场角。由于超声波雷达发射出去的超声波具有一定的指向性，波束的截面类似椭圆形，因此探测的范围有一定限制。

4) 工作频率直接影响超声波的扩散和吸收损失、障碍物反射损失、背景噪声，并直接决定传感器的尺寸。一般选择 40 kHz 左右，这样的传感器方向性尖锐，且避开了噪声，提高了信噪比，虽然传播损失相对低频有所增加，但不会给发射和接收带来困难。

超声波雷达仿真需要满足超声波探测功能，模拟超声波的发射频率、波形、功率等参数，通过发射超声波，并接收周围物体反射的回波，实现对环境的探测；能够模拟超声波与目标物体之间的相互作用，包括超声波在目标物体表面的反射、散射、折射等现象，以及目标物体的大小、材料等参数对超声波的影响；能够支持更改超声波雷达安装位置和角度等。

4.5.4 基于 PreScan 的超声波雷达建模实例

本节重点介绍通过 PreScan 软件中的 Ultrasonic 建立超声波雷达模型的过程。具体步骤如下。

1) 打开 PreScan，打开已经建好场景模型的 Experiment。

2) 添加超声波雷达传感器。在仿真环境中，将 Ultrasonic 拖到相应的对象上，出现如图 4-40 所示的"位置"选项卡，设置传感器的位置和方向。输入位置和方向的数值后传感器会相对于对象原点进行移动和旋转。图中，粗线显示的是对象的局部坐标系，细线显示的是传感器的局部坐标系。

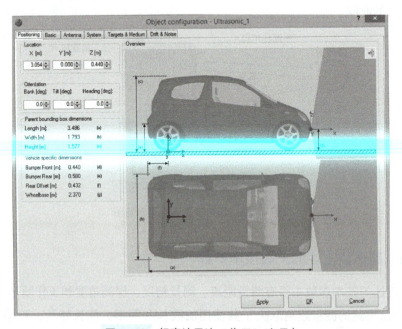

图 4-40　超声波雷达"位置"选项卡

3）进入如图 4-41 所示的"基本"选项卡，设置超声波雷达的工作频率、探测角度以及探测范围。

图 4-41 超声波雷达"基本"选项卡

4）进入如图 4-42 所示的"天线"选项卡，配置天线方向性增益。天线模式有"恒定增益"和"用户定义的增益图"两种定义方式。

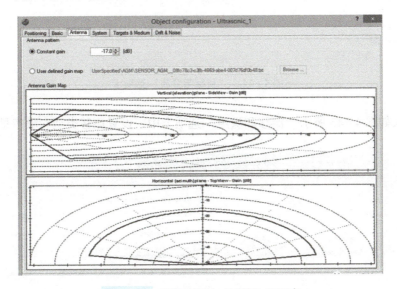

图 4-42 超声波雷达"天线"选项卡

5）进入如图 4-43 所示的"系统"选项卡，设置频率、探测范围以及距离分辨率等参数。其中频率与环境设置（如湿度、空气温度和大气压力）相结合，决定了信号的大气衰减值。

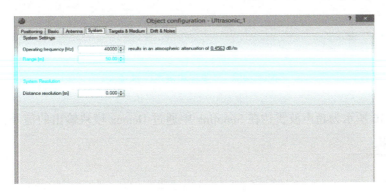

图 4-43 "系统"选项卡

6）进入如图4-44所示的"目标与介质"选项卡，可以在文本框中设置大气衰减。该值有显式和隐式两种设置方式。如果为"显式"设置，可在文本框中输入大气衰减的值，单位为dB/m。"隐式"设置时，该值将通过环境设置自动计算。天气设置（降水/雾）不会自动影响结果，只能通过衰减值来仿真天气的影响。

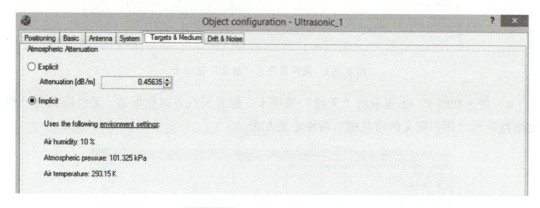

图4-44　"目标与介质"选项卡

7）进入如图4-45所示"漂移和噪声"选项卡中，设置漂移类型和噪声量等参数。

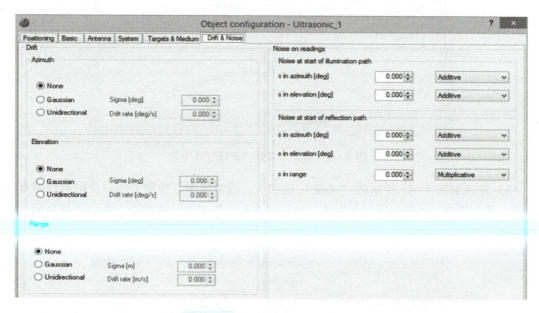

图4-45　"漂移和噪声"选项卡

如图4-46所示为超声波雷达在Simulink中通过Demux模块输出的信号，具体输出的信号见表4-8。

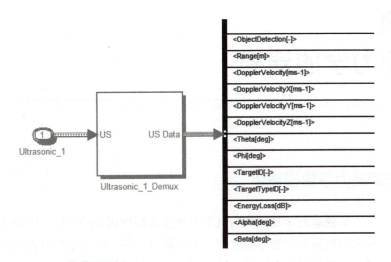

图 4-46 超声波雷达通过 Demux 模块输出的信号

表 4-8 超声波雷达通过 Demux 模块输出的信号

信号名称	描述
目标监测	是否检测到物体（如果检测到物体为 1，否则为 0）
距离/m	检测到目标物体的距离
多普勒速度/(m/s)	多普勒速度
多普勒速度 X、Y、Z/(m/s)	多普勒速度在传感器坐标系的 X、Y、Z 分量
θ/(°)	在传感器坐标系中检测到目标的方位角
φ/(°)	在传感器坐标系中检测到目标的俯仰角
目标 ID	检测到的目标 ID
目标类型 ID	检测到的目标类型 ID
能量损失	接收功率与发射功率的比值，与 ΔSPL 相同。

本章习题

1. 传感器模型主要有哪三种不同层级的类型，在虚拟仿真测试中应如何做出选择？
2. 阐述车载摄像头的功能、组成和工作原理。
3. 利用 PreScan 搭建一个跟车场景，并在此场景添加摄像头模型。
4. 阐述毫米波雷达的功能、组成和原理。
5. 利用 PreScan 搭建一个邻车切入的测试场景，并在此场景添加毫米波雷达模型。
6. 阐述激光雷达的功能、组成和工作原理。
7. 利用 PreScan 搭建一个前车切入场景，并在此场景添加激光雷达模型。
8. 阐述超声波雷达的功能、组成和原理。
9. 利用 PreScan 搭建平行停车场景，并在此场景添加超声波雷达模型。

第5章
车辆动力学的建模

5.1 车辆动力学建模概述

微课视频
车辆动力学
建模概述

车辆动力学是研究与汽车系统运动特性相关的学科,可用于描述车辆的动力学性能和预测车辆性能,为车辆设计和车辆运动控制提供理论基础。车辆动力学是影响车辆动力性、经济性、制动性、操稳性、平顺性以及通过性等各方面性能的关键因素。其中,汽车纵向动力学是影响车辆动力性、经济性和制动性能的主要因素,车辆横向动力学和垂向动力学是影响车辆操稳性能的主要影响,而平顺性和通过性主要与垂向动力学相关。如图5-1所示,一般情况下会分别从纵向、垂向和横向三个方面独立研究车辆动力学问题。然而,车辆在实际的行驶过程中会同时受到三个方向力的影响,并且各方向所表现的运动特性相互作用、相互耦合。

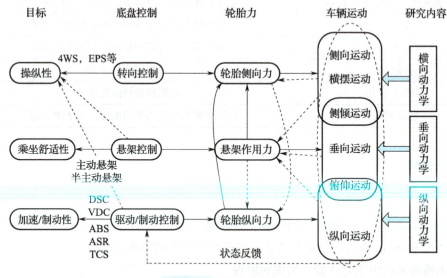

图5-1 车辆动力学架构

控制执行是智能汽车的底层关键技术,本质是通过控制汽车的纵向和横向运动来调节车辆行驶速度、位置和方向,以减少车辆实际轨迹和目标轨迹之间的时间误差和空间误差,同时保证汽车的安全性、操纵性和稳定性。从某种意义上来说智能汽车的运动控制可以解耦为横向上的路径跟踪控制和纵向上的速度跟踪控制。车辆动力学建模是进行汽车系统动力学研究,实现车辆运动控制的基础。但是汽车作为一个复杂的动力学体系,其动力学特性呈现出相当程度的非线性,同时纵、横向之间会呈现出不同程度、不同性质的耦合和制约。考虑汽车动力学系统本身的不确定性、非线性以及纵横向之间的耦合制约机制,建立高精度的动力学模型是实现智能汽车运动控制的重要前提。

汽车动力学性能取决于受到的各种力,包括作用于轮胎的地面力、空气阻力、整车重力等各种外力。汽车动力学建模是对实际问题高度抽象的描述,主要有经验法和解析法两种。经验法来源于反复试验和工程实践,概括了汽车性能的主要影响因素及其影响方式。如果仅依靠经验而缺乏对汽车结构或机理的理解就可能导致错误的结果。解析法则是根据已知的物理定律,抽象建立一种描述力(或运动)与控制输入以及车辆或轮胎特性之间关系的运动微分方程,反映汽车的动力学本质,以此为基础研究车辆性能。

建模时,可将汽车简化为由4个车轮和1个车身5个刚体组成,这5个刚体由悬架导向装置、弹簧和减振器等连接在一起,形成了复杂动力学系统。车轮和车身每个刚体有3个平移和3个转动共6个自由度,这样简化的汽车动力学系统有30个运动自由度。建立车辆动力学模型时,首先建立每个运动自由度的运动微分方程,然后,基于悬架等部件的机械连接及各个部件之间的运动约束关系,将各个运动微分方程互相关联。另外,还需要考虑包含发动机(驱动电机)、变速器、减速器等驱动系统的动力传递特性,以及包含转向横拉杆、转向器和转向盘等转向机构的运动特性。在人-车-路的闭环系统中,驾驶员通过对汽车的操纵行为与车辆动力学系统产生联系,轮胎与路面间的附着系数、路线的弯道和坡度以及路面的平整度等道路条件对汽车运动状态均会产生影响。因此,如图 5-2 所示,汽车整车动力学模型结构包括整车动力学模型、轮胎模型、驾驶员模型以及驱动系统、制动系统和转向系统等执行机构的动力学模型。其中,整车动力学模型用于描述车身和四个车轮的运动,轮胎模型作为车辆与地面直接接触的部件起到"桥梁"作用,传递相互作用的力和力矩,驾驶员模型以期望车速和期望轨迹为目标模拟驾驶员对车辆进行纵、横向运动控制行为,从而构成人-车-路闭环系统仿真平台。本章重点介绍轮胎模型、驾驶员模型以及整车动力学模型。

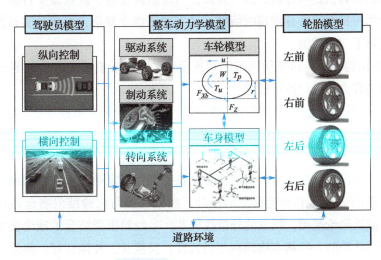

图 5-2 车辆动力学模型架构

复杂度高的车辆动力学模型精度高,但是计算效率相对较低,实时性较差。在实际应用中,根据其发挥的作用而选择不同复杂程度的动力学模型。例如,在动力学分析和仿真试验时,需要建立高自由度的复杂模型或者通过动力学分析软件建模,以尽量模拟实车性能;在对某个子系统或某类典型工况下的车辆运动控制器进行研究时,为了提高求解效率和控制的实时性,可针对不同控制要求在合理范围内忽略部分次要条件,只考虑某些主要因素的影响,进行局部问题的划分,建立具有针对性的汽车动力学简化模型。随着汽车动力学的研究越来越深入,仿真技术在车辆动力学中的应用越来越广泛,陆续出现了用来进行车辆动力学建模仿真的专业软件。通过不同的仿真软件既可以对不同工况下车辆的运动情况进行高精度的仿真,还可以对车辆的各部件进行动力学分析。整车企业普遍采用专业软件进行车辆动力学建模仿真,利用仿真结果指导方案设计及问题整改,有效降低了科研成本。

5.2 轮胎模型

微课视频
轮胎模型

轮胎是车辆与地面发生相互作用的直接部件,是汽车上最重要的组成部件之一,它支撑车辆全部质量,传送牵引和制动的力矩,保证车轮与路面的附着力,减轻甚至吸收汽车在行驶时的振动和冲击力,保证行驶的安全性、操纵稳定性、舒适性和节能经济性,因此,建立轮胎模型进行轮胎动力学研究对车辆各项性能的保障非常重要。车辆的运动依赖于轮胎所受的力,如纵向制动力和驱动力、侧向力和侧倾力、回正力矩和侧翻力矩等。所有这些力都是滑移率、侧偏角、外倾角、垂直载荷、径向变形、道路条件和转速等参数的函数,如何有效地表达这种函数关系,建立精确的轮胎模型,一直是轮胎动力学研究人员所关心的问题。

一方面,当轮胎模型用于模拟真实的轮胎特性时,轮胎模型要求尽量精确,以利于车辆动力学性能的精确仿真与分析。另一方面,当轮胎模型用于控制器中目标滑移率的识别与设置时,轮胎模型既需要有较高的精度,又需要不能太复杂,以满足实时性的要求。轮胎模型主要有以下三种类型。

1)基于轮胎物理结构和变形机理的理论模型,将轮胎看成是复合材料的大变形的弹性体,对轮胎力和力矩进行数学描述。

2)基于轮胎性能试验的经验模型,通过试验数据拟合函数来描述轮胎特性。

3)综合理论研究和试验分析的半经验模型,结合地面–轮胎之间的力学特性和试验数据,通过拟合参数有效表达轮胎模型。

对比上述三种模型,理论模型在建模时比较复杂,且复杂程度与所需精度成正比,一般作为定性分析的工具和半经验模型的基础。经验模型与试验结果吻合性较好,应用方便,但是由于缺乏理论基础,模型的外推性较差。半经验模型结合了理论模型和经验模型的优点,能描述轮胎的一些基本物理和结构特性,精度高,外推性好。典型的半经验模型有吉林大学郭孔辉教授的 UniTire 统一轮胎模型、荷兰 Pacejka 教授的魔术公式轮胎模型和美国 Allen 教授的 STI 轮胎模型等。

与车辆纵向、横向和垂向动力学研究相对应，根据车辆动力学研究内容的不同，轮胎模型还可分为：

1) 轮胎纵滑模型，主要用于预测车辆在驱动和制动工况时纵向力。

2) 轮胎侧偏模型和侧倾模型，主要用于预测轮胎的侧向力和回正力矩，评价转向工况下低频转角输入响应。

3) 轮胎垂向振动模型，主要用于高频垂向振动的评价，并考虑轮胎的刚性滤波和弹性滤波特性。

实际行驶过程中，车辆的纵向、横向和垂向运动是相互耦合、相互影响的，因此，需要综合考虑轮胎的纵向、横向和垂向特性，建立联合轮胎模型。例如，纵滑侧偏特性模型就综合考虑了轮胎的纵向和横向的特性。考虑到轮胎的纵、横向动力特性对智能汽车运动控制的影响更大，本节主要介绍与轮胎纵横向动力特性相关的模型及参数。

5.2.1 轮胎坐标系

轮胎是汽车唯一接地部件，提供汽车运动需要的所有驱动、转向和制动力。轮胎模型是汽车动力学的基础，建立轮胎模型需要统一的轮胎坐标系和主要参数的定义。图 5-3 所示为国际标准化组织 ISO 定义的轮胎坐标系。坐标系原点 O 为车轮平面和地平面的交线与车轮旋转轴线在地平面上投影线的交点。X 轴为车轮平面与地平面的交线，前进方向为正；Z 轴与地平面垂直，向上方为正；Y 轴在地平面上，且坐标系符合右手法则。沿坐标轴方向的力为正，力矩符合右手法则的为正。外倾角右倾为正，侧偏角偏向 Y 方向为正。

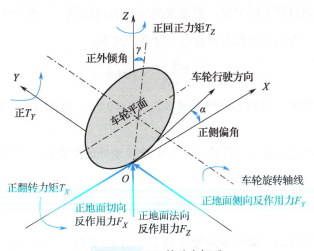

图 5-3 ISO 轮胎坐标系

美国汽车工程师学会也制定了轮胎坐标系，并定义了轮胎作用力和力矩相关运动，坐标系遵守右手法则。如图 5-4 所示，坐标原点和 X 轴的定义与 ISO 轮胎坐标系的定义相同，但是 Z 轴的正向指向下。

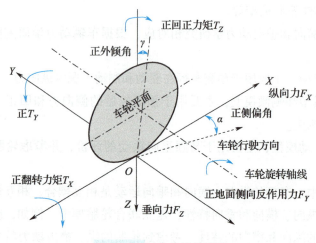

图 5-4 SAE 轮胎坐标系

5.2.2 轮胎模型主要参数

1. 轮胎滑动率

轮胎滑动率表示车轮相对于纯滚动（或纯滑动）状态的偏离程度，是影响轮胎纵向力和侧向力的一个重要因素。如图 5-5 所示，车轮的滚动半径为 R，ω 为车轮的角速度，轮速 $u_\omega = R\omega$，车速 u 等于车轮中心的前进速度。滑动率是车速 u 和转速 ω 的函数，表示轮速与车速间的差值与车速之比。

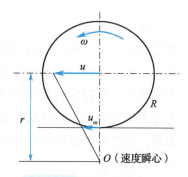

图 5-5 轮胎运动示意图

对于驱动和制动两种不同工况，滑动率的定义有略微的区别。驱动工况下，滑动率也称为滑转率，计算公式为：

$$s = \frac{\omega R - u}{\omega R} \times 100\% \tag{5.1}$$

随着加速度的增加，滑转部分越来越多。当 $s = 0$ 时，为纯滚动工况；当 $s = 100\%$ 时，为纯滑转工况。

制动工况下，滑动率也称为滑移率，为车轮接地处的滑动速度与车轮中心运动速度的比值，计算公式为：

$$s = \frac{u - \omega R}{u} \times 100\% \tag{5.2}$$

随着制动强度的增加，滑动部分越来越多。当 $s = 0$ 时，为纯滚动工况；当 $s = 100\%$ 时，为纯滑移工况。

2. 轮胎侧偏角

如图 5-6 所示，由于轮胎是个弹性体，车轮的运动方向不再是轮胎回转平面方向而是偏离车轮回转平面，产生侧偏现象。而车轮中心的行驶方向与车轮回转平面的夹角 α 就是轮胎侧偏角，且顺时针方向为正。轮胎侧偏角是描述车轮侧偏现象的重要变量，也是影响轮胎侧偏力的一个重要因素。

轮胎侧偏角的计算公式为 $\alpha = \arctan\left(\dfrac{v}{u}\right)$，式中 u 为轮心的纵向行驶速度；v 为轮心的侧向速度。

5.2.3 轮胎模型示例

轮胎模型描述了轮胎运动学与动力学之间的关系。常用的轮胎模型包括魔术公式（Magic Formula，MF）轮胎模型、HSRI 轮胎模型、刷子模型等。其中 MF 轮胎模型主要描述轮胎纵向力和横向力等与轮胎滑移率和侧偏角之间的关系，能较好反映轮胎的非线性特性，广泛用于车辆动力学领域。本章，以魔术公式 MF 轮胎模型为例介绍描述地面与轮胎间的纵向力和侧向力的轮胎模型。MF 是用一套形式相同的三角函数公式来完整地表达纵向力 F_x、侧向力 F_y 和回正力矩 M_z 等。基于魔术公式的轮胎模型的一般公式为：

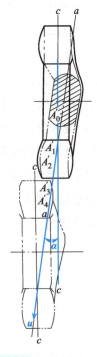

图 5-6 轮胎侧偏角示意图

$$Y(x) = D\sin\{C\arctan[B(x+S_h)(1-E) + E\arctan(B(x+S_h))]\} + S_v \quad (5.3)$$

式中，Y 表示轮胎纵向力 F_x、侧向力 F_y 和回正力矩 M_z；x 为滑动率 s 或侧偏角 α；D 为峰值因子，决定曲线峰值；C 为形状因子，为魔术公式中正弦函数自变量的范围，从而决定曲线的形状；B 为刚度因子；E 为曲率因子，控制曲线峰值处的曲率；S_h 为水平偏移，表示曲线沿水平方向的平移量；S_v 为垂直偏移，表示曲线沿垂直方向的平移量。图 5-7 所示描述了曲线各拟合参数与曲线形状间的关系。

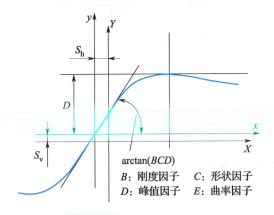

图 5-7 魔术公式基本曲线

基于魔术公式的轮胎模型是一种半经验模型，需要通过试验数据得到魔术公式轮胎模型的相关参数。魔术公式轮胎模型具有以下特性。

1）魔术公式表达式比较统一，具有非线性特点，参数多，拟合计算量较大。

2）魔术公式轮胎模型是基于试验数据的半经验模型，精度较高。

3）形状因子 C 值的变化对曲线拟合的误差影响较大。

4）魔术公式不能很好地拟合极小侧偏角情况下轮胎的侧偏特性。

5）魔术公式轮胎模型计算的是轮胎稳态特性，适用于低输入频率下的操纵稳定性研究，对于高输入频率下的响应则具有局限性。

对于轮胎纵向力，$Y(x)$ 表示 $F_x(s)$，x 表示轮胎滑移率 $s(\%)$，式（5.3）中的各因子的计算公式为：

$$\begin{cases} C = b_0 \\ D = b_1 F_z^2 + b_2 F_z \\ B = \dfrac{b_3 F_z^2 + b_4 F_z}{CDe^{b_5 F_z}} \\ E = b_6 F_z^2 + b_7 F_z + b_8 \\ S_h = b_9 F_z + b_{10} \\ S_v = 0 \end{cases} \quad (5.4)$$

式中，$b_0 \sim b_{10}$ 为经验拟合参数。

对于轮胎侧向力，$Y(x)$ 表示 $F_y(\alpha)$，x 表示轮胎侧偏角 $\alpha(°)$。式（5.3）中的各因子计算公式为：

$$\begin{cases} C = a_0 \\ D = a_1 F_z^2 + a_2 F_z \\ B = \dfrac{a_3 \sin[2\arctan(F_z/a_4)]}{CD} \\ E = a_6 F_z + a_7 \\ S_h = a_9 F_z + a_{10} \\ S_v = a_{12} F_z + a_{13} \end{cases} \quad (5.5)$$

式中，$a_0 \sim a_{13}$ 为经验拟合参数，F_z 为轮胎所受的载荷（kN）。

在驱动转向或制动转向的联合工况下，轮胎同时受到纵向力和侧向力，且纵向力和侧向力受到附着椭圆的限制，需要对式（5.3）所得到的结果按照式（5.6）进行修正，得到联合工况下的纵向力和侧向力。

$$\begin{cases} F_x = \dfrac{|\sigma_x|}{\sigma} F_x(\lambda) \\ F_y = \dfrac{|\sigma_y|}{\sigma} F_y(\alpha) \\ \sigma = \sqrt{\sigma_x^2 + \sigma_y^2} \\ \sigma_x = \dfrac{\lambda}{1+\lambda} \\ \sigma_y = \dfrac{\tan\alpha}{1+\lambda} \end{cases} \quad (5.6)$$

以参考文献中给出的魔术公式轮胎模型的系数为例（详见表 5-1~表 5-2），分析轮胎与地面间的附着力随垂向载荷、滑移率以及侧偏角的变化关系。

表 5-1　计算纵向力魔术公式的系数

b_0	b_1	b_2	b_3	b_4	b_5	b_6	b_7	b_8	b_9	b_{10}
1.55	-9.46	1000	60	300	0.17	0.00402	-0.0615	0.2	0	0

表 5-2　计算侧向力魔术公式的系数

a_0	a_1	a_2	a_3	a_4	a_6	a_7	a_9	a_{10}	a_{12}	a_{13}
1.65	-34	1250	3036	12.8	-0.021	0.7739	0	0	0	0

假设轮胎的垂向载荷为 5.5kN，按照上述参数得到的轮胎模型纵向力特性和侧偏力特性如图 5-8 所示。

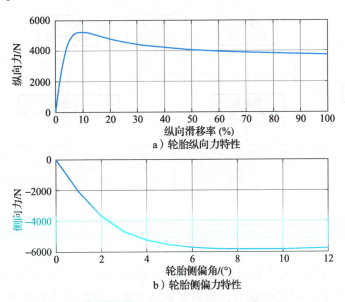

图 5-8　轮胎纵向力、侧偏力特性

5.3 驾驶员模型

5.3.1 驾驶员模型概述

微课视频
驾驶员模型概述

驾驶员在人-车-路-环境的汽车驾驶闭环系统中发挥着举足轻重的作用。在传统汽车中，驾驶员主要通过视觉感知道路、环境和车辆状态信息等，大脑在接收到这些信息后建立情景意识，做出决策发送给神经肌肉采取相应的行动，从而调整车辆的行驶状态。如图5-9所示，整个驾驶过程可以从驾驶员认知、驾驶行为以及驾驶特性三个方面去理解。

1) 驾驶员认知主要是通过视觉将外界环境的信息输入到大脑处理，并建立情景意识然后做出决策的过程。

2) 驾驶行为描述了驾驶员在各种场景下驾驶车辆时的决策与操纵控制等行为过程，包括对信息的感知、综合、判断、推理、决断，最后通过神经肌肉的反应产生汽车所需要方向控制、驱动控制、制动控制等操纵力。

3) 驾驶行为具有很强的随机性、可变性和自适应性，而驾驶特性则是描述驾驶员在特定的条件下对现实交通环境的态度与倾向性，与驾驶员的性别、驾驶喜好、情绪、驾驶经验等因素相关，具有典型的个人差异性。

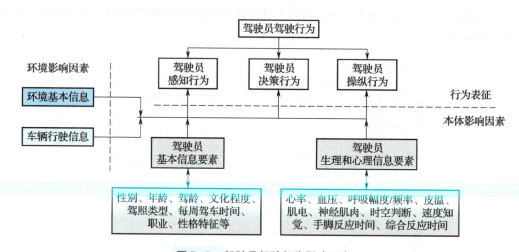

图5-9 驾驶员驾驶行为影响因素

在完全自动驾驶技术之前，智能汽车始终存在人机共驾的模式。如图5-10所示，在人机共驾模式下，驾驶员和驾驶系统对汽车的决策和控制权限需要不断动态分配与切换。驾驶系统具有一定的自动驾驶能力，当遇到系统不能处理的动态驾驶任务时，驾驶员需要立即对车辆采取有效的接管。为此，从辅助驾驶到自动驾驶，理解、学习和适应驾驶员驾驶行为是智能汽车进行合理决策与控制的重要前提。一方面，在识别驾驶员驾驶意图、驾驶风格和驾驶习惯的基础上优化人机协同控制的策略与算法，建立符合人类驾驶习惯和意愿的智能驾驶决策对营造良好的人机协同共驾环境具有重要意义，能够提升智能汽车安全、舒适、人性化以及个性化等方面的性能，有助于提高驾乘人员对智能汽车的信任度和接受度。另一方面，在智能汽车和传统汽车混行的混合交通中，智能汽车需要理解、辨识和预测传统汽车的驾驶意图、驾驶行为以及驾驶轨迹，才能进行合理的决策与控制。

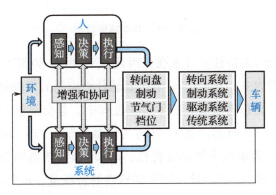

图 5-10 人机共驾示意图

驾驶员模型使得驾驶员的认知、驾驶行为以及驾驶特性可解释和可仿真。然而，在智能汽车的研发与测试验证的不同阶段，驾驶员模型描述的内容是不同的，模型简化的程度也不尽相同。在智能汽车的决策与控制算法开发时，为了建立符合驾驶员特性的"宜人"的自动驾驶算法，首先需要建立用于理解其他车辆驾驶意图、驾驶风格、驾驶习惯以及驾驶行为的预测模型，同时还需建立能被传统车辆理解的驾驶决策和运动控制模型。因此，在智能汽车的仿真测试验证时，应该从被测试车辆和背景车辆两个角度建立驾驶员模型。

从被测试车辆的角度出发，需要建立用来模拟智能汽车人机共驾中的驾驶员行为的驾驶员模型。国内外学者提出了一系列基于统计分析或最优控制理论的驾驶行为特性分析与建模方法，其中预瞄最优控制模型综合考虑了驾驶员的预瞄时间、神经延迟时间、手臂肌肉惯性时间以及车辆动力学等因素。从背景车辆的角度出发，需要建立由背景车辆组成的交通流模型，其中背景车辆的驾驶员模型是交通流模型的基础，主要包括跟驰模型和换道模型。因此，本节重点介绍预瞄最优控制模型、跟驰模型和换道模型三种模型。

5.3.2 预瞄最优控制模型

基于最优控制理论的驾驶员模型，主要包括补偿跟随模型和预瞄跟随模型。补偿跟随模型和预瞄跟随模型的主要区别在于模型中是否包含驾驶员的预瞄环节。补偿跟随模型通过描述驾驶员为消除与预期轨迹的偏差而进行补偿校正的行为特征来模拟驾驶员的行为，其结构如图 5-11 所示。其中，$H(s)$ 表示驾驶员的控制特性，$G(s)$ 表示汽车的动态特性，r 表示预期轨迹的特征量，y 表示行驶轨迹的特征量，ε 为两者的偏差，δ 为驾驶员对汽车施加的控制信息。可见，该模型没有考虑驾驶员的前视作用，仅仅依靠当前时刻汽车的运动状态与预期轨迹的横向偏差进行补偿校正。

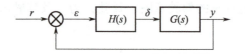

图 5-11 补偿跟随模型

显然驾驶员的前视行为特性不可忽视，因此从 20 世纪 80 年代以来提出的驾驶员模型主要以预瞄跟随模型为主，在 CarSim 等仿真软件中应用的驾驶员模型也是以预瞄跟随模型为主。所谓预瞄，是指驾驶员在实际驾驶过程中，总会提前观测路径的特征。预瞄跟随控制的结构如图 5-12 所示，其中 $P(s)$ 为预瞄环节，$F(s)$ 为前向校正环节，$B(s)$ 为反馈预估环节，$G(s)$ 表示汽车的动态特性，f 表示预期轨迹的特征量，f_p 为经过预瞄环节之后的预期轨迹特征，y 为当前车辆运动轨迹的特征量，ε 为两者的偏差，δ 为驾驶员对汽车施加的控制信息。

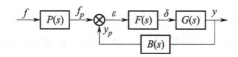

图 5-12 预瞄跟随模型

1982 年郭孔辉院士在"预瞄-跟随"理论的基础上提出了"预瞄最优曲率模型"，该模型不仅可以模拟驾驶员预瞄、跟随及延迟等驾驶员特性，还可以反映出驾驶员对车辆动力学的认知和反应特性。如图 5-13 所示，预瞄最优曲率模型的原理是根据车辆当前位置和状态计算出前方道路预瞄点和期望点处的偏差，然后基于实际轨迹与期望轨迹的偏差最小原则得到最优横向加速度，最后借助横向加速度和转向盘转角之间的函数关系得到最优转向盘转角。

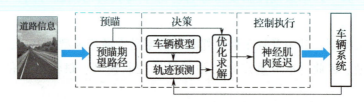

图 5-13 基于预瞄跟随控制的驾驶员模型示意图

驾驶员驾驶车辆时，眼睛一般会瞄着前方一些点或一段路径。根据驾驶预瞄点数量的不同，可以将基于最优曲率预瞄理论的预瞄跟随模型分为"单点预瞄模型"和"多点预瞄模型"。单点预瞄模型假设驾驶员的眼睛一直瞄着前方某一固定时间段的一点，驾驶员预瞄的路径和期望的路径差形成一个反馈系统。图 5-14 所示为单点预瞄最优曲率模型,假设车辆行驶速度不变或者变化较小,道路曲率较小,车辆行驶在期望轨迹 $f(t)$ 上,在 t_1 时刻,车辆的横向位移和横向速度分别为 $y(t_1)$ 和 $\dot{y}(t_1)$,如果车辆行驶方向不变,则经过预瞄时间 T_p 后车辆的实际侧向位移为:

$$y(t_1 + T_p) = y(t_1) + \dot{y}(t_1)T_p + \frac{1}{2}\ddot{y}(t_1)T_p^2 \tag{5.7}$$

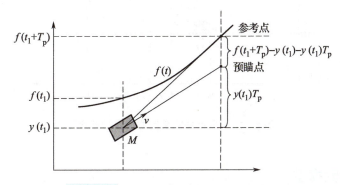

图 5-14 单点预瞄最优曲率模型示意图

为了满足最小误差原则,驾驶员会选择一个合适的转向盘转角 δ_{sw},此时车辆的横向加速度为 $\ddot{y}(t_1)$,轨迹曲率为 $1/R$,使得经过预瞄时间 T_p 后,车辆的实际横向位移和期望轨迹上参考点的横向位移相等,即 $y(t_1+T_p)=f(t_1+T_p)$。根据预瞄误差得到的最优横向加速度为:

$$\ddot{y}(t_1) = \frac{2}{T_p^2}[f(t_1+T_p) - y(t_1) - \dot{y}(t_1)T_p] \tag{5.8}$$

最优轨迹曲率为:

$$\frac{1}{R} = \frac{2}{d^2}[f(t_1+T_p) - y(t_1) - \dot{y}(t_1)T_p] \tag{5.9}$$

式中,d 为预瞄距离,$d = vT_p + d_0$;v 为车辆速度;d_0 为最小预瞄距离。

根据阿克曼转向几何关系 $1/R = \dfrac{\delta_{sw}}{iL}$,得到最优转向盘转角输入为:

$$\delta_{sw} = \frac{2iL}{d^2}[f(t_1+T_p) - y(t_1) - \dot{y}(t_1)T_p] \tag{5.10}$$

式中,i 为转向传动比;L 为车辆轴距。

将时间 t_1 转化为时间 t,便可转化为更为一般的表达形式:

$$\delta_{sw} = \frac{2iL}{d^2}[f(t+T_p) - y(t) - \dot{y}(t)T_p] \tag{5.11}$$

多点预瞄一般也称为区段预瞄,即驾驶员的预瞄点不再是前方固定时段的某一个预瞄点,而是区段上的多个预瞄点,当预瞄点的个数足够多时,也就构成了所谓的区域预瞄。图 5-15 所示为多点预瞄模型示意图。

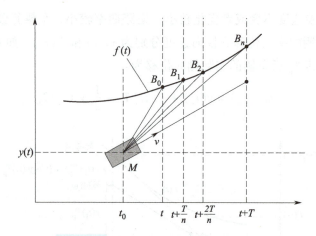

图 5-15 多点预瞄最优曲率模型示意图

5.3.3 跟驰模型

微课视频
跟驰模型

在智能驾驶汽车的仿真测试中，需要将测试车辆放入由背景车辆组成的交通场景中进行测试。目前，在仿真测试中交通场景的生成方式主要有预设轨迹模型和交通流模型。其中，预设轨迹模型主要应用在 ADAS 测试场景的构建中，以被测车辆为中心预先设定背景车辆的轨迹。该方法无法支持高等级自动驾驶的连续仿真。交通流模型则采用跟驰模型和换道模型作为背景车交互行为来构建连续交通流模型，可以支持在连续演进的交通环境下对高等级自动驾驶的安全性、智能性以及交通效能进行连续测试。本节主要从交通流仿真视角出发，介绍智能汽车仿真测试中背景车的跟驰模型。

跟驰模型主要描述如图 5-16 所示的前后两车间的纵向相互作用，即前导车（Leading Vehicle，LV）的运动状态变化所引起跟驰车（Following Vehicle，FV）的相应行为。跟驰模型对交通安全、交通仿真、通行能力、自动驾驶等研究具有重要意义。根据模型构建方法的不同，现有的跟驰模型可以分为基于数据驱动的跟驰模型和基于理论或规则的跟驰模型。其中，基于数据驱动的跟驰模型依据车辆行驶的时空轨迹数据，通过样本数据的训练、学习、迭代、进化得到机器学习类的跟驰模型，即由跟驰现象的观测数据学习归纳出跟驰现象的内在规律。用到的机器学习方法主要包括模糊逻辑、人工神经网络、实例学习、支持向量回归、深度学习。与基于数据驱动的跟驰模型相比，基于理论或规则的跟驰模型具有逻辑性强和可解析性强等优势。因此，下面主要介绍基于理论或规则的跟驰模型。

基于理论或规则的跟驰模型主要是从交通工程或统计物理的角度出发，基于车辆跟驰理论或规则，借助车辆动力学、驾驶员心

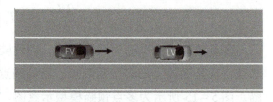

图 5-16 跟驰场景示意图

理学、传统数学以及物理方法等构建具有实际物理意义的跟驰模型。通过对模型的变换、推演、实测或试验数据的拟合对模型参数进行标定,然后对比仿真结果与实际交通数据,对模型进行校准(Calibration)与验证(Validation),最后形成高可信度的仿真模型来描述驾驶员的跟驰行为或者跟驰现象。在交通流仿真中应用到的跟驰模型主要包括:考虑驾驶员感知力与反应力的刺激-反应模型,以避撞为前提的安全距离模型,考虑前车间距而调整速度的优化速度模型,以及将刺激抽象为前后车相对运动的生理-心理模型等。主要跟驰模型的对比分析见表5-3。下面分别对刺激-反应模型、安全距离模型、优化速度模型以及生理-心里模型等跟驰模型进行介绍。

表5-3 目前主要跟驰模型的对比分析

建模机理	代表模型	主要应用
刺激-反应模型	GM,GHR	在众多仿真软件中应用
安全距离模型	Gipps	在众多仿真软件中应用
优化速度模型	FVD	在众多仿真软件中应用
生理-心理模型	Widemann	在Vissim等仿真软件中应用

1. 刺激-反应模型

GM(General Motor)模型是典型的刺激-反应类模型。GM模型以跟驰过程前车的速度为刺激,在自车驾驶员受到此刺激后,做出反应从而改变自车的速度,但忽略了行车安全距离。表达式如下:

$$a_n(t+\tau) = C[V_{n-1}(t) - V_n(t)] \tag{5.12}$$

式中,$a_n(t+\tau)$指第n辆车在$t+\tau$时刻的加速度;τ为反应时间;C为敏感系数;$V_{n-1}(t)$表示第$n-1$辆车在t时刻的速度;$V_n(t)$表示n辆车在t时刻的速度。

2. 安全距离模型

安全距离模型的主要思想是,为了避免前车紧急制动时,自车没有充足的制动反应时间而与前车发生碰撞,跟驰过程中驾驶员会有意与前车保持一定的安全距离。Gipps模型是一种典型的安全距离模型,该模型认为跟驰车速度是由理想速度、安全制动距离以及可允许最大加/减速度共同决定的。即在$[t, t+T]$时间内,车辆速度是达到理想速度和维持安全距离减速度中较小者之一,也就是自由行驶状态的速度与拥堵状态下的速度之间的最小值。式5.13中的第一个方程为自由行驶状态下的速度公式,第二个方程为拥堵状态下根据紧急制动时的最小安全距离计算的速度公式。

$$v_n(t+T) = \min\left\{ \begin{array}{l} v_n(t) + 2.5 a_n T \left(1 - \dfrac{V_n(t)}{V_n}\right)\sqrt{0.025 + \dfrac{v_n(t)}{V_n}} \\ b_n T + \sqrt{b_n^2 T^2 - b_n\left[2[x_{n-1}(t) - x_n(t) - L_{n-1}] - v_n(t) - \dfrac{v_{n-1}^2(t)}{b_{n-1}}\right]} \end{array}\right. \tag{5.13}$$

式中，a_n、V_n、b_n、b_{n-1} 为需要进行标定的参数，分别表示车辆 n 所采用的最大加速度、车辆 n 在当前交通环境中所能采用的速度上限、车辆 n 所采用的最大减速度和车辆 $n-1$ 所采用的最大减速度；$v_n(t+T)$ 是车辆 n 在 $t+T$ 时刻的速度；$v_n(t)$ 是车辆 n 在 t 时刻的速度；$x_n(t)$ 为车辆 n 在 t 时刻的行驶距离；L_{n-1} 为车辆 $n-1$ 的有效车长。

3. 优化速度模型

全速度差（FVD）模型是一种优化速度的跟驰模型，其表达式为：

$$a_n(t) = \alpha[V(\Delta x_n(t)) - v_n(t)] + \beta \Delta v_n(t) \tag{5.14}$$

式中，α、β 为常量敏感系数；$V(\Delta x_n(t))$ 为车辆的最优速度；$\Delta x_n(t) = x_{n-1}(t) - x_n(t)$，表示在 t 时刻前后两车的车头时距；$\Delta v_n(t) = v_{n-1}(t) - v_n(t)$，表示 t 时刻前后两车的相对速度。FVD 模型多用于复杂交通流下的非线性特性研究。

另外，智能驾驶模型（IDM）也是一种速度优化模型。其表达为：

$$a_n(t) = a_{\max}^{(n)} \left[1 - \left(\frac{V_n(t)}{\tilde{V}_n(t)} \right)^\beta - \left(\frac{\tilde{S}_n(t)}{S_n(t)} \right)^2 \right] \tag{5.15}$$

$$\tilde{S}_n(t) = s_{\text{jam}}^{(n)} + V_n(t)\tilde{T}_n(t) + \frac{V_n(t)\Delta V_n(t)}{2\sqrt{a_{\max}^{(n)} a_{\text{comf}}^{(n)}}} \tag{5.16}$$

式中，$a_{\max}^{(n)}$ 为后车最大加速度或减速度；$a_{\text{comf}}^{(n)}$ 为后车舒适减速度；$\tilde{V}_n$ 为驾驶员期望速度；S_n 为后车车头与前车车尾间距；$\tilde{S}_n$ 为驾驶员期望的跟驰间距；$s_{\text{jam}}^{(n)}$ 为阻塞间距；$\tilde{T}_n$ 为期望车头时距。

4. 生理－心理模型

在跟驰过程中，驾驶员会通过视觉来感知和判断前车运动状态的变化来改变自车的运动状态，但只有超过一定的阈值时，驾驶员才能感受到刺激带来的变化。心理－生理模型考虑了驾驶员对跟驰行为的影响，将驾驶员的心理因素和以往跟驰理论的相结合。在 VISSIM 软件中用到的 Wiedemann 跟驰模型就是一种心理－生理模型。其中 Wiedemann 74 模型主要适用于城市道路环境下对交通流的特性进行研究，Wiedemann99 模型主要适用于高速公路环境下对交通流特性进行相关研究。如图 5-17 所示，Wiedemann 模型的基本原理是驾驶员根据自车与前车的车头间距来确定跟驰行为，具体包括紧急制动状态（Braking）、逼近前车状态（Approaching）、跟驰驾驶状态（Following）以及自由驾驶状态（Free driving）四个阶段。

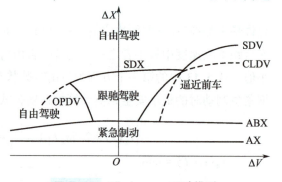

图 5-17 Wiedemann 跟驰模型

5.3.4 换道模型

换道模型与 5.3.3 节的跟驰模型一起构成了微观交通流模拟重要组成部分,直接影响着交通流的特性。其中,车辆换道行为是指车辆由一条车道变更到另一条车道的行为。相比跟驰行为,换道行为更为复杂。换道建模是换道行为的抽象化,用以模拟分析换道行为的逻辑层次及其影响。根据换道类型的不同,换道模型可分为自由换道和强制换道。如图 5-18 所示,自由换道是指车辆在没有受到外界环境的影响下,为了追求更快车速、更自由驾驶空间而采取的换道行为。如图 5-19 所示,强制换道是指车辆在行驶过程中需要转弯、上下匝道、避障绕行等而必须通过换道改变行车路径。

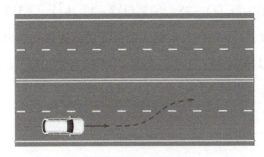
图 5-18 自由换道

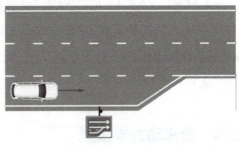
图 5-19 强制换道

根据换道模型的结构可以分为换道动机、换道条件和换道执行。换道动机也称换道需求,指依据当前交通状况及路径规划等决定是否换道的过程。换道条件是指是否存在能够安全换至目标车道的客观条件,换道执行是指车辆行驶至目标车道的运动过程。根据建模方法的不同,换道模型可以分为基于规则的换道模型和基于人工智能的换道模型。其中基于规则的模型主要以间隙接受模型为主。而间隙接受模型又主要分为基于临界间隙的间隙接受模型和间隙接受概率模型两类。基于临界间隙的间隙接受模型假定只有前导车间隙和跟随车间隙同时满足临界间隙条件时才执行换道,而间隙接受概率模型则假设主车驾驶员在换道过程中将会面临二元或多重选择,有学者采用二元决策模型判断车辆是否采取换道行为。从模型结构来看,尽管换道模型的表达形式各异,但车头间距与相对速度是绝大多数模型的重要变量。

Gipps 模型是最早提出的换道模型,并成功应用于交通仿真软件。该模型建立了受交通信号、障碍物和重型车等影响的城市道路的换道决策结构框架,认为驾驶员的行为受到保持期望的速度和进入正确的转向车道两个基本因素控制,且驾驶员通过考虑换道的可能性、必要性和有利性来决定是否改变车道。具体来说,该模型认为车辆是否换道主要取决于以下六个因素。

1) 换道是否安全、可行,能否避免碰撞发生,即目标车道上是否存在可接受的换道间隙。

2) 障碍物的位置,距离前方障碍物越近,则相应车道的优越性就越低。

3) 专用车道的出现,如前方是专用车道,则必须换道。

4)驾驶员前方的转向计划,主要指驾驶员根据行车路线决定前方是否需要转向,具体在什么位置以及向什么方向转向。

5)重型车的存在,主要指当前方货车行驶速度低,货车前方存在较大车间距的时候选择换道超车。

6)当前车道和目标车道的相对速度优势,主要指驾驶员通过换到目标车道,以追求更快的速度。

换道是否安全可行由换道所需的减速度$\{[V_n(t+T)-V_n(t)]/T\}$是否大于可接受的减速度(一般假定为-4m/s^2)来决定。其中,$V_n(t)$为车辆n在t时刻的速度,$V_n(t+T)$的计算公式为:

$$V_n(t+T) = b_n T + \left\{ b_n^2 T^2 - b_n \left[2x_{n-1}(t) - 2x_n(t) - 2S_{n-1} - V_n(t)T - V_{n-1}^2 \hat{b} \right] \right\}^{1/2} \quad (5.17)$$

式中,$V_n(t+T)$为车辆n在$t+T$时刻的速度;$b_n(<0)$为车辆n能接受的减速度;T为速度和位移的计算步长;$x_n(t)$为车辆n在t时刻的位置;S_{n-1}为车辆$n-1$的有效长度;$\hat{b}$为b_{n-1}的一个估计值。

5.4 整车动力学模型

车辆动力学仿真是智能汽车自动驾驶系统研发和测试评价的重要手段。汽车是一个复杂的非线性系统,建模时一般根据研究目标的不同建立不同自由度的车辆动力学模型,主要包括:

1)只考虑横向运动和横摆运动的汽车线性二自由度操纵动力学模型。

2)考虑车身纵向、横向及横摆的汽车三自由度模型。

3)忽略垂直载荷等的影响,仅考虑车身纵向、侧向、横摆以及四个车轮旋转运动的七自由度模型。

4)考虑汽车车体左右部分在垂直方向上相对运动的八自由度模型。

5)考虑车体横向平面运动中的横向运动、纵向运动、横摆运动,以及纵向平面中的侧倾运动和横截面内的侧倾运动的汽车操纵动力学15自由度模型。

5.4.1 坐标系

车辆动力学建模,首先需要定义相应的参考坐标系。如图5-20所示,与车辆动力学相关的坐标主要包括:全局坐标系(大地坐标系)$O-XYZ$,车辆的车身坐标系$O_v-X_vY_vZ_v$以及车轮坐标系$O_w-X_wY_wZ_w$三个坐标系。

全局坐标系固定于地面,不随车辆的运动而移动,用于描述车辆的绝对运动。定义车辆初始时刻质心位置在地面上的投影为全局坐标系的原点O,X轴正方向为车辆初始运动的正方向,Z轴方向垂直地面向上,Y轴的方向满足右手定则,指向车辆初始正方向的左侧。

车辆的车身坐标系固定于车辆的质心,车身动力学的建模就是在该坐标系下进行描述。车身坐标系的原点 O_v 定义在车辆完全静止时的质心位置处,坐标系的 X_v 轴为汽车的前进方向,Z_v 轴垂直于地面向上,Y_v 轴满足右手定则。

车轮坐标系用于描述车轮的运动,汽车的各个车轮都有其独立的车轮坐标系。该坐标系的原点 O_w 为车轮轮心位置,X_w 轴的正方向即为车轮的前进方向,Z_w 轴的正方向垂直地面向上,Y_w 轴同样满足右手定则。

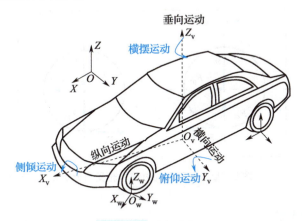

图 5-20 车辆坐标系

5.4.2 单轮模型

车辆制动时,以单个车轮为研究对象,忽略行驶过程中滚动阻力和空气阻力的影响,对单轮模型进行受力分析(图 5-21)。单轮模型的运动微分方程:

$$F_{Xb}R - T_b = J_w \frac{d\omega}{dt} \tag{5.18}$$

$$F_{Xb} = F_Z \mu \tag{5.19}$$

$$F_{Xb} = ma_x \tag{5.20}$$

式中,m 为 1/4 车辆的质量;ω 为车轮转速;J_w 为车轮的转动惯量;R 为车轮的滚动半径;T_b 为作用于车轮的制动力矩;F_{Xb} 为地面制动力;a_x 为车辆加速度;F_Z 为地面对轮胎的法向反作用力;μ 为轮胎附着系数。

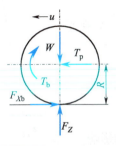

图 5-21 单轮车辆模型

由式(5.18),式(5.19)可知制动器制动力矩 T_b 和地面制动力 F_{Xb} 是影响车轮运动状态的主要因素。地面制动力 F_{Xb} 与地面对轮胎的法向反作用力 F_Z 和车轮的滑动率有关,具体在 5.2 节的轮胎模型中有详细描述。

驱动工况时，驱动轮和非驱动轮的受力情况有所不同，要分别进行受力分析。忽略空气阻力和滚动阻力的影响，图 5-22 所示为后轮驱动汽车前后轮的受力图。F_{Xi} 为地面制动力，F_{Zi} 为地面对轮胎的法向反作用力，F_{pi} 为车轴对车轮的推力，变量下角标 1，2 分别表示前轮和后轮。

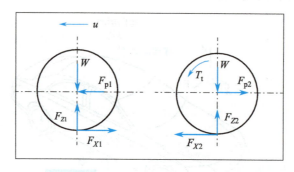

图 5-22 驱动工况时前后轮受力分析图

5.4.3 两轮模型

微课视频
两轮模型

基于一定的假设条件，将汽车被简化为一个只有沿 Y 轴的侧向运动和绕 Z 轴的横摆运动两个自由度的两轮汽车模型（图 5-23），又称为二自由度模型或者自行车模型。两轮模型是分析车辆操纵稳定性的最基本模型，常用于驾驶员操纵意图判断和车辆横向稳定性判断等，是汽车转向稳定性控制程序中的关键模型。具体的假设条件如下：

1）假定汽车 $a_Y \leq 0.4g$，轮胎侧偏特性处于线性范围内。

2）忽略地面切向力 F_X、外倾侧向力 $F_{\gamma Y}$、回正力矩 T_Z 以及垂直载荷变化等对轮胎侧偏刚度的影响。

3）忽略悬架的作用，认为车身只在平行于地面的平面运动，绕 Z 轴的位移、绕 Y 轴的俯仰角和绕 X 轴的侧倾角均为零。

4）车轮驱动力不大，车辆纵向行驶速度 u 不变。

5）忽略空气阻力和滚动阻力的影响。

6）忽略车辆垂向载荷的左右转移。

7）忽略转向系统的影响，直接以前轮转角作为输入，并且前轮转角足够小。

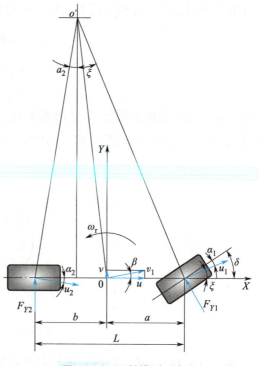

图 5-23 两轮模型示意图

根据车辆的刚体运动学分析得到以下方程:

$$a_Y = \dot{v} + u\omega_r \tag{5.21}$$

$$\alpha_1 = \frac{v + a\omega_r}{u} - \delta = \beta + \frac{a\omega_r}{u} - \delta \tag{5.22}$$

$$\alpha_2 = \frac{v - b\omega_r}{u} = \beta - \frac{b\omega_r}{u} \tag{5.23}$$

式中,a_Y 为车辆质心沿 Y 轴方向的绝对加速度;v 为车辆侧向运动速度;u 为车辆纵向运动速度;ω_r 为横摆角速度;α_1 为前轴侧偏角;α_2 为后轴侧偏角;a 和 b 分别为车辆前后轴到车辆质心的距离;δ 为车轮转角;β 为车身侧偏角,定义为车辆质心处侧向速度与纵向速度的比值,即 $\beta = v/u$。

根据车辆的受力分析得到以下方程:

$$\sum F_Y = F_{Y1}\cos\delta + F_{Y2} \tag{5.24}$$

$$\sum M_Z = aF_{Y1}\cos\delta - bF_{Y2} \tag{5.25}$$

式中,F_{Y1}、F_{Y2} 为前后车轮的侧偏力。

考虑到前轮转角较小,且考虑前后车轮的侧偏刚度 k_1 和 k_2,则车辆的受力与车辆运动参数的关系式为:

$$\sum F_Y = k_1\left(\beta + \frac{a\omega_r}{u} - \delta\right) + k_2\left(\beta - \frac{b\omega_r}{u}\right) \tag{5.26}$$

$$\sum M_Z = ak_1\left(\beta + \frac{a\omega_r}{u} - \delta\right) - bk_2\left(\beta - \frac{b\omega_r}{u}\right) \tag{5.27}$$

由此得到线性二自由度车辆运动微分方程为:

$$(k_1 + k_2)\beta + \frac{1}{u}(ak_1 - bk_2)\omega_r - k_1\delta = m(\dot{v} + u\omega_r) \tag{5.28}$$

$$(ak_1 - bk_2)\beta + \frac{1}{u}(a^2k_1 + b^2k_2)\omega_r - ak_1\delta = I_Z\dot{\omega}_r \tag{5.29}$$

式中,m 为整车质量;I_Z 为车辆绕 Z 轴的转动惯量。

上述线性二自由度的两轮模型是基于车身仅在平行于地面的平面进行平面运动的假设,忽略了车辆的侧倾运动。在侧倾转向运动较小时,该简化模型可较好地描述车辆运动。在侧倾转向运动较大时,线性二自由度模型则不够精确。另外,由于转向和悬架系统并非绝对刚性,前后轮会因侧向力产生附加的转向角。在忽略前后轮附加转向角惯性的条件下,可以认为它与轮胎侧偏角合并为有效的侧偏角,且将附加转角简化为与车身的侧倾角成正比。因此,在二自由度模型的基础上得到考虑车身侧倾的三自由度车辆模型。另外,线性二自由度模型忽略了车辆纵向运动的变化,在二自由度模型的基础上增加车辆质心纵向绝对加速度的计算公式 (5.30) 和纵向力平衡方程式 (5.31),可以得到考虑纵向运动的三自由度模型。

$$a_X = \dot{u} - v\omega_r \tag{5.30}$$

$$\sum F_X = m(\dot{u} - v\omega_r) \tag{5.31}$$

5.4.4 四轮模型

微课视频
四轮模型

汽车在实际运动过程中，各车轮的滑动率和侧偏角可能不一致，转向时内外侧车轮载荷会发生转移，加速或制动时前后车轮载荷也会发生转移，这些影响因素导致二轮模型难以精确描述整车的行驶状态。因此需要采用四轮模型来进一步精确描述整车的运动状态。最基础的四轮模型为七自由度模型，即在考虑汽车纵向、横向和横摆三自由度模型基础上增加四个车轮的转动。

七自由度整车动力学模型如图 5-24 所示，对整车假设如下。

1）忽略轮胎回正力矩的作用，忽略轮胎滚动阻力及空气阻力的影响。
2）忽略变形转向角和侧倾转向角的影响。
3）忽略车辆的垂向运动、侧倾运动和俯仰运动，以及悬架对车辆的作用。
4）车辆前轮转向角相同，作为车辆动力学模型的输入量之一。

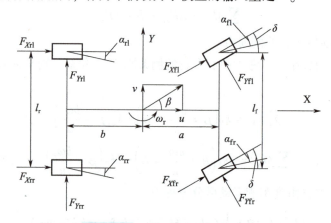

图 5-24 整车七自由度模型简图

在 5.4.3 节中考虑纵向运动三自由度模型的基础上，结合车轮转动的运动方程得到七自由度整车的纵向运动、横向运动和横摆运动的动力学方程。

纵向动力学方程：

$$m(\dot{u}-v\omega_r) = (F_{Xfl}+F_{Xfr})\cos\delta - (F_{Yfl}+F_{Yfr})\sin\delta + F_{Xrl} + F_{Xrr} \quad (5.32)$$

式中，F_{Xi}，F_{Yi} 分别为地面作用于轮胎的纵向力和侧向力，变量下角标 fl，fr，rl，rr 分别表示左前轮、右前轮、左后轮和右后轮；δ 为转向轮转角。

侧向动力学方程：

$$m(\dot{v}+u\omega_r) = (F_{Yfl}+F_{Yfr})\cos\delta + (F_{Xfl}+F_{Xfr})\sin\delta + F_{Yrl} + F_{Yrr} \quad (5.33)$$

横摆动力学方程：

$$I_Z\dot{\omega}_r = [(F_{Xfr}+F_{Xfl})\sin\delta + (F_{Yfr}+F_{Yfl})\cos\delta]a + [(F_{Xfr}-F_{Xfl})\cos\delta + (F_{Yfl}-F_{Yfr})\sin\delta]\frac{l_f}{2} -$$
$$(F_{Yrl}+F_{Yrr})b - (F_{Xrl}-F_{Xrr})\frac{l_r}{2} \quad (5.34)$$

式中，l_f、l_r 分别为前后轴的轮矩。

和 5.4.2 节单轮模型相同，制动工况时各车轮的运动方程：

$$F_{Xbi}R - T_{bi} = J_w \frac{d\omega_i}{dt} \tag{5.35}$$

$$F_{Xbi} = F_{Zi}\mu_i \tag{5.36}$$

式中，ω_i 为各车轮转速；T_{bi} 为作用于各车轮的制动力矩；F_{Xbi} 为各车轮受到的地面制动力；F_{Zi} 为各轮胎所受地面的法向反作用力；μ_i 为轮胎附着系数，变量下角标 i = fl, fr, rl, rr, 分别表示左前轮、右前轮、左后轮和右后轮。

驱动工况下，各车轮的受力情况也和 5.4.2 节单轮模型中驱动工况相同，这里不再重复。

在转向制动工况下，纵向加速度和侧向加速度均会引起轮胎垂直载荷的转移，各轮胎垂直载荷按照式（5.37）~式（5.40）计算。

$$F_{Zfl} = \frac{mg}{2}\left[\frac{b}{L} - \frac{a_X h_g}{gL} - \frac{2a_Y h_g b}{gl_f L}\right] \tag{5.37}$$

$$F_{Zfr} = \frac{mg}{2}\left[\frac{b}{L} - \frac{a_X h_g}{gL} + \frac{2a_Y h_g b}{gl_f L}\right] \tag{5.38}$$

$$F_{Zrl} = \frac{mg}{2}\left[\frac{a}{L} + \frac{a_X h_g}{gL} - \frac{2a_Y h_g a}{gl_r L}\right] \tag{5.39}$$

$$F_{Zrr} = \frac{mg}{2}\left[\frac{a}{L} + \frac{a_X h_g}{gL} + \frac{2a_Y h_g a}{gl_r L}\right] \tag{5.40}$$

式中，L 为前后轴距；h_g 为质心到地面的距离；$a_X = \dot{u} - v\omega_r$，为整车质心处的加速度在 X 轴上的分量；$a_Y = \dot{v} + u\omega_r$，为整车质心处的加速度在 Y 轴上的分量。

如 5.2.2 节的轮胎模型主要参数中所述，汽车制动时每个车轮的滑移率 λ_i 为：

$$\lambda_i = \frac{u_i - R\omega_i}{u_i} \tag{5.41}$$

式中，ω_i 为车轮角速度；R 为车轮滚动半径；u_i 为车轮平面内轮心纵向速度；汽车理想行驶工况时，车轮处于纯滚动状态，此时滑动率 S 为 0；当车轮完全抱死时，车轮处于纯滑动状态，此时 S 为 100%。驱动工况下的滑动率计算在 5.2.2 节轮胎模型主要参数中已有描述，这里不再重复。

每个车轮平面内的轮心纵向速度 u_i 按以下公式计算：

$$u_{fl} = \left(u - \frac{1}{2}l_f\omega_r\right)\cos\delta + (v + a\omega_r)\sin\delta \tag{5.42}$$

$$u_{fr} = \left(u + \frac{1}{2}l_f\omega_r\right)\cos\delta + (v + a\omega_r)\sin\delta \tag{5.43}$$

$$u_{rl} = u - \frac{1}{2}l_r\omega_r \tag{5.44}$$

$$u_{rr} = u + \frac{1}{2}l_r\omega_r$$

每个车轮的轮胎侧偏角为：

$$\alpha_{fl} = \delta - \arctan\left(\frac{v + a\omega_r}{u - l_f\omega_r/2}\right) \tag{5.45}$$

$$\alpha_{fr} = \delta - \arctan\left(\frac{v + a\omega_r}{u + l_f\omega_r/2}\right) \tag{5.46}$$

$$\alpha_{rl} = -\arctan\left(\frac{v - b\omega_r}{u - l_r\omega_r/2}\right) \tag{5.47}$$

$$\alpha_{rr} = -\arctan\left(\frac{v - b\omega_r}{u + l_r\omega_r/2}\right) \tag{5.48}$$

上述七自由度整车模型中没有考虑车身侧倾运动及其导致的左右车轮载荷转移。因此，当侧倾较大时需要考虑侧倾作用下引起的载荷转移，可在该七自由度整车模型的基础上，增加如图 5-25 所示的侧倾运动，形成八自由度整车模型。

七自由度和八自由度整车模型多用于研究行驶工况下的车辆操纵稳定性，但未考虑地面不平度引起的车身跳动、俯仰以及侧倾等对汽车操纵稳定性能的影响。因此，有学者在七自由度整车模型的基础上增加了垂向动力学，考虑了车身垂向跳动、侧倾和俯仰运动，以及四轮垂向跳动等自由度，构成了 14 自由度的整车模型。另外，为了进一步考虑转向系统非线性特性引起的前轮转动自由度，在 14 自由度整车模型的基础上构建了如图 5-26 所示的 15 自由度整车模型。由于加入了悬架模型，整车质量进一步细分为簧上质量和非簧上质量。

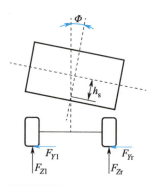

图 5-25 车身侧倾运动

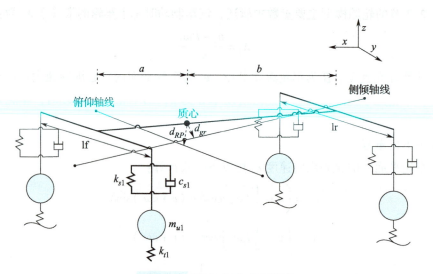

图 5-26 整车 15 自由度模型

5.5 基于 Simulink 的车辆动力学建模以及仿真实例

5.5.1 MATLAB/Simulink 介绍

MATLAB 是一款综合性的软件工具，在自动驾驶仿真测试方面能够提供包含数据处理和可视化、车辆动力学建模、场景仿真建模、算法开发以及联合仿真和集成测试等全方面的支持。

（1）数据处理和可视化　MATLAB 提供了强大的数据处理和可视化工具，能够处理和标注来自各种传感器（如雷达、摄像头和激光雷达）的数据。这些工具可以帮助工程师理解和分析自动驾驶车辆在实际驾驶中收集的数据，以及在仿真环境中生成的数据，有效提高数据的可用性和分析效率。

（2）车辆动力学建模　用户可以根据车辆动力学的数学模型，利用 Simulink 的基础模块搭建车辆动力学模型。用户也可以应用 Simulink 中的车辆组件库 Simscape Driveline 提供的轮胎、变速器、发动机、底盘等模型搭建动力学模型。另外，Simulink 也提供了 Vehicle Dynamics Blockset 等工具可以直接应用于车辆动力学的建模与仿真。

（3）场景仿真建模　MATLAB 与虚拟引擎（Unreal Engine）等 3D 仿真环境结合使用，可以创建逼真的虚拟场景，模拟各种道路条件、交通环境以及天气和光照条件等自然环境，为自动驾驶系统的虚拟仿真测试提供场景仿真环境。

（4）算法开发　MATLAB 和 Simulink 提供了一系列的工具箱，如自动驾驶系统工具箱（ADST），用于开发和测试自动驾驶车辆的感知、规划和控制算法。这些工具箱包含了丰富的预定义函数和模型，可以帮助工程师设计复杂的算法，并在仿真环境中进行测试。此外，MATLAB 还支持生成可在实际硬件上运行的代码，从而实现从仿真到实际应用的无缝转换。

（5）联合仿真和集成测试　MATLAB 支持将开发的感知、规划和控制算法等与其他自动驾驶仿真软件进行联合仿真和集成测试。

5.5.2 基于 Simulink 的制动力控制系统的建模与仿真实例

1. 单轮制动防抱死系统的建模与仿真

微课视频
单轮制动防抱死系统的建模与仿真

制动防抱死系统（Anti-lock Braking System，ABS）作为一种主动安全技术能够有效地减少甚至避免交通事故。同时，ABS 和 ESC 也是智能汽车的底层执行部件，是建立智能驾驶系统仿真模型的基础。因此，本节以 ABS 的建模与仿真为例，介绍基于 Simulink 进行车辆动力学建模和仿真分析的思路和方法。如图 5-27 所示，ABS 系统控制的目标是通过调节制动压力，实现滑移率的最优控制，将滑移率控制在最佳滑移率的附近区域。如图 5-28 所示，ABS 系统涉及的组件主要包括：轮速传感器、ABS 控制器、制动压力调节器、制动主缸和制动轮缸等。

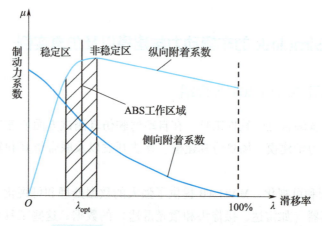

图 5-27 制动力系数与滑移率的关系曲线

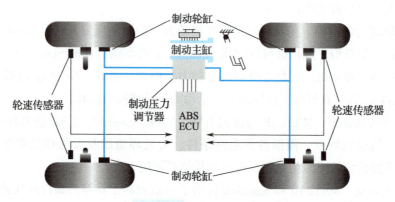

图 5-28 ABS 系统组成

在开始建模之前,首先需要梳理清楚建模的思路以及各模型间的数据传递。以单轮 ABS 系统的建模与仿真为例,如图 5-29 所示,首先以目标滑移率和实际滑移率的差值为输入传输到 ABS 控制器,然后 ABS 控制器将控制指令发送给制动压力调节器,经制动压力调节器调节后的制动压力传输给制动器获得制动力矩,然后制动力矩再传递给车辆动力学模型;车辆动力学模型在制动力矩和地面制动力的作用下输出轮速和车速,最后轮速和车速一起输入给滑移率计算单元得到实际的滑移率,并传输给轮胎模型得到地面制动力,地面制动力再传输给车辆动力学模型,从而形成一个闭环。

因此,要建立单轮 ABS 系统的仿真模型,就需要依次建立车辆动力学模型、轮胎模型、控制系统模型以及制动系统模型。具体建模过程如下。

1)建立单轮转动动力学模型(图 5-30)和车辆移动的动力学方程(图 5-31)。

2)建立轮胎模型得到地面制动力 F_{xb}。

3)建立 ABS 控制器,这里采用图 5-32 所示的 ABS 控制器,并将目标滑移率设置为固定值 0.2。其实实际应用过程应该添加一个路面识别环节,来识别出路面实际的最优滑移率作为目标滑移率。

4)将制动压力调节阀的增/减压过程(制动压力的变化率)简化为一阶滞后模型,积分后得到制动压力,乘以一个系数 K_f 得到制动力矩,模型如图 5-33 所示。

5)各模块模型建好后,按照图 5-29 所示的各模型间的数据传递关系依次建立连接,形成如图 5-34 所示的闭环控制系统。

6)将有 ABS 的闭环控制系统和图 5-35 所示的无 ABS 的开环制动系统进行性能对比,分析 ABS 的控制效果,对比分析结果如图 5-36 所示。有 ABS,车轮没有抱死,滑移率在 20% 附近波动,轮速为循环波动下降。而无 ABS,车轮 6.92s 后抱死,滑移率达到 100%,轮速为 0km/h。有 ABS,平均制动减速度为 6.89m/s^2。无 ABS,平均制动减速度为 5.74m/s^2,且无 ABS,汽车会多滑行 2.82s,多走 26.04m。

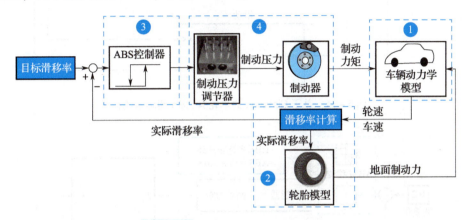

图 5-29 单轮 ABS 系统建模思路图

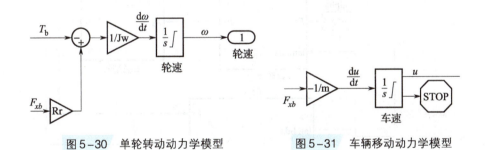

图 5-30 单轮转动动力学模型　　　　图 5-31 车辆移动动力学模型

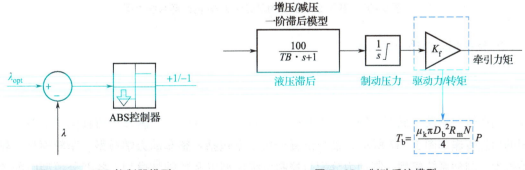

图 5-32 ABS 控制器模型　　　　图 5-33 制动系统模型

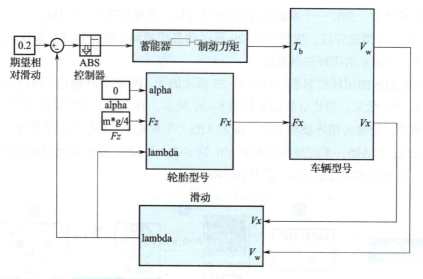

图 5-34　基于 Simulink 的单轮有 ABS 闭环系统模型

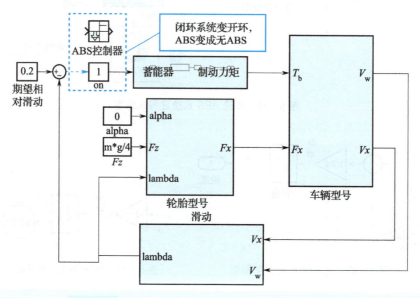

图 5-35　基于 Simulink 的单轮无 ABS 的开环系统模型

2. 整车制动力动力学仿真

与上述建立单轮车辆动力学模型的思路相似,在建立车辆动力学模型之前先梳理每个模块的输入和输出信息,找到每个模块间交换的信息,才能建立合理的车辆动力学模型。以车辆在转向制动工况下为例,基于 Simulink 的制动力分配与控制算法仿真模型中各模块间的信息传递如图 5-37 所示。整个仿真分析模型包括:整车动力学模型、车轮模型、轮胎模型、制动系统模型、制动力分配与控制系统模型以及驾驶员模型。各部分模型间的关系如下。

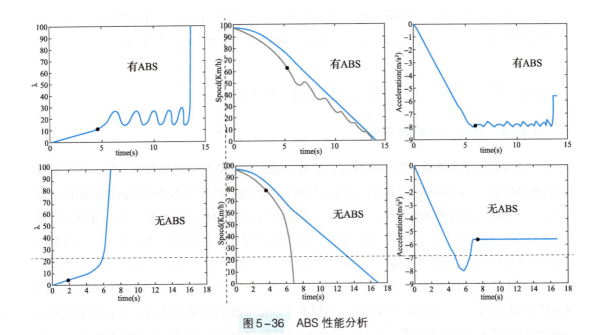

图 5-36 ABS 性能分析

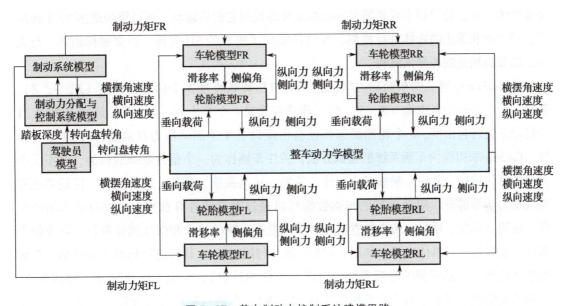

图 5-37 整车制动力控制系统建模思路

1)轮胎模型根据车轮的垂向载荷、滑移率和侧偏角计算纵向力和侧向力。

2)车轮模型根据输入的制动力矩、地面纵向力以及垂直载荷计算车轮的角加速度、转动角速度,并根据车速、车轮转速以及横摆角速度等计算车轮滑移率和侧偏角。

3)制动力分配与控制系统根据驾驶员信号、滑移率、车轮加速度向制动系统输出制动力矩控制信号。

4)制动系统向各车轮输出制动力矩。

5）整车动力学模型则根据各车轮地面制动力计算车身的纵向、侧向及横摆等方向的加速度和速度。具体可参照式（5.32）~式（5.48）建立整车七自由度模型。

5.6　基于 CarSim 的车辆动力学建模实例

5.6.1　CarSim 软件介绍

CarSim 是一款整车动力学仿真软件，具有丰富的车辆动力学模型参数，可以仿真车辆对驾驶员控制、3D 路面及空气动力学输入的响应，预测和仿真汽车整车的操纵稳定性、制动性、平顺性、动力性和经济性。CarSim 自带标准的 MATLAB/Simulink 接口，可以方便地与 MATLAB/Simulink 进行联合仿真，用于控制算法的开发，在仿真时还可以产生大量数据结果用于后续使用 MATLAB 或者 Excel 进行分析或可视化。CarSim 同时提供了 RT 版本，可以支持主流的 HIL 测试系统，如 dSpace 和 NI 的系统，方便联合进行 HIL 仿真。同时 CarSim 也提供了一个 Unreal 引擎插件，可以和 Unreal 引擎进行联合仿真。最新版本的 CarSim 增加了对 ADAS 相关功能的支持，可以构建参数化的道路模型，有 200 个以上运动的交通物体，可以使用脚本或者通过 Simulink 外部控制它们的运动，可以添加最多 99 个传感器，对运动和静止的物体进行检测，并且还添加了更多的 3D 资源、如交通标识牌、行人等，以及高精地图的导入流程。

在 CarSim 中建立的车辆动力学模型主要包括簧载质量 3 个移动自由度（X，Y，Z），簧载质量 3 个转动自由度（X，Y，Z），非簧载质量 4 个自由度，4 个车轮旋转自由度，1 个传动系旋转自由度，8 个轮胎瞬态特性自由度以及 4 个制动压力自由度，共 27 个自由度。CarSim 采用面向车辆系统的建模方法，关注车辆作为一个整体系统的行为，并不关心模型的具体结构，其将车辆抽象为车体、轮胎、转向系统、悬架、制动系统、传动系统和空气动力学等部分。模型所需的车辆数据可以通过测量或计算获得，主要包括车辆的长度、宽度、高度、质量、质心位置以及转动惯量等车辆的尺寸和惯性属性参数，以及每个组件的参数特性。具体来说，如图 5-38 所示，利用 CarSim 软件进行仿真主要包括：车辆的整体建模（包括车辆的外观参数以及各个系统的设定）、车辆工况的设置（包括车速、车辆行驶的档位以及车辆转向系统的工作状态等）、车辆行驶环境的设置（包括路面以及周围场景的设置）、仿真运行（包括设置仿真参数、启动计算）以及后处理部分（显示 3D 动画、绘制仿真计算曲线和导出计算数据等）。

5.6.2　基于 CarSim 的车辆动力学建模和仿真过程

图 5-39 所示为 CarSim 软件的主界面。其中，①显示当前库的名称；②显示当前数据集的名称；③"复制"按钮是用于更改数据集之前复制当前数据集；当⑨中显示数据集没有锁定时，④用黄色背景标识的部分为可编辑文本的位置；"侧边栏"按钮⑧用于显示或

隐藏左侧的区域，包括④中显示的当前数据集的可选注释和当前模拟的树视图；右下角的下拉控件⑭和⑬包含有关当前模拟的信息，如图 5-40 所示；单击深色链接⑤，控制屏幕将进入如图 5-41 所示的车辆设置界面，可进行整车参数设置；如点击车身中的"簧载质量"按钮可以进入如图 5-42 所示的整车参数设置界面设置整车参数，可以单击查看 Parsfile 查看模型中的相应参数；单击按钮⑦运行仿真；仿真运行完，系统进入如图 5-43 所示的可视化界面。

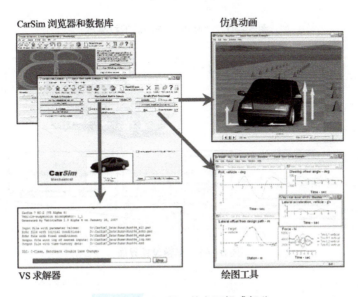

图 5-38　CarSim 的主要组成部分

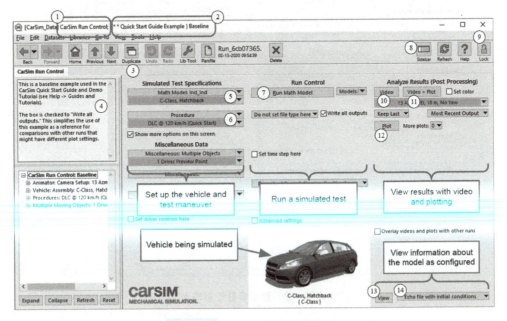

图 5-39　CarSim 的运行界面展示

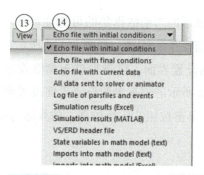

图 5-40 "视图"选项的下拉菜单

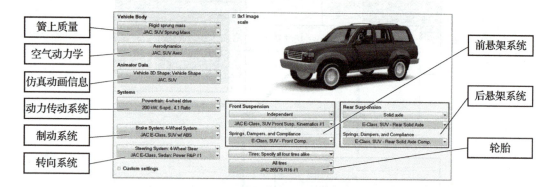

图 5-41 车辆设置界面

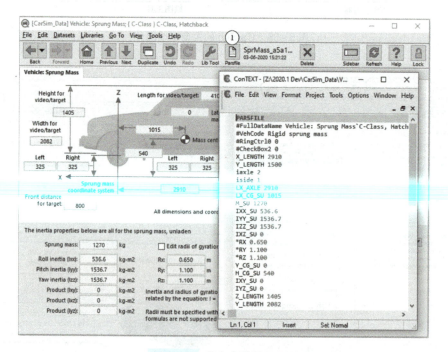

图 5-42 整车参数设置界面

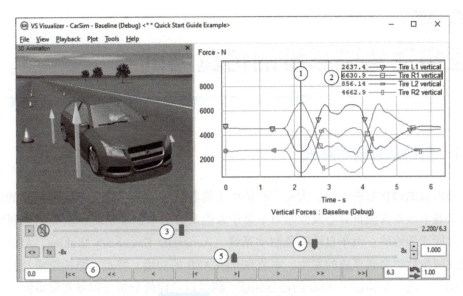

图 5-43 图形和可视化界面

本章习题

1. 车辆动力学主要影响车辆的哪些性能？
2. 智能汽车的运动控制主要可以解耦为哪两个方面的控制？
3. 汽车动力学模型主要包括哪些部分？
4. 轮胎在车辆中主要起到哪些作用？
5. 在车辆动力学模型中，轮胎模型的重要性体现在哪几个方面？
6. 车辆动力学模型在车辆设计和开发中有哪些应用？
7. 简述在汽车中轮胎的主要功能，并回答建立轮胎动力学模型本质上是建立哪些变量之间的关系。
8. 驾驶员的驾驶行为具有哪些特性，并且这些特性与哪些因素有关？
9. 在智能汽车的研发与测试验证过程中，为什么需要从被测试车辆和背景车辆两个角度建立驾驶员模型？
10. 预瞄最优控制模型与补偿跟随模型的主要区别是什么，预瞄最优曲率模型的工作原理是什么？
11. 跟驰模型对交通安全、交通仿真、通行能力、自动驾驶等研究有何重要意义？
12. 基于理论或规则的跟驰模型与基于数据驱动的跟驰模型相比，具有哪些主要优势？
13. 在交通流仿真中，主要应用了哪些类型的跟驰模型？请举例说明。
14. 车辆动力学模型有哪些常见的自由度划分？

第6章
典型自动驾驶系统的仿真测试

6.1 自动紧急制动系统

交通事故的调查分析表明,大量事故是由于驾驶员分心或注意力不集中导致的,85%的严重交通事故是驾驶员分心或注意力不集中未能及时采取制动措施,没有完全利用车辆的制动性能而导致的。汽车自动紧急制动系统(Automatic Emergency Braking,AEB)能有效避免或减少此类交通事故的发生。本节在介绍 AEB 的功能、特点、结构组成及其工作原理的基础上,进一步描述了 AEB 的仿真建模、测试以及评价分析过程与实际案例。

6.1.1 AEB 系统的功能与组成

微课视频
AEB 系统的功能与组成

AEB 系统是一种主动安全系统,它通过车载传感器探测前方行驶环境,预测潜在碰撞风险,并且通过报警或制动来缓解或避免碰撞。如图 6-1 所示,当碰撞风险超过设定阈值时,AEB 系统发出警告,提示驾驶员进行制动操作。若发出警告后驾驶员未能做出正确操作,AEB 系统自动启动车辆制动系统使车辆减速,以避免或减轻碰撞伤害。因此,AEB 系统包含了前向碰撞预警(Forward Collision Warning,FCW)功能,紧急制动辅助(Emergency Braking Assistance,EBA)和自动紧急制动(AEB)三个功能。其中,FCW 功能是在驾驶员注意力不集中的工况下,当系统发现潜在碰撞风险时,以视觉警报、听觉警报、转向盘振动和或安全带收紧等方式预警。EBA 功能是针对驾驶员已经采取制动,但驾驶员制动力不足,系统辅助驾驶员实现目标制动。而 AEB 功能则是针对驾驶员无制动反应的工况,自动制动以降低车辆速度并减轻碰撞。

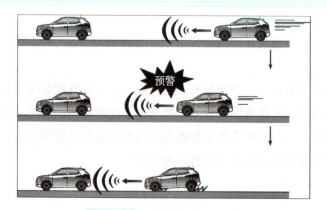

图 6-1 AEB 系统功能示意图

如图6-2所示，AEB的实现通常涉及感知、决策、控制和执行等内容。感知单元主要检测周边环境状况、前方目标物信息与自车行驶状态，并将感知结果输出给决策规划模块；决策规划模块根据环境感知信息判断碰撞风险并作出避撞决策，包括发出提示、预警信息或制动命令；控制执行模块根据接收到的命令进行相应的避撞预警和制动。

AEB系统的感知单元主要通过毫米波雷达和/或视觉传感器来感知环境信息，通过加速踏板位置传感器、制动踏板位置传感器、转向角传感器以及轮速传感器等感知车辆状态信息。具体来说，通过加速踏板位置传感器检测驾驶员在收到系统提醒报警后是否及时松开节气门；通过制动踏板位置传感器检测驾驶员是否踩下制动踏板，对车辆实行制动；通过转向角传感器检测车辆是否处于弯道行驶或超车状态。

AEB系统的决策规划模块基于风险目标的识别、距离计算以及自车的行驶状态等信息，来预测碰撞风险，及时做出提示或警示策略、部分制动或紧急制动等决策，并据此给出对警示、车辆速度或制动的控制指令。

AEB系统的控制执行模块则执行碰撞风险警示、减速或制动控制指令，实现避撞。针对FCW功能，用到的执行组件包括蜂鸣器、指示灯、安全带和转向盘等。针对EBA或AEB功能，用到的执行组件包括线控节气门和线控制动等。值得注意的是，AEB系统发出的制动控制指令并不是直接传输给线控制动，而是传递给ESC或ABS再来实现制动控制的。

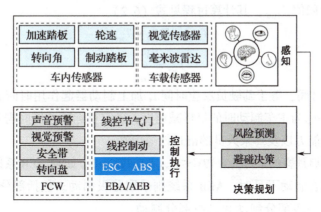

图6-2 自动紧急制动系统的结构组成示意图

6.1.2 AEB系统的工作原理

AEB系统集成了FCW、EBA和AEB三种功能，具体工作原理可以从目标物识别、测距、预警、部分制动以及紧急制动等几个部分去理解。目标识别与测距属于环境感知的内容。本节重点介绍有关预警、部分制动和紧急制动的内容。

确定合理的预警时刻、部分制动时刻和紧急制动时刻是实现AEB系统功能的重要前提。合理的预警时刻需要满足的条件：当系统发出预警信号，驾驶员听到信号并采取制动，便可以安全停车，避免碰撞。如图6-3所示，深色Ego车为主车，浅色为目标车（静止），当主车驾驶员接收到预警信号后采取合理的制动使得车辆安全停车到目标车后方，则认为是安全的。即只有停车距离 d_{brake} 小于车头间距 D 才是安全的。为了避免发生碰撞，主车需要与前车保持一定的距离，这个距离定义为安全车距。因此，预警时刻的车间距必须大于安全车距才是安全的。可见，安全距离模型是确定预警时刻的关键模型。

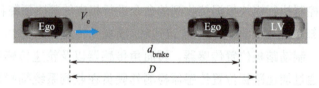

图 6-3 目标车静止的场景（D 为预警时刻的车间距，d_{brake} 为停车距离）

安全距离模型是指用于评估车辆在特定条件下避免碰撞所需的最小距离，具体包括马自达模型、本田模型、伯克利模型以及碰撞时间模型等。本节重点介绍碰撞时间模型。碰撞时间（Time to Collision，TTC）是一个在交通安全和自动驾驶领域中非常重要的概念。TTC 是指假设在同一路径上同向行驶的两车保持当前速度不变时，距离碰撞发生的时间，具体计算见式（6.1）。当 TTC 的计算结果为负值时，表明在上述假定条件下，碰撞不可能发生。

$$TTC = \frac{D}{V_r} \tag{6.1}$$

式中，D 是两车的车间距；$V_r = V_e - V_1$ 是两车相对车速。

要实现安全预警，必须保证预警时刻的 TTC 要大于停车时间，通过停车时间可以确定 AEB 系统中第一个阈值 T_{FCW}，其计算过程见式（6.2）。

$$T_{FCW} = T_{react} + T_{act} \tag{6.2}$$

$$T_{act} = \frac{V_e}{a_{ref}} \tag{6.3}$$

式中，T_{react} 为反应时间，等于驾驶员反应时间 t_1 加上制动器起作用时间 t_2（图 6-4）；T_{act} 为持续制动时间；a_{ref} 为主车制动时的目标减速度，确定目标减速度时需要综合地面的附着条件、车辆的制动能力以及驾乘人员的舒适性等因素。

AEB 系统中开启预警的条件为：$TTC \leq T_{FCW}$ && $TTC > 0$。如果 AEB 系统发出预警后驾驶员未能及时制动或者制动不足时，AEB 系统则采取分级制动。包括部分制动和完全制动，其中部分制动又分一级部分制动和二级部分制动，确定采取一级部分制动、二级部分制动和完全制动的时刻与前面确定预警时刻的思路相似，也是需要确定相应的阈值 T_{Pb1}、T_{Pb2} 和 T_{FB}。

基于 TTC 模型的 AEB 系统将目标车辆的速度、距离等行驶信息和本车的行驶信息输入给控制模块，计算 TTC，并与 T_{FCW}、T_{Pb1}、T_{Pb2} 和 T_{FB} 四个阈值进行比较，确定风险等级。按照风险等级将 AEB 系统分为安全、预备碰撞预警、碰撞预警+一级部分制动、碰撞预警+二级部分制动以及碰撞预警+

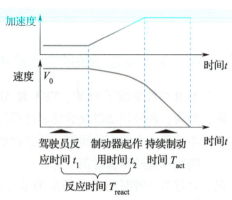

图 6-4 制动停车时间示意图

完全制动共五个模式。其中，T_{FCW}为预备碰撞预警的阈值，T_{Pb1}为碰撞预警+一级部分制动的阈值，T_{Pb2}为碰撞预警+二级部分制动的阈值，T_{FB}为碰撞预警+完全制动的阈值，具体控制逻辑如图6-5所示。当$TTC > T_{FCW} \| TTC < 0$时，为安全模式；当$TTC \leq T_{FCW} \&\& TTC > 0$时，系统输出预备碰撞预警，通过声音、视觉等方式提醒驾驶员做出避撞操作，同时在制动回路中预先形成一定液压，使得需要紧急制动时能够更快达到预期的制动水平；当$TTC \leq T_{Pb1} \&\& TTC > 0$时，碰撞风险较大，系统则输出转向盘振动或安全带收紧等指令进行碰撞预警，并同时接管车辆，关闭节气门，进行一级部分制动；当$TTC \leq T_{Pb2} \&\& TTC > 0$时，碰撞风险更大，执行二级部分制动；当$TTC \leq T_{FB} \&\& TTC > 0$，碰撞风险更大，执行完全制动。

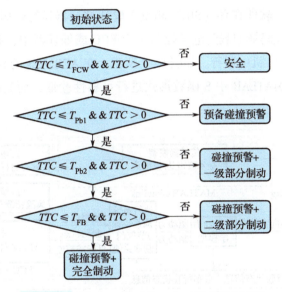

图6-5 基于TTC模型的AEB系统逻辑示意图

6.1.3 AEB系统的仿真测试方法

虚拟仿真测试贯穿于AEB系统开发与验证的整个过程中，通过模型在环（MIL）、软件在环（SIL）、硬件在环（HIL）、驾驶员在环测试（DIL），以及车辆在环（VIL）等虚拟仿真技术对系统功能和性能进行快速、灵活、可重复的测试与验证。本节基于模块化思维简单介绍基于虚拟仿真技术的AEB测试方法。

如图6-6所示，MIL测试主要应用于系统开发的初期，用来初步验证系统功能逻辑的正确性。针对AEB的仿真测试系统需要建立包括场景模型、传感器模型、驾驶员模型、AEB算法模型、执行系统模型以及车辆动力学模型六个模型，均在PC上模拟。其中，环算法模型、执行系统模型、车辆动力学模型以及驾驶员模型都是基于MATLAB软件建立的仿真模型，场景模型和传感器模型可以用MATLAB来建立，也可以用Prescan、VTD或PanoSim等软件来建立。

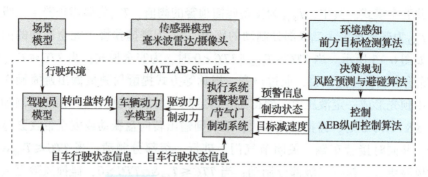

图6-6　AEB模型在环仿真测试系统架构

与模型在环不同,软件在环(SIL)侧重于验证控制器运行代码的可靠性。在软件在环测试中,控制器的代码被加载到电子控制单元ECU或处理器中,并接入到仿真系统中,而其他模型则仍然在PC机中运行。如图6-7所示,在AEB系统的SIL测试中,AEB算法以控制器中的代码或MATLAB中S函数形式进行可靠性验证,而其他部分则与MIL测试一样。

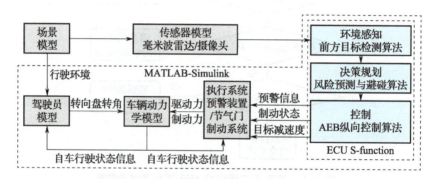

图6-7　AEB软件在环仿真测试系统架构

HIL仿真测试主要用来验证整个系统在硬件上的实时运行情况,控制器和执行器采用真实的硬件。图6-8所示为AEB的HIL仿真测试系统架构。

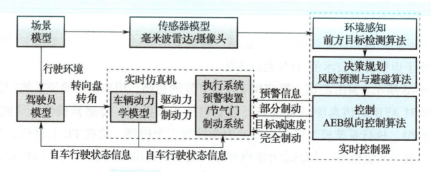

图6-8　AEB硬件在环仿真测试系统架构

DIL 仿真测试主要是验证系统与驾驶员的交互能力，需要将人引入系统的测试与评价环节。图 6-9 所示为 AEB 的 DIL 仿真测试系统架构。

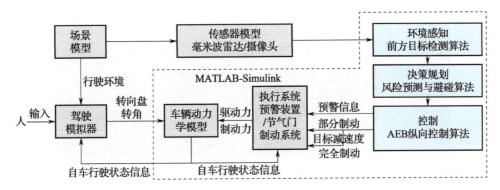

图 6-9 AEB 驾驶员在环仿真测试系统架构

6.1.4 基于 MATLAB 和 PreScan 联合仿真的 AEB 模型在环测试实例

本节案例基于 MATLAB（R2020a/R2021a）与 PreScan（8.5.0）联合仿真对 AEB 进行模型在环测试，具体步骤如下。

1. 在 PreScan 中建立场景模型

1）打开 PreScan，新建一个 New Experiment，命名为"Demo_02"。打开 Infrastructure，选择 Straight Road 并拖动到中间，设置道路长度为 300m，车道数为 5 个，添加路旁的人行道，效果如图 6-10 所示。

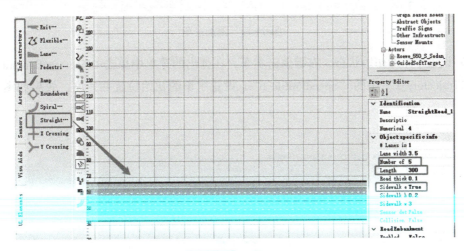

图 6-10 添加道路

2）添加目标车。在 Actors 中选择 Targets 选项中的 Guided Soft Target 作为目标车，并放于车道线正中央，效果如图 6-11 所示。

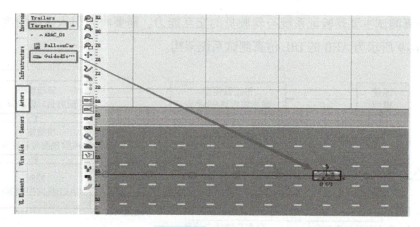

图 6-11 添加目标车

3）添加主车。首先在中间车道添加一条从左到右的行驶轨迹作为主车的行驶轨迹，再选择 Cars & Motors 中 Audi A8 Sedan 作为主车，添加到行驶轨迹上，效果如图 6-12 所示。

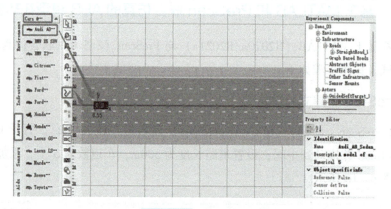

图 6-12 添加主车

4）设置主车的初始状态。右键单击主车，在弹出的菜单中单击 Object configuration，再单击"Trajectory_1"中的"SpeedProfile_6"，设置主车的初始位置和速度，效果如图 6-13 所示。

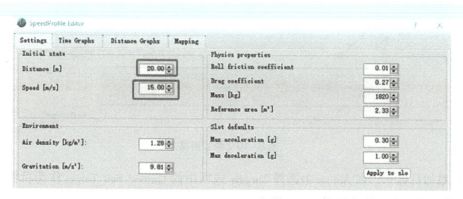

图 6-13 设置主车初始状态

5）为主车添加动力学模型和驾驶员模型，如图 6-14 和图 6-15 所示。

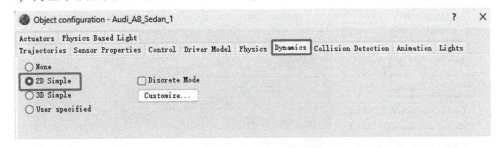

图 6-14　设置主车动力学模型

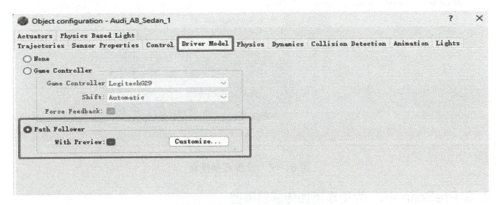

图 6-15　设置主车驾驶员模型

6）为了方便观察场景，添加跟随主车的观察视角。选择 Visu Aids 中的 Human View，拖动至主车，并选择 Custom（图 6-16）。设置观察视角范围、方向和位置等参数（图 6-17）

7）运行并检查场景是否和设计的一样。

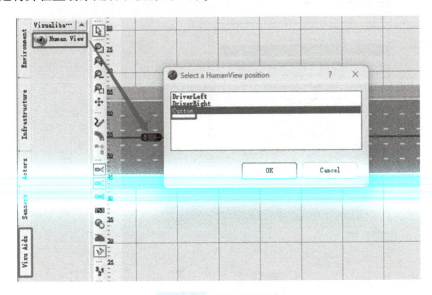

图 6-16　添加观察视角

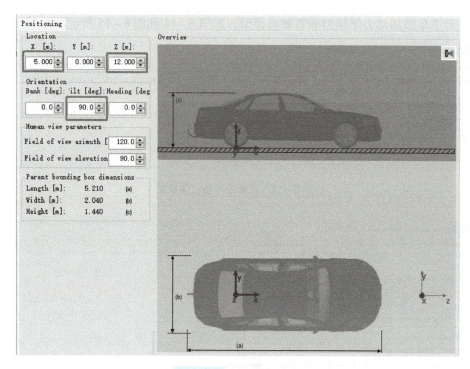

图 6-17 设置观察视角

2. 在 PreScan 中，为主车添加传感器模型

1）为了对比分析 AEB 的控制效果，如图 6-18 所示，选择原先没有添加任何控制的主车 1 设置为"幻影"模式。

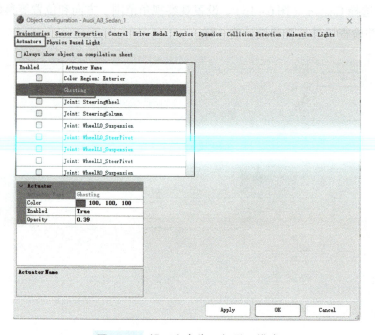

图 6-18 设置主车为"幻影"模式

2）再添加主车 2，其设置与主车 1 相同，设置后可在图 6-19 的右侧查看两辆主车。

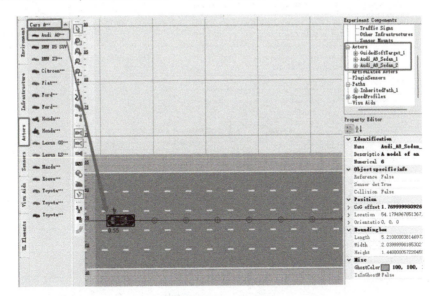

图 6-19　添加主车 2

3）为主车 2 添加传感器 1。如图 6-20 所示，选择 Sensors 中 Detailed 选项下的 TIS 传感器添加到主车上。

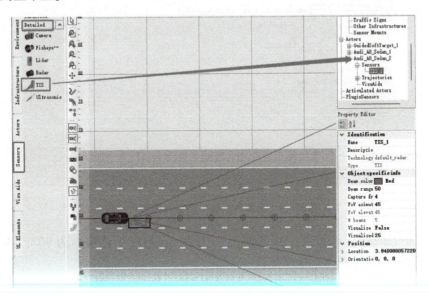

图 6-20　给主车 2 添加传感器 1

4）对传感器 1 进行参数配置。如图 6-21 所示，单击右键打开 Object configuration，单击 Basic 设置 FOV 为 Pyramid，"波束"为 1（单波束），"扫描频率"为 25Hz，"探测距离"为 150m，FOV "开角"为 8°，同时选中 Coherent system（输出相对速度）。如图 6-22 所示，设置系统最大检测目标数为 32。

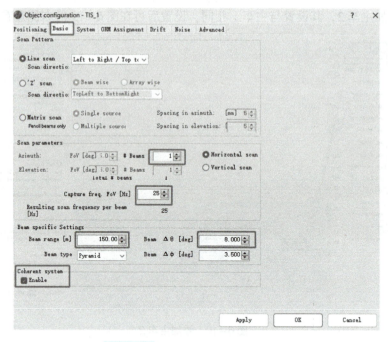

图6-21 设置传感器1的基本参数

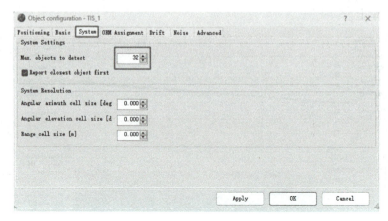

图6-22 设置传感器1的最大检查目标数

5）添加传感器2，设置其"探测距离"为30m，FOV"开角"为90°，其他设置与"TIS_1"相同，效果如图6-23所示。

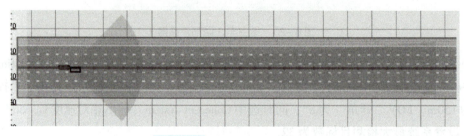

图6-23 传感器配置后的效果

6）为了便于观察，为主车添加两个观察视角（俯瞰视角和主车侧后方视角）。单击 Build，再单击 3-D Viewer 打开 3D 可视化，如图 6-24 所示的三个窗口，顶上视角为默认视角，下边左右视角分别是为主车添加的俯瞰视角和主车侧后方视角。

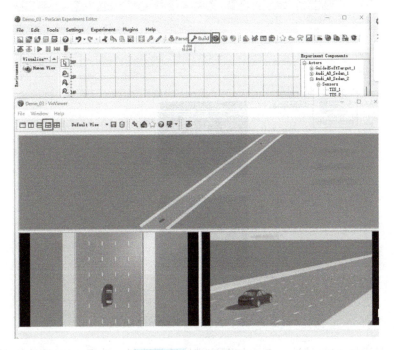

图 6-24 可视化效果图

3. 为主车添加 AEB 控制算法

1）单击 Invoke Simulink Run Mode 打开 MATLAB，等待编译器编译完成，效果如图 6-25 所示。

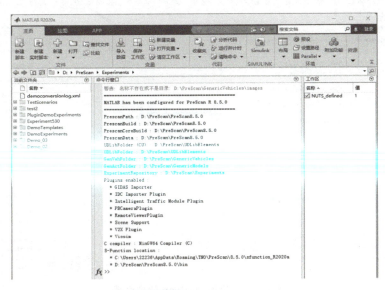

图 6-25 MATLAB 界面

2)将"Demo_02"文件夹拖拽到路径中,打开"Demo_02"文件夹中的 Demo_02_cs.slx 文件,单击 Regenerate 等待加载完毕,打开主车模块,如图 6-26 所示。

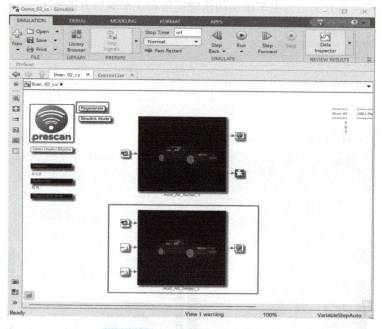

图 6-26 加载 PreScan 后的界面

3)为主车添加 AEB 算法。双击打开该模块选择路径,选择 AEB 算法模型。

4)设置主车与算法模型的数据传输,形成仿真闭环。

5)单击界面上方 Simulation Scheduler,设置 PreScan 的仿真频率,如图 6-27 所示。

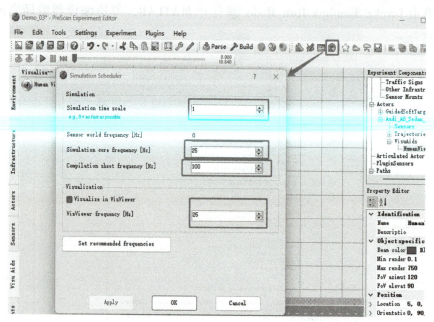

图 6-27 设置 PreScan 的仿真频率

6）单击 Run 运行启动仿真，等待其加载完毕，打开 PreScan 的 VisViewer 窗口查看主车的行驶情况。如图 6-28 所示，会弹出两个 Display 模块的窗口，一个显示车辆的主要信息（制动信号、车速、制动力和节气门的百分比、发动机转速），一个显示毫米波雷达感知结果。

图 6-28　仿真运行后结果的可视化呈现

7）结果分析。如图 6-29 所示，曲线 1 表示主车与障碍物之间的距离，曲线 2 表述主车的车速，曲线 3 表示制动踏板行程。当 $T \approx 5s$，主车距离障碍物约为 95m 时，AEB 系统控制主车进行部分制动（40%），车速由 15m/s 开始下降；当 $T \approx 6.4s$，主车距离障碍物大约 4m 时，AEB 控制主车进行全力制动（100%），车速迅速下降直至为 0，此时车辆静止，且并未发生碰撞。

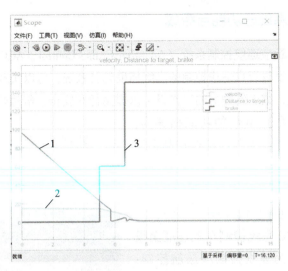

图 6-29　仿真结果分析

要全面完成 AEB 系统的功能测试，需要参照 GB/T 39901—2021、ISO 22839—2013、新车评价规程测试（ENCAP 和 C-NCAP）、i-VISTA 自动紧急制动系统评价规程等行业标准中关于 AEB 的性能要求和测试方法的描述，设计测试用例并搭建相应的测试场景，然后再进行系列的测试，得到各项功能和性能的通过性结果，才能对 AEB 的功能和性能进行综合的评价。如图 6-30 所示，在测试过程中还可以根据 AEB 的功能和性能需求设计 AEB 的测试界面，便于在测试过程中直观地观察测试结果，及时发现错误并纠正。

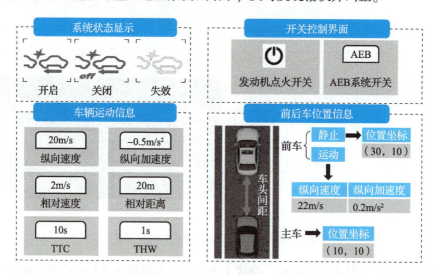

图 6-30　AEB 系统测试界面设计

6.2　自适应巡航控制系统

6.2.1　ACC 系统的功能与组成

微课视频
ACC 系统的功能
与组成

自适应巡航控制系统（Adaptive Cruise Control，ACC）是一种根据前方车辆对速度进行自适应控制的高级辅助驾驶系统，可以实现车辆纵向控制的部分自动化，减少驾驶员的工作量，以提高行车安全、舒适性和经济性。标准 ISO 15622 关于 ACC 的功能描述为：ACC 系统是对传统巡航控制系统的增强，通过控制驱动和制动系统，实现跟车功能，即在传统巡航控制的基础上增加了跟车的功能。具体来说（图 6-31），当前方没有车辆时，ACC 系统控制车辆速度至设定的巡航速度，此时为速度控制或巡航控制；当前方有车辆时，ACC 系统则控制自车与目标车之间的时间间隔来实现跟车控制。

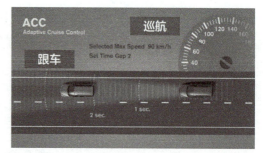

图 6-31　ACC 的功能示意图

如图 6-32 所示,从环境、车辆和驾驶员组成的闭环系统来深入分析 ACC 的功能。首先,通过车载设备实现对主车状态的监测和前方车辆的识别与测距,同时接收驾驶员指令和向驾驶员反馈状态信息。然后,ACC 控制策略基于驾驶员操作指令、主车运动状态以及前方车辆信息等做出决策,并向纵向控制执行器发出控制指令。因此,要实现 ACC 的功能,需要明确:驾驶员向车辆输入哪些操作指令、车辆又向驾驶员反馈哪些信息、ACC 的控制策略是什么、涉及到哪些执行器、怎样获取前方车辆信息以及用到了哪些车载设备等。

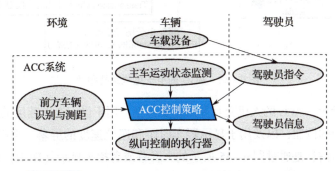

图 6-32 从人–车–环境闭环系统中理解 ACC 的功能

ACC 系统主要分成两大类(表 6.1)。一类是限速自适应巡航控制系统,简称 LSRA,只能在一定速度以上工作,不具备起停功能,属于标准 ACC。另一类是全速自适应巡航控制系统,简称 FSRA。该系统可以实现全速度范围的工作,包括在交通拥堵时的低速行驶和车辆起停功能。在全速 ACC 中采用了毫米波雷达和摄像头两种传感器,而在标准 ACC 中仅采用了毫米波雷达。毫米波雷达主要是用来测量目标物的距离、位置和速度,具有探测距离远、响应速度快和抗干扰能力强等优点,但是在识别小目标和低速目标时精度受限。因此,若仅使用毫米波雷达,ACC 的起停功能将受限,为了实现全速 ACC 功能,需要融合摄像头以适应更加复杂的驾驶需求。

表 6-1 ACC 的分类

ACC 类型	ACC 产品型号		速度区段/(km/h)	传感器配置
标准 ACC	ACC Base	基本型 ACC	30~150	毫米波雷达
	ACC Standard	标准型 ACC	30~200	毫米波雷达
全速 ACC	ACC Stop & Go	自动起停型 ACC	0~200	毫米波雷达+摄像头

以图 6-33 所示的 ACC 系统电子电气架构为例。首先,由人机交互界面向驾驶员反馈信息,同时接受驾驶员的操纵指令。另外,由摄像头和毫米波雷达来感知前方车辆信息,并传递给车辆控制单元 VCU 进行决策并输出控制指令。VCU 发出的控制指令是传输给换档控制单元 TCU 和电子稳定性控制系统 ESC 的,通过它们来实现驱动和制动控制,而不是直接传输给制动系统和驱动系统。

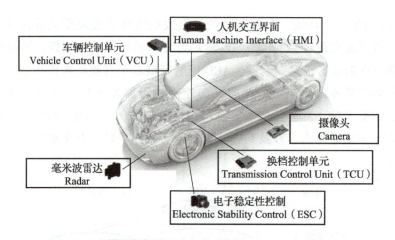

图 6-33　ACC 的电子电气架构组成

如图 6-34 所示，ACC 的人机交互界面主要包括：用于设定巡航速度的加速和减速按钮、用于设定跟车时距的按钮，以及用于显示跟车时距和巡航速度的屏幕。也有不少车型的跟车时距和巡航速度的信息是通过图 6-35 所示的大屏幕或者抬头显示（HUD）的方式来呈现。

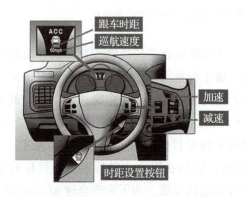

图 6-34　ACC 的人机交互界面

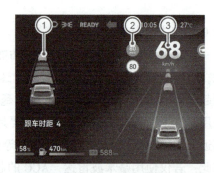

图 6-35　ACC 在车辆大屏中的显示

6.2.2　ACC 系统的工作原理

ACC 功能的实现关键在于目标检测与识别、距离测量与相对速度计算、工作模式的确定以及各控制状态间的转移等。本节将重点介绍两模式控制原理、多模式控制架构以及 ACC 系统状态及其转换原理等。

1. 两模式控制原理

根据前方目标车辆对主车行驶是否存在影响，将 ACC 工作模式划分为速度控制和跟车控制两种。如图 6-36 所示，当设定速度小于前车速度或者车间时距较大时，ACC 处于速度控制状态，自车速度向设定巡航速度调整；当设定速度大于前车速度时，切换为跟车控制状态，自车速度向前车速度调整；当前方没有车辆时，则又切换为速度控制状态，自车速度又向设定的巡航速度调整。

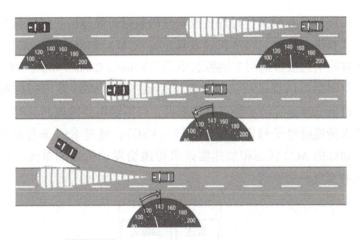

图6-36 速度控制与跟车控制间的转换条件

如图6-37所示，车间距 C 是指自车车头到前车车尾的距离，常用 Clearance 或 Headway 表示。车间时距等于车间距除以自车的速度，即：

$$\tau = \frac{C}{V_e} \tag{6.4}$$

式中，τ 为跟车时距，V_e 为自车的速度。

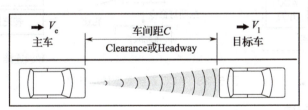

图6-37 车间时距

ACC 系统根据当前车速、目标车速和前方目标车速，调节主车的加速度和减速度，确保车辆以设定速度行驶或与前车保持安全距离。常用的控制算法包括 PID 控制算法、模糊控制算法和模型预测控制（MPC）算法等，不管哪种算法，安全距离的计算均是基础。

假设期望的跟车距离与车辆速度具有线性关系，安全距离的计算可以简化为：

$$D_{safe} = V_e \tau + l \tag{6.5}$$

式中，V_e 为自车的速度；τ 为跟车时距；l 为安全裕度（自车停止后与前车的安全距离），它们都为设计参数。需要注意的是，如果将安全裕度 l 设计成一个常数，在实际的应用过程中存在较大的误差，因此一般会以前车的初始车速、最大制动减速度等为输入，考虑前车静止、匀速和匀减速三种情况，根据汽车理论中关于制动距离的计算过程分别计算不同情况下的安全距离。

ACC 控制策略则是以自车速度、相对速度以及相对距离为输入，以目标加速度为输出。在经典的 ACC 设计中，如果相对距离小于安全距离，则输出期望的减速度以保持安全距离。如果相对距离大于安全距离，则是在保持安全距离的前提下，输出目标加速度以实现驾驶员设定的巡航速度。

图 6-38 所示为 ACC 系统工作过程各模块件的数据传输脉络。驾驶员通过 ACC 设置按钮来设置巡航速度和跟车时距，同时在仪表盘中显示 ACC 的状态、巡航速度和跟车时距。巡航速度和跟车时距信息被传递到车辆控制单元（Vehicle Control Unit，VCU）中，VCU 再综合前车速度和车间距等信息进行决策并输出控制指令。VCU 发出的控制指令包括 ACC 的状态、加速度请求或减速度请求等。具体来说，当车辆需要减速制动时，VCU 会把 ACC 状态和减速度请求传递给电子稳定性控制系统（ESC），通过 ESC 来控制制动系统；当车辆需要加速时，则会把 ACC 状态和加速度请求传递给发动机控制单元（ECM）和换挡控制单元 TCU，从而实现驱动控制。

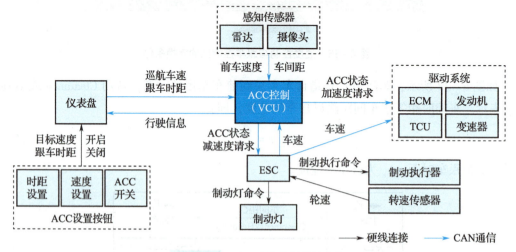

图 6-38 ACC 系统数据传输脉络

2. 多模式控制架构

有研究人员在速度控制和跟车控制两种模式的基础上，提出了多模式控制架构，即根据两车间运动状态将 ACC 系统决策过程划分为多个工作模型并设计相应的期望加速度，实现车间时距和车速的稳态跟踪。如图 6-39 所示的案例中，汽车 ACC 系统的模式主要有定速巡航、减速控制、跟随控制、加速控制、停车控制和起动控制六种模式。

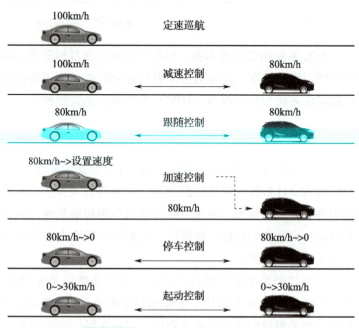

图 6-39 ACC 系统的多模式控制

传统燃油汽车的 ACC 系统和纯电动汽车的 ACC 系统，由于执行系统的不同，在原理上有一定的区别，具体如图 6-40 和图 6-41 所示。

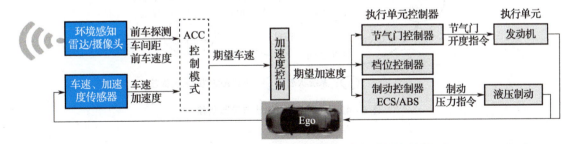

图 6-40　传统燃油汽车 ACC 系统的工作原理

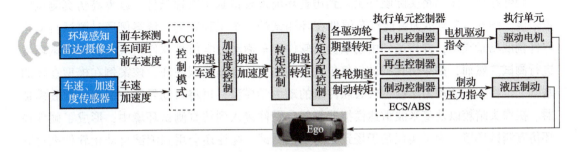

图 6-41　纯电动汽车 ACC 系统的工作原理

3. ACC 系统状态及其转换原理

如图 6-42 所示，ACC 系统状态及其转换的基本要求如下。

1）ACC 关闭状态。驾驶员的触发操作不能触发 ACC 系统。

2）ACC 等待状态。ACC 系统没有参与车辆的纵向控制，但可随时被驾驶员触发而进入工作状态。

3）可手动实现 ACC 系统的关闭与非关闭状态的转换。当系统检测到错误后将自动关闭 ACC 系统。

4）ACC 激活状态主要有速度控制和跟车控制两个子状态。针对全速自适应巡航控制系统，还需增加 FSRA 保持状态。即在车辆停止后不超过 3s 内，从跟车控制转换成为 FSRA 保持。此时，应具有电子驻车制动，使车辆保持静止。

5）稳定跟车状态时，跟车时距可以由系统调节，也可以由驾驶员调节。

6）ACC 系统是根据控制车间时距（time gap 或 THW）来实现跟车控制的。

7）速度控制和跟车控制之间的切换主要由 ACC 自动完成。

8）若前方有多个车辆，则 ACC 系统应自动选择主车道内最近的前车作为跟随车辆。

9）ACC 系统应具备对静止目标做出响应的功能，若不能对静止目标做出响应，应对用户说明。

10）ACC 系统应具备相关标准中规定的探测距离、目标识别能力以及弯道适应能力。

图 6-42 ACC 系统的状态及其转换

6.2.3 ACC 系统的硬件在环仿真测试实例

硬件在环测试是将实际硬件引入到仿真环境来模拟真实物理条件，以提高仿真测试的置信度。图 6-43 所示为智能汽车硬件在环测试的一个工程案例。该案例通过测试自动化软件调度场景模型，并传递到由场景仿真软件和车辆动力学仿真软件组成的仿真测试环境进行测试。然而，如果仿真测试仅仅包含这些内容，则是模型在环。该案例在模型在环的基础上，将实时的动力学模型代替软件里的动力学模型，再将自动驾驶控制器、驾驶模拟器、摄像头暗箱以及毫米波雷达模拟器等部分硬件接入到仿真测试环境中，形成了硬件在环仿真测试环境。为了实现基于场景库的批量测试，往往还会用到测试自动化软件来自动切换测试场景，实现 ACC 系统的高效测试。

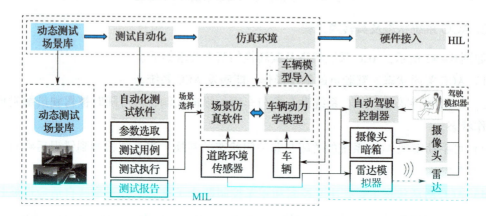

图 6-43 硬件在环测试工程案例架构图

根据硬件在环测试中接入硬件的不同，HIL 测试可以分为环境感知系统在环测试、决策规划系统在环测试、控制执行在环测试及其组合在环测试等，所以在搭建 ACC 系统的 HIL 在环仿真测试平台时，首先需要根据实际需求和试验条件确定硬件在环仿真测试方案，即确定接入硬件系统的方案；然后，根据硬件在环仿真测试方案，确定各硬件和模型间的输入与输出信号，具体可以参照 6.2.2 节 ACC 系统工作原理中关于 ACC 系统数据传输脉络图；最后链接其各硬件和模型，实现场景-感知-决策-控制-执行-场景的闭环仿真测试环境。本节以摄像头和毫米波雷达等实物在环的 ACC 硬件在环仿真测试为例，介绍进行智能汽车硬件在环的思路和方法。

案例中采用 CarSim 建立动力学模型，VTD 场景仿真软件搭建仿真场景及传感器仿真模型；通过雷达模拟器模拟毫米波雷达的回波实现毫米波雷达的仿真；通过视频暗箱播放摄像头模型的图像实现摄像头仿真。HIL 实时系统运算动力学模型，输出控制器所需的信号矩阵，并将数字信号转换为控制器接口的物理信号，使控制器正常工作。如图 6-44 所示，HIL 实时系统主要由实时系统主机+输入/输出信号转换板卡等组成，在 HIL 实时系统中是以固定的物理时钟频率计算相关模型参数，其算力是保障实时性的关键。如图 6-45 所示，摄像头暗箱主要由摄像头转台与显示器组成。如图 6-46 所示，毫米波雷达模拟器暗箱主要由雷达吸波材料、雷达模拟器 VRTS 摆臂和雷达转台等组成。其实，不同传感器的实物仿真方法是不同的，例如，双目摄像头和 4D 成像毫米波雷达等就与上述方式都不同。

图 6-44　HIL 实时系统实物

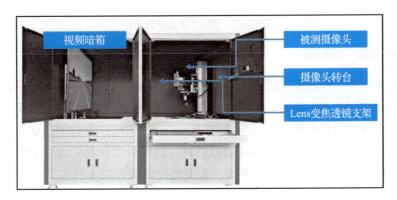

图 6-45　摄像头暗箱

图 6-46　毫米波雷达模拟器暗箱

在 ACC 系统的 HIL 测试中，场景模型和传感器模型的搭建方式与本书前文介绍的方式相似，这里不重复介绍。下面重点介绍实时动力学模型、测试管理软件的配置、测试用例的设计、测试执行以及测试结果分析等内容。

1. 实时动力学模型

采用 CarSim 软件建立汽车动力学模型，方法在 5.6.2 节中已有详细介绍，主要是选择匹配的车辆动力学模型，并对整车、制动系统、悬架系统、转向系统等进行参数配置。与 MIL 仿真测试不同，在 HIL 测试中还需要配置与 Veristand Linux RT 运行相关的参数和用于 HIL 系统输入/输出的参数（图 6-47），以形成可以在 HIL 实时机中进行实时运算的动力学模型。

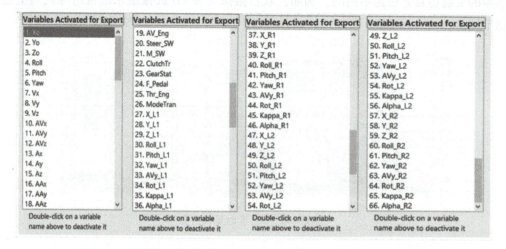

图 6-47　输入/输出参数示例

2. 测试管理软件的配置

为了更好地观测和控制测试过程中的数据，根据测试系统的功能描述和测试需求，可以利用 Veristand 的 UI Manager 工具进行 ACC 系统的测试界面设计（图 6-48）。其中，Veristand 是美国国家仪器有限公司（National Instruments，NI）开发的测试管理软件，其软件界面如图 6-49 所示。通过 Veristand 可以搭建、调用和读取汽车动力学模型和场景模型中的数据，同时也可以搭建测试监控界面，实时监控测试进展。利用 Veristand 测试管理软件，主要完成以下工作。

1）硬件线束连接及硬件板卡配置。
2）模型文件搭建及导入。
3）建立信号逻辑计算、判断等。
4）完成对应信号的映射。
5）建立界面监控可视化界面，便于测试信号的显示及操作。

第6章 典型自动驾驶系统的仿真测试

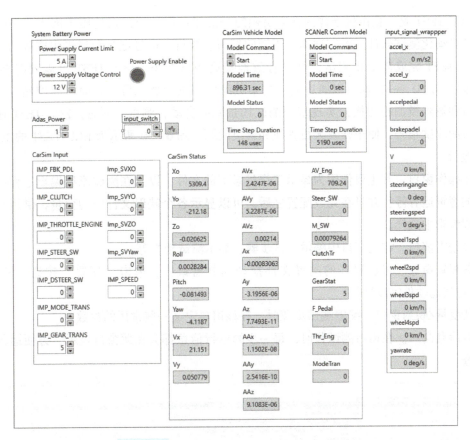

图6-48 基于Veristand设计的系统测试界面

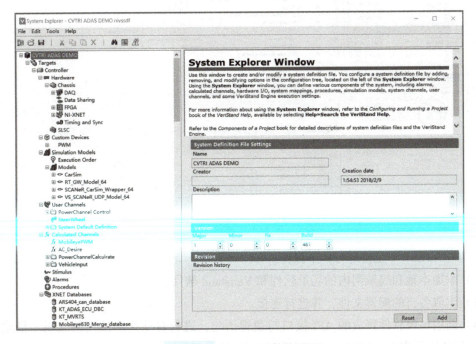

图6-49 Veristand软件界面

ECU-TEST 是一款由位于德国德累斯顿的 TraceTronic 公司开发的用于嵌入式系统测试验证的自动化测试软件，可实现测试用例的编写、执行、信号记录和报告生成等功能。基于 ECU-TEST 完成自动化测试，可以有效地提高测试效率。ECU-TEST 可以同时调用 NI Veristand、VTD，一方面可以通过调用的参数编辑测试用例，另一方面可以控制 Veristand 的运行和场景模型的切换，实现基于测试场景库的自动化测试。同时，ECU-TEST 还会生成相应的测试报告，便于开发人员查找和解决问题。图 6-50 所示为 ECU-TEST 的主界面，主要包括：

①操作窗口。其主要作用为显示工作目录下的文件，以及在测试流程编辑过程中需要用到的逻辑运算等，并且在完成配置之后，可以显示各个映射文件中的变量，供用户在测试流程编辑中选择。

②编辑窗口。在此窗口中编辑测试步骤，显示测试报告等。

③配置窗口。将设置好的配置文件拖动到此窗口中，单击"配置"按钮，使 ECU-TEST 与其他软件完成连接。

④变量/映射窗口。编辑测试步骤时，在该窗口定义一些常用的参数。

⑤信息窗口。在运行测试包时，每一步的运行信息都会在此窗口显示，方便运行出错时排查。

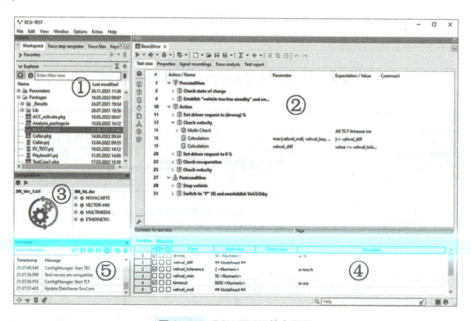

图 6-50　ECU-TEST 的主界面

在 ECU-TEST 中主要进行如下操作。

1）添加本地和局域网内的场景软件和 Veristand 软件。

2）读取各自的配置文件，并进行连接。

3）调用被控软件释放的 API 接口与逻辑语句，进行自动化测试用例编辑，搭建任务管理、任务执行脚本。如图 6-51 所示。

#	Action / Name	Parameter	Expectati
1	上电测试（IG_On）		
2	初始条件		
3	初始化		
4	MODEL-Write: Digital Output/port5/KL30	PHYS(don't care)	1
5	MODEL-Write: Digital Output/port4/KL15	PHYS(don't care)	1
6	MODEL-Write: Digital Output/port6/Switch	PHYS(don't care)	1
7	Wait	3 s	
8	MODEL-Write: Digital Output/port6/Switch	PHYS(don't care)	0
9	MODEL-Write: Digital Output/port4/KL15	PHYS(don't care)	0
10	Wait	1 s	
11	Start trace	Recording group for Plant model	
12	Wait	3 s	
13	初始条件是否符合要求		
14	MODEL-Read: Digital Output/port5/KL30	PHYS(don't care)	1.0
15	MODEL-Read: Digital Output/port4/KL15	PHYS(don't care)	0.0
16	MODEL-Read: Speed_long	PHYS(km/h)	<=60

图 6-51　ECU-TEST 自动测试程序示例

3. 测试用例设计

测试用例是实现智能汽车测试的前提。测试用例的设计主要是根据 ACC 系统的功能定义，可以参考 ISO 15622：2018、GB/T 20608—2006 以及 CQC 1647—2020 等行业标准，从 ACC 功能的适用范围、适用场景、车速及其他限制条件等方面进行详细设计。在设计测试用例时主要考虑的要素包含测试场景、用例编号、被测对象、被测软件版本、测试前置条件、测试步骤、期望输出、测试人员等信息。基于测试用例的测试主要包括功能逻辑测试和标准法规测试等测试内容。

（1）功能逻辑测试　对 ACC 系统进行功能逻辑测试，需要设计测试用例来验证在功能抑制条件下 ACC 功能是否被拟制，以及在满足开启条件时 ACC 是否能正常开启。具体拟制条件包括以下示例。

1）ACC 系统存在故障。

2）车辆档位未处于前进档（D 档）。

3）车辆产生溜车。

4）主驾驶侧车门未关闭。

5）驾驶员安全带未系。

6）车身稳定控制系统（ESC）正在工作。

7）车速 >130km/h。

8）车辆在非静止状态时，踩下制动踏板。

9）自动驻车（Auto Hold）功能启用。

10）辅助泊车（APA）功能启用。

11）电子驻车制动启用。

12）AEB 激活。

13）关联系统发生故障。

14）车辆因故障处于缓行模式。

（2）标准法规测试　参考 ISO 15622：2018、GB/T 20608—2006 以及 CQC 1647—2020 等行业标准，用于标准法规测试的功能场景主要包括前车静止、前车减速、前车低速等。参照标准法规确定测试场景的静态要素和动态要素，由静态要素和动态要素组合得到具体的测试场景，并设计相应的测试用例。部分用于 ACC 系统标准法规测试的测试用例示例见表 6-2。

表 6-2　ACC 系统标准法规测试的测试用例示例

ID	名称	关键词	测试用例描述	场景示例	期望的感知能力	期望的纵向行为
ACC001	ACC - 跟车 - 目标车静止 - 直道 - 非极端天气	ACC、跟车、目标车、静止、轿车、直道	在直道上，激活 ACC，主车以不同的设定速度巡航行驶，逐渐接近目标车。目标车静止		能够识别前方静止目标	1）无制动过度现象 2）最大减速度不超过 5m/s²
ACC002	ACC - 跟车 - 目标车低速 - 直道 - 非极端天气	ACC、跟车、目标车、低速、直道	在直道上，激活 ACC，主车以不同的设定巡航速度行驶，速度稳定之后逐渐靠近目标车并稳定跟随目标车		能够识别前方目标车	1）无制动过度现象 2）最大减速度不超过 5m/s²
ACC003	ACC - 跟车 - 目标车减速 - 直道 - 非极端天气	ACC、跟车、目标车、减速、直道	在直道上，激活 ACC，主车稳定跟随前方目标车行驶。目标车减速制动至停车		能够识别前方目标车	1）无制动过度现象 2）最大减速度不超过 5m/s²

4．测试执行

完成硬件在环测试环境搭建和测试用例的设计后，可基于虚拟仿真平台执行测试任务，主要步骤如下。

1）根据测试用例选择相应的测试场景。
2）运行测试管理软件，调动雷达模拟器、视频仿真器等仿真资源，并进行测试设置和操作。
3）自动化运行动力学软件。
4）自动化运行仿真场景软件。
5）自动化结束测试，保存相关数据。

5．测试结果分析

基于测试用例中的通过条件，结合测试结果信号采集，分析测试结果信号是否符合预期结果，判断功能逻辑测试点是否通过。整合 ACC 所有功能逻辑测试点，统计覆盖率、通过率等，复杂的测试结果分析，建议采用专业工具。

图 6-52 所示为表 6-3 中 ACC001 测试用例的数据分析结果。目标车静止，主车开启 ACC 功能，加速到 70km/h 后匀速行驶，在接近目标车时，逐渐减速，直至停车，并能保持与前车的安全距离。说明主车成功识别目标车并制动至速度为零。但是主车制动过程中最大减速度为 $5.65m/s^2$，超过了 $5m/s^2$，不满足预期的纵向驾驶行为要求。测试评价结论：不通过。

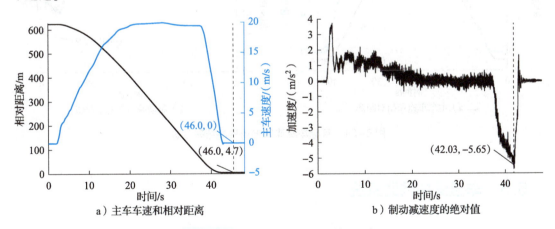

图 6-52 目标车静止场景的结果分析

图 6-53 所示为表 6-2 中 ACC002 测试用例的数据分析结果。目标车以 20km/h 的速度低速行驶，主车开启 ACC 功能，以 110km/h 的速度匀速行驶，在接近目标车时，逐渐减速，直至保持 20km/h 匀速行驶，并能保持与前车的安全距离。说明主车成功识别目标车，且能及时减速逐渐靠近目标车并稳定跟随目标车，且主车制动过程中最大减速度为 $4.55m/s^2$，未超过 $5m/s^2$。测试评价结论：通过。

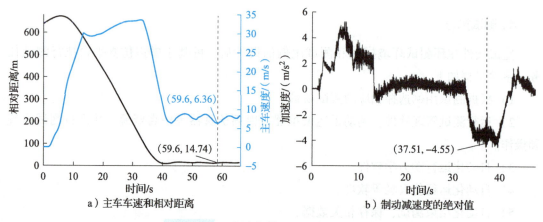

图 6-53 目标车低速行驶场景的结果分析

图 6-54 所示为表 6-2 中 ACC003 测试用例的数据分析结果。目标车以 50km/h 的速度匀速行驶，主车开启 ACC 功能，保持跟车状态，目标车减速至停车，主车也随之减速并停车，且整个过程能保持与前车的安全距离。主车成功识别目标车，并及时制动跟停，且主车制动过程中最大减速度为 2.9m/s², 未超过 5m/s²。测试评价结论：通过。

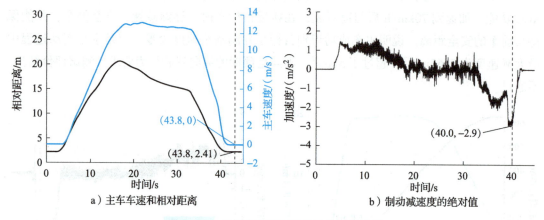

图 6-54 目标车减速跟停场景的结果分析

6.3 车道保持辅助系统

6.3.1 LKA 系统的功能与组成

微课视频
LKA 系统的功能
与组成

如图 6-55 所示，车道保持辅助（Lane Keeping Assist，LKA）系统是一种在车辆行驶过程中，实时监测车辆与车道边线的相对位置，持续或在必要情况下控制车辆横向位置和航向角，使车辆保持在原车道内行驶，从而减轻驾驶员负担，减少交通事故发生的技术。LKA 在车道偏离预警（Lane Departure Warning，LDW）系统的基础上增加了对车辆的控制，可以辅助车辆保持在本车道内行驶。LDW 系统能够根据前方道路环境和自车位置关系，判断车辆是否有偏离车道的趋势,并在即将出现或出现非驾驶意愿(转向灯是否开启)的车道偏离时发出警告信息(视觉、听觉和触觉),从而防止由于驾驶员疏忽造成的车道偏离事故的发生。LKA 系统至少应具备车道偏离抑制或车道居中控制功能。其中,车道偏离抑制(Lane Departure Prevention)功能是指在车辆行驶过程中,实时监测车辆与车道边线的相对位置,在车辆即将发生车道偏离时控制车辆横向运动,辅助驾驶员将车辆保持在原车道内行驶。车道居中控制(Lane Centering Control,LCC)功能是指在车辆行驶过程中,实时监测车辆与车道边线的相对位置,持续自动控制车辆横向运动,使车辆始终在车道中央区域行驶。另外,还需要注意区分 LKA 系统和自动车道保持(Automated Lane Keeping,ALK)系统。ALK 系统在被驾驶员激活后,能够在低速行驶状态下(通常控制车辆行驶速度在 60km/h 以下),通过控制车辆横向和纵向运动,使车辆长时间保持在车道内行驶,且无需驾驶员操作。ALK 系统是一种自动驾驶系统,能够实时监测车道线、车辆与车道线之间的相对位置、前方车辆的速度和距离等信息,并据此自动调整车辆的行驶速度和方向,以保持车辆在车道内的稳定行驶。

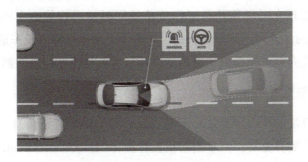

图 6-55 LKA 系统功能示意图

如图 6-56 所示,LKA 系统主要有感知单元、决策规划和控制执行三部分组成。感知单元主要用来监测前方道路环境、车道线以及自车行驶状态等信息。车道信息的获取可以通过安装在车头位置的前视多功能摄像头实现,而车辆信息的获取则依赖于车辆自身的传感器(如轮速传感器、转向盘转角传感器、转向力矩传感器等)。

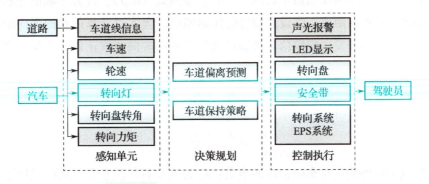

图 6-56 车道保持系统的结构组成示意图

决策规划主要负责计算车辆与车道边线的相对位置,并且判断是否出现非意愿的车道偏离,在即将发生偏离时发出预警,且小于某一阈值时通过转向系统进行干预。若驾驶员已打开转向灯,进行正常换道,系统不做任何提示。

执行单元主要包括报警模块和转向系统。通过转向盘或座椅振动、仪表盘显示、声音警报中的一种或多种形式实现 LDW 功能。通过控制转向系统来实现车辆的横向运动控制,实现车道保持的功能。其中转向系统的控制主要是通过 EPS 来响应修正车辆位姿时需要的转向力矩。

6.3.2 LKA 系统的工作原理

LKA 系统使用车载摄像头对行驶车道进行拍摄,并将采集的图像信息输入图像信息处理单元,识别车道线。车道偏离预警模式基于车道标志线与车辆的位置来判断车辆是否发生偏离或即将偏离,若存在车道偏离现象,则发出预警信息,提醒驾驶员对车辆偏离现象进行纠正。车道保持辅助控制则是通过系统和驾驶员的人机协同的方式共同调整车辆的横向位置和航向角,实现在减轻驾驶员工作负荷的同时提升智能汽车的车道保持性能。可见,实现 LKA 功能的关键在于车道线识别、车道偏离预警模型以及车道保持辅助控制三部分的技术。本节重点介绍车道偏离预警模型以及车道保持辅助控制两部分的内容。

1. 车道偏离预警算法

车道偏离预警算法的核心主要是基于视觉传感器获得车道线信息,辨识汽车是否有偏离原车道的趋势。主要算法有:汽车当前位置算法(Car's Current Position,CCP)、车道偏离时间算法(Time to Lane Crossing,TLC)、预瞄偏移量差异算法(Future Offset Difference,FOD)、瞬时侧向位移算法、横向速度算法、边缘分布函数算法(Edge Distribution Function,EDF)、预瞄轨迹偏离算法(Time to Trajectory Divergence,TTD)和路边振动带算法(Road Rumble Strips,RRS)等。下面重点介绍基于 CCP 和 TLC 的车道偏离预警算法。

(1)基于车辆当前位置的车道偏离预警算法 如图 6-57 所示,根据车辆所行驶道路的车道线信息,计算车辆在当前车道内的位置。按照式(6.5),计算车辆的左右侧轮胎与两侧车道线之间的横向距离,并设定预警的距离阈值。当实时计算得到的横向距离小于预设的距离阈值时,系统发送报警信号来提示驾驶员操作转向盘修正偏离现象。横向距离的计算公式为:

$$\begin{cases} L_r = \dfrac{d}{2} - \left(\dfrac{b}{2} - L_t\right) \\ L_l = \dfrac{d}{2} - \left(\dfrac{b}{2} + L_t\right) \end{cases} \tag{6.6}$$

式中,L_r 为汽车左外侧至左车道标线的距离;L_r 为汽车右外侧至右车道标线的距离;L_t 为汽车中轴线至车道中轴线的距离;d 为车道宽度;b 为汽车宽度。

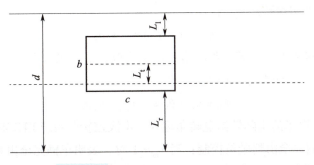

图 6-57　基于 CCP 车道偏离预警模型

（2）基于车道偏离时间的车道偏离预警算法　根据汽车当前状态，假设未来偏离过程中的车速和航向角不变，预测未来汽车轨迹，计算出车辆从当前位置驶出车道所需要的时间（车道偏离时间），比较车道偏离时间与预先设置的预警阈值，判断出汽车的偏离状态。当车道偏离时间小于预警阈值时，系统发送报警信号来提示驾驶员操作转向盘修正偏离现象。以图 6-58 所示的左偏离为例，车道偏离时间的计算公式为：

$$\begin{cases} L = \dfrac{\dfrac{d}{2} - \dfrac{b}{2} - L_t}{\sin\theta_e} \\ t = \dfrac{L}{V_e} \end{cases} \tag{6.7}$$

式中，L 为当前位置驶出与偏移方向同侧车道边界的行驶距离；d 为车道宽度；b 为汽车宽度；L_t 为汽车质心至车道中轴线的距离；θ_e 为当前位置汽车行驶航向角。

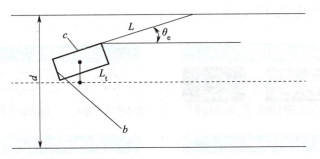

图 6-58　基于 TLC 的车道偏离预警模型

2. 车道保持辅助控制算法

当检测到车辆处于即将偏离车道的危险状态时，LKA 将快速控制车辆相对于车道的位置以保证横向安全，此时，驾驶员与 LKA 系统共同作用于车辆。假设 LKA 系统的转角辅助控制量 θ_m 为：

$$\theta_m = \gamma_m \theta_{opt} \tag{6.8}$$

式中，θ_{opt} 为跟踪目标轨迹进行车道保持所需要的最优转向盘转角；γ_m 为 LKA 系统在人机协同控制中的控制权重，也称为共驾系数。

驾驶员操作的转向盘转角 θ_h 为：

$$\theta_h = (1-\gamma_m)\theta_t = \gamma_h \theta_t \tag{6.9}$$

式中，θ_t 为驾驶员输入的真实转向盘转角；γ_h 为驾驶员的控制权重。

人机协同控制下共同输入的转向盘转角 θ_{all} 为：

$$\theta_{all} = \theta_m + \theta_h = \gamma_m \theta_{opt} + \gamma_h \theta_t \tag{6.10}$$

因此 θ_{all} 是智能汽车的实际转向盘转角输入，由线控转向系统 EPS 来实现。当共驾系数 $\gamma_m = 0$ 时，表示车辆完全由驾驶员控制；当 $\gamma_m = 1$ 时，表明车辆完全由系统控制。

LKA 系统的车道保持辅助控制算法的核心在于最优转向盘转角的求解。其中单点预瞄最优曲率驾驶员模型在车辆进行车道保持行驶时，以车道中心线为目标轨迹，根据车辆的当前位置和运动学参数计算理论上的最优转向盘转角，使所驾驶车辆的运动轨迹与预期轨迹之间的误差尽可能小，这被称为"最小误差原则"。关于预瞄最优控制驾驶员模型在 5.3.2 节有详细描述，这里不再重复介绍。

6.3.3 LKA 系统的硬件在环仿真测试实例

LKA 系统的硬件在环仿真环境与 ACC 系统的硬件在环仿真环境一样，不重复描述。本节针对 LKA 系统主要介绍测试界面和测试用例设计。

1. 测试界面设计

为了便于测试时能够快速地判断测试结果，通常会针对 LKA 的功能逻辑，利用 Veristand 的 UI Manager 工具进行 LKA 系统的测试界面设计。如图 6-59 所示，案例中 LKA 系统的测试界面主要包括以下内容。

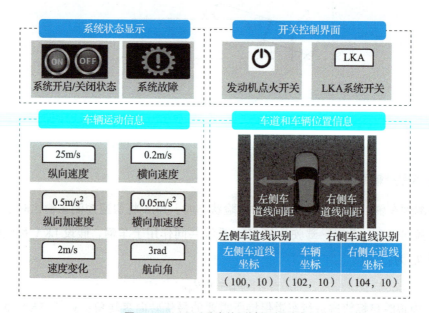

图 6-59 LKA 系统的测试界面设计

1) 车辆状态信息，纵向速度、横向速度、纵向加速度、横向加速度等。

2) LKA 系统工作状态参数，包括激活状态、故障状态和通信状态。

3) 整车蓄电池电源开关，可以模拟蓄电池的开闭。

4) 发动机点火开关，可模拟整车的上电和下电。

5) LKA 系统的开关按钮，可开启和关闭 LKA 系统。

6) 车辆行驶的偏航角，可观测车辆行驶的方向。

7) 车辆行驶的转向灯状态，可监视车辆是否开启转向灯。

8) 车道线识别的情况，车轮与车道线距离参数，可监测车轮与车道线之间的距离变化情况。

9) 摄像头视频监控调用控件，可打开摄像头视频拍摄监控画面。

2. 测试用例的设计

针对 LKA 系统进行测试用例设计时，需要根据 LKA 系统的功能定义，参考 GB/T 39323—2020《乘用车车道保持辅助（LKA）系统性能要求及试验方法》、ISO 11270—2014、CNCAP—2021 以及 EuroNCAP—2022 等行业标准，从 LKA 功能的适用范围、适用场景、车速及其他限制条件等方面进行详细设计。

图 6-60 所示为 LKA 系统的状态与转换。对 LKA 系统进行功能逻辑测试，需要设计测试用例来验证 LKA 在满足状态开启与转换的条件时，LKA 系统状态是否正常开启或者转换。LKA 系统的状态和转换具体介绍如下。

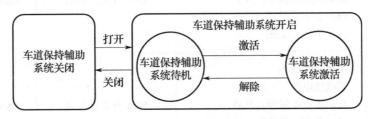

图 6-60 LKA 系统的状态与转换

1) LKA 系统开启可以通过驾驶员开启，也可以通过系统自动开启，例如，在点火开关开启并且没有失效发生的时候。LKA 系统关闭可以通过驾驶员关闭，也可以系统自动关闭，例如，在点火开关关闭或系统有失效发生的时候。

2) LKA 系统待机状态下，系统应实时监测车辆运行状态并评估激活条件，不执行任何车道保持行为。系统激活条件之一应是主车与车道线的距离（具体是检测一侧还是两侧车道边线，不同厂商的设计不同）。同时厂商确定的 LKA 激活条件还可能包括车道边线的标线类型（实线或虚线）、最小车速、驾驶行为、转向角度或其他车辆条件等。当所有激活条件都满足时，系统从待机状态转换成激活状态，可以通过驾驶员确认也可由系统自动完成。

3) 在 LKA 系统激活状态下，系统应实时监测车辆运行状态并评估系统退出条件。当满足系统退出条件时,由激活状态退出为待机状态。LKA 系统激活状态下,在自车有可能发生无意识的车道偏离时,可使车辆进行横向移动来帮助驾驶员将车辆保持在车道内。除此之外,LKA 系统可通过某些预先设计的指令停止或减少非必要的车道保持动作,如驾驶员开启转向灯。

根据 LKA 系统的状态和转换条件,设计功能逻辑测试用例。部分功能逻辑测试用例的示例见表 6-3。

表 6-3 部分功能逻辑测试用例的示例

测试项目	初始条件	测试需求	通过条件
上电/下电测试	车速:0 km/h 蓄电池电源:开启 LDW 开关:开启 发动机点火信号:关闭	发动机点火信号:开启	LKA 状态:待机
	车速:0 km/h 蓄电池电源:开启 LKA 开关:开启 发动机点火信号:开启	发动机点火信号:关闭	LKA 状态:关闭
系统开关测试	车速:0 km/h 蓄电池电源:开启 发动机点火信号:开启 LKA 状态:关闭 LKA 开关:关闭	LKA 开关:开启	LKA 状态:待机
	车速:0 km/h 蓄电池电源:开启 发动机点火信号:开启 LKA 状态:待机 LKA 开关:开启	LKA 开关:关闭	LKA 状态:关闭
系统激活车速测试	车速:0 km/h 蓄电池电源:开启 发动机点火信号:开启 LKA 状态:待机 LKA 开关:开启	车速:70 km/h	LKA 状态:激活
系统退出车速测试	车速:70 km/h 偏离速度:0 m/s 蓄电池电源:开启 发动机点火信号:开启 LKA 状态:激活 LKA 开关:开启	车速:55 km/h	LKA 状态:待机

(续)

测试项目	初始条件	测试需求	通过条件
报警功能抑制测试	车速：70 km/h 偏离速度：0 m/s 蓄电池电源：开启 发动机点火信号：开启 LKA 状态：激活 LKA 开关：开启 左转向灯：开启	偏离速度：0.2 m/s 偏离方向：左偏	LKA 状态：待机
	车速：70 km/h 偏离速度：0 m/s 蓄电池电源：开启 发动机点火信号：开启 LDW 状态：激活 LDW 开关：开启 右转向灯：开启	偏离速度：0.2 m/s 偏离方向：右偏	LKA 状态：待机

参考 GB/T 39323—2020《乘用车车道保持辅助（LKA）系统性能要求及试验方法》、ISO 11270—2014、CNCAP—2021 以及 EuroNCAP—2022 等行业标准设计 LKA 测试用例，部分测试用例的示例见表 6-4。

表 6-4 LKA 测试用例示例

测试工况	车道类型	车辆速度/(km/h)	横向偏离速度/(m/s)	偏离方向	报警时横向距离/m	车道保持功能需求
弯道偏离	右转弯	72	0.1~0.4	左	-0.75~+0.75	1）若是车道偏离抑制：不应出现车辆偏离超过车道边线外侧0.4m 2）若是车道居中控制：不应出现车辆偏离超过车道边线外侧 3）LKA 功能引起的车辆纵向减速度不应超过3m/s²，引起的车速减少量不应超过5m/s 4）系统激活引起的车辆横向加速度不大于3m/s²，车辆横向加速度变化率不大于5m/s³
				右		
	左转弯			左		
				右		
	右转弯		0.4~0.8	左	-1.5~1.0	
				右		
	左转弯			左		
				右		
直道偏离	直道		0.1~0.3	左	-0.75~+0.75	
				右		
			0.6~0.8	左	-1.5~1.0	
				右		

6.4 自动泊车辅助系统

截至2023年9月底,我国汽车保有量已达到4.3亿辆,城市停车位资源紧张,每辆汽车能使用的平均泊车面积在不断缩小,给驾驶员出行停车带来困扰。据统计在各类交通事故中,泊车场景下导致的事故占比高达44%,其中又以泊车入库交通事故为主。自动泊车辅助系统可以缓解驾驶员的泊车压力,减少因驾驶员经验不足导致的泊车事故。

6.4.1 APA系统的功能和组成

自动泊车辅助(Automated Parking Assist,APA)系统是一种无需人工干预,自动将汽车停入车位的智能系统。驾驶员启动泊车任务后,手动驾驶车辆进入车位搜索模式,APA系统采用传感器感知车辆周围环境,实现对车位的搜索和监测,实时地将已检测出的车位通过人机交互系统显示给驾驶员。驾驶员停车选择待泊入的车位且确认进入泊车操作后,无需操纵转向、制动、节气门、档位,APA系统通过遍布车辆周围的传感器(如超声波雷达、摄像头等)来探测车辆周围的环境信息和有效泊车空间,然后基于这些信息规划出泊车路径,并控制车辆的转向、加减速等操作,以实现车辆的自动泊入和泊出。按照辅助程度和自动化水平的不同,自动泊车可以分为:半自动泊车辅助系统(Semi-APA)和全自动泊车辅助系统(Fully-APA)两类。半自动泊车辅助系统能够识别车位,泊车过程中驾驶员不需要操控转向盘,但需要根据提示控制加速和制动。全自动泊车系统能够自动寻找车位并完成泊车,在整个过程中不需要驾驶员的操作,系统自动控制车辆的方向和速度,驾驶员可在车内或车外监控。本节主要讲解全自动泊车系统的组成与工作原理。APA系统功能示意图如图6-61所示。

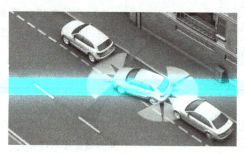
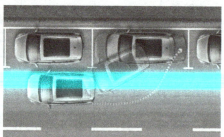

图6-61 APA系统功能示意图

自动泊车系统的主要功能有车位识别、路径规划和轨迹跟踪控制等。其基本原理是,驾驶员通过人机交互界面启动泊车辅助系统后,车载传感器(如超声波雷达和视觉传感器)开始工作,感知车辆周边环境,识别车位信息,如确定车位长宽尺寸、相对位置及角度等;中央控制器的路径规划层则根据车辆当前位置规划出合理的泊车路径,轨迹跟踪层根据期望路径向车辆执行机构发出控制信号,实现路径准确跟踪,控制车辆泊入车位理想位置。所以如图6-62所示,自动泊车辅助系统主要包含:感知单元、中央控制器和执行单元等。

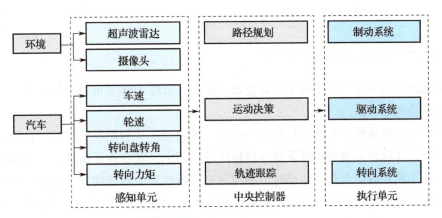

图6-62 APA系统组成示意图

感知单元,主要负责获取环境信息和车辆运动状态信息。通过超声波雷达和摄像头等传感器获取车位大小及位置、主车与旁车或其他障碍物的相对距离等环境信息,为路径规划和轨迹跟踪提供重要信息。同时,通过轮速传感器、陀螺仪以及车辆总线其他信号等来获取轮速、车速、转向盘转角等车辆状态信息,环境感知和车辆自身运动状态是泊车时进行运动决策和轨迹跟踪控制的前提。目前APA系统中用于环境感知传感器的配置方案主要有仅超声波雷达和超声波与摄像头融合两种方式。图6-63所示为仅超声波雷达的传感器配置方案,案例中采用了12个超声波雷达。其中,8个短程超声波雷达(Ultrasonic Parking Assistant,UPA)安装在车身的前部与后部,探测距离一般在15~250cm,用于泊车过程中对前后方障碍物的检测。另外4个为远程超声波雷达安装于车辆两侧,探测距离一般在30~500cm,用于测量侧面障碍物的距离。

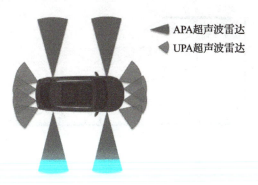

图6-63 自动泊车系统传感器配置案例

中央控制器,负责将感知系统采集到的信息进行处理和分析,得出车辆当前的位置、目标的位置以及周边的环境,根据这些参数判断是否具备停车条件,计算出最优路径规划,以跟踪期望的轨迹为目标计算出相应的驱动力矩、制动压力、转向盘转角等车辆控制参数,生成合理的车辆运动控制指令。

执行单元的作用是根据接收到的泊车控制器的指令，对车辆的横向和纵向运动进行协同控制，控制车辆的驱动、制动和转向系统，使车辆能够按照规划出来的泊车路径执行泊车操作，并随时准备接收中断时的紧急停车。

6.4.2 APA 系统的工作原理

环境感知、泊车路径规划和泊车轨迹跟踪控制是实现 APA 功能的关键技术。本节重点介绍泊车路径规划方法。

泊车路径规划是指在非结构化环境中找到一条路径，从初始位置出发，在满足车辆非完整性约束以及行驶安全的条件下到达目标区域。其中，安全性是指综合考虑车辆的形状和位姿，使车辆在沿泊车路径运动时，不与周边车辆或其他障碍物发生碰撞；非完整性约束是指规划路径应满足最小转弯半径和转向盘最大转动速度等车辆运动学约束。泊车路径规划的方法主要有图搜索、采样、曲线插值、数值优化以及深度学习等方法，它们各有优缺点。所以，为了得到求解效率更高、曲率平滑、满足舒适性、具有可行性的路径，会将多种规划方法综合起来使用。例如基于 RS 曲线的 Hybrid A * 算法是综合了曲线插值和图搜索的方法来进行路径规划。本节将介绍最基础的转向原理和基于圆弧加直线的路径规划方法。

1. 阿克曼转向原理以及运动约束条件

阿克曼转向原理是，车辆转弯时，内轮的转弯角度必须大于外轮的转弯角度，这样汽车才能绕一个圆心转弯，外轮和内轮的夹角之差即为阿克曼角。在车辆转弯时，阿克曼转向可以使车辆车轮所有的垂线都指向圆心，从而使车轮的外力合力方向更加均匀，车身的弯曲姿态更加平稳。图 6-64 所示为阿克曼转向原理示意图，根据几何关系可得到：

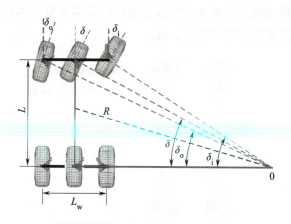

图 6-64 阿克曼转向原理示意图

$$\cot\delta_o + \cot\delta_i = 2\cot\delta \tag{6.11}$$

式中，δ_o 为车辆外侧转向轮的转角；δ_i 为车辆内侧转向轮的转角；δ 为等效前轮转角。

当汽车低速泊车时，后轮的运动轨迹与车速无关，只与汽车的轴距、轮距与转向轮转角有关，所以常以后轴中心的运动轨迹来表示泊车轨迹：

$$R = \frac{L}{\tan\delta} \qquad (6.12)$$

式中，R 为后轮中心的转弯半径，L 为轴距，δ 为等效前轮转角。

由式（6.12）可知，最小转弯半径和等效前轮转角、车辆轴长有关，同时由于转向机构的限制，还存在最大等效前轮转角的限制。因此，通过对前轮转角取值范围进行限制，便可以对车辆的运动进行合理的约束。

如图 6-65 所示，由于正常情况下泊车速度很低（≤5km/h），后轮可视为无滑移，后轮在垂直于车辆的航向方向上的速度为零。此时，后轴 x，y 方向的速度可以表达为：

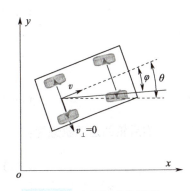

图 6-65　车辆运动学模型

$$\dot{y}_r\cos\theta - \dot{x}_r\sin\theta = 0 \qquad (6.13)$$

由车辆的几何关系，可以得到前后轴中心点坐标之间的关系：

$$\begin{aligned} x_r &= x_f - L\cos\theta \\ y_r &= y_f - L\sin\theta \end{aligned} \qquad (6.14)$$

进一步求导得到前后轴中心速度间的关系：

$$\begin{aligned} \dot{x}_r &= \dot{x}_f + \dot{\theta} L\sin\theta \\ \dot{y}_r &= \dot{y}_f - \dot{\theta} L\cos\theta \end{aligned} \qquad (6.15)$$

将式（6.15）代入式（6.13）得到方程：

$$\dot{x}_f\sin\theta - \dot{y}_f\cos\theta + \dot{\theta} L = 0 \qquad (6.16)$$

前轴中心点的速度为：

$$\begin{aligned} \dot{x}_f &= v\cos(\theta + \delta) \\ \dot{y}_f &= v\sin(\theta + \delta) \end{aligned} \qquad (6.17)$$

进一步联立式（6.13）、式（6.16）和式（6.17）得到后轮中心点速度：

$$\begin{aligned} \dot{x}_r &= v\cos\theta\cos\delta \\ \dot{y}_r &= v\sin\theta\cos\delta \end{aligned} \qquad (6.18)$$

对式（6.18）求积分可得到后轮中心点的运动轨迹：

$$\begin{aligned} x_r(t) &= L\cot\delta\sin\left(\frac{v\sin\delta}{L}t\right) \\ y_r(t) &= -L\cot\delta\cos\left(\frac{v\sin\delta}{L}t\right) + L\cot\delta \\ x_r^2 &+ (y_r - L\cot\delta)^2 = (L\cot\delta)^2 \end{aligned} \qquad (6.19)$$

根据车辆几何关系可以得到左后轮的运动轨迹为：

$$x_{rl}(t) = \left(L\cot\delta - \frac{L_w}{2}\right)\sin\left(\frac{v\sin\delta}{L}t\right)$$

$$y_{rl}(t) = -\left(L\cot\delta - \frac{L_w}{2}\right)\cos\left(\frac{v\sin\delta}{L}t\right) + L\cot\delta \quad (6.20)$$

$$x_{rl}^2 + (y_{rl} - L\cot\delta)^2 = \left(L\cot\delta - \frac{L_w}{2}\right)^2$$

右后轮的运动轨迹为：

$$x_{rr}(t) = \left(L\cot\delta + \frac{L_w}{2}\right)\sin\left(\frac{v\sin\delta}{L}t\right)$$

$$y_{rr}(t) = -\left(L\cot\delta + \frac{L_w}{2}\right)\cos\left(\frac{v\sin\delta}{L}t\right) + L\cot\delta \quad (6.21)$$

$$x_{rr}^2 + (y_{rr} - L\cot\delta)^2 = \left(L\cot\delta + \frac{L_w}{2}\right)^2$$

式中，θ 为航向角；L 为轴距；L_w 为轮距。

由式（6.20）与式（6.21）可以看出，当汽车低速泊车时，后轮的运动轨迹与车速无关，只与汽车的轴距、轮距与转向轮转角有关，并且运行轨迹是一段圆弧，这为基于圆弧加直线式运动规划的方法提供了理论基础。

2. 基于圆弧加直线的路径规划方法

早期自动泊车系统路径规划多采用多段圆弧与直线连接车辆起始点和终止点的方法。如图 6-66 所示，在平行泊车的情况下，泊车起点和目标终点由图中所示的两条相切圆弧组成，车辆行驶至车起点的过程可视为直线。如图 6-67 所示，在垂直泊车的情况下，通过圆弧运动调整车辆的转向和位置，使车辆能够顺利进入泊车区域，在圆弧运动完成后，车辆进行直线运动以进入最终的泊车位置。

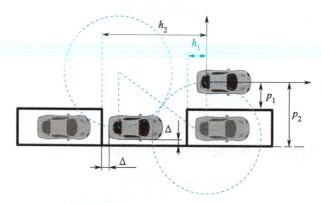

图 6-66 圆弧加直线平行泊车示意

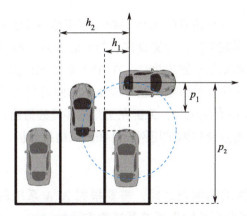

图 6-67 圆弧加直线垂直泊车示意图

基于圆弧加直线的泊车路径在圆弧切点处的曲率是不连续的，车辆需要在曲率不连续处停车转向才能保证路径跟随精度，若停车时机不准确，就会导致泊车失败。设计出曲率连续的泊车路径曲线，可以明显降低路径跟踪的难度。目前常用的方法主要包括多项式曲线和 B 样条曲线等。

6.4.3 APA 系统的软件在环仿真测试实例

基于 MATLAB/Simulink，CarSim 和 VTD 软件的联合仿真，可以实现 APA 系统软件的在环仿真，如图 6-68 所示。场景模型、车辆动力学模型以及传感器模型的搭建方式与前

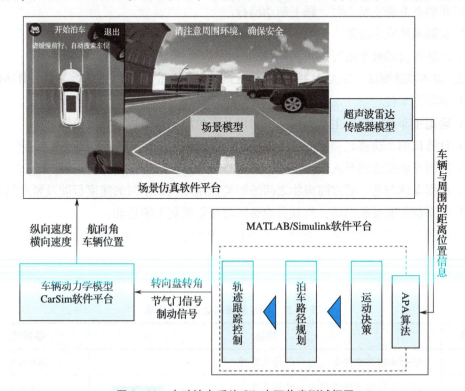

图 6-68 自动泊车系统 SIL 在环仿真测试框图

几节中的描述相同。注意，这里仿真的 APA 系统是基于超声波雷达的方案，因此传感器物理模型的建立主要包括超声波雷达的位置设定、超声波 FOV、波瓣、畸变等传感器物理特性仿真，以及虚拟传感器感知结果输出接口。在 APA 系统 SIL 仿真平台的基础上，添加传感器物理信号仿真设备用于仿真模拟输出超声波雷达传感器信号，便可实现传感器在环仿真测试环境。在进行 APA 仿真测试时，关键在于测试环境的搭建、测试用例的设计以及相应的测试结果分析。本节重点介绍测试用例设计和测试结果分析。

1. 测试用例设计

针对 APA 系统进行测试用例设计时，需要根据 APA 系统的功能定义，参考 GB/T 41630—2022《智能泊车辅助系统性能要求及试验方法》、ISO 16787：2017 以及自动泊车辅助系统评价规程 i-VISTA 等行业标准，从 APA 功能的适用范围、适用场景、车速及其他限制条件等方面进行详细设计。

（1）功能逻辑测试　APA 功能逻辑主要验证在有抑制条件的情况是否无法开启功能，并在满足 APA 开启条件时，是否能正常开启。APA 功能的抑制条件示例如下。

1）APA 系统存在故障。

2）车辆档位未处于相应档（D 档 – 车位搜索、P 档泊车启动）。

3）驾驶员主动接管车辆操作（转向、制动、档位控制）。

4）主驾驶侧车门未关闭。

5）驾驶员安全带未系。

6）车辆在非静止状态时，踩下制动踏板。

7）关联系统发生故障。

8）车辆因故障处于缓行模式。

（2）基本功能测试　对 APA 系统进行性能测试之前，需要验证它的基本功能，具体包括：

1）检测到车位。

2）确定主车与车位、主车周围障碍物以及车位周围障碍物的相对位置。

3）计算出泊车轨迹。

4）控制车辆完成泊车入位。

5）根据车辆与前、后方障碍物之间的距离控制车辆以不同的速度行驶及紧急制动。

6）在系统控制操纵期间，驾驶员能够随时接管控制车辆运动。

7）驾驶员无需操纵转向、制动、节气门、档位，智能泊车辅助系统自动控制车辆实现泊车入位。

（3）基本性能测试　在完成功能测试后，在对表 6-5 中的基本性能进行测试。

表 6-5　APA 系统的基本性能要求

序号	描述	参数值
1	平行车位搜索停车位允许的最大车速	30km/h
2	垂直车位搜索停车位允许的最大车速	20km/h

(续)

序号	描述	参数值
3	在泊车系统介入模式下系统允许的最大车速	10km/h
4	2m 范围内检测到障碍物、圆形物体最小直径	≤0.5m
5	2m 范围内检测到障碍物、圆形物体最小高度	≤1m
6	检测到路沿外边缘的高度范围	≥0.15m 且 ≤0.3m
7	泊车时检测到障碍物的最小距离	≥0.1m
8	平行泊车过程档位调整次数	≤8 次
9	垂直泊车过程档位调整次数	≤6 次
10	泊车过程耗时	<90s

（4）系统性能测试　根据目标车位的不同，分为目标车位为两车之间的间隙和目标车位由标记（如画线）定义两种类型，这两种类型都有平行和垂直车位两种场景。下面以两辆汽车之间的平行泊车和垂直泊车场景为例，说明进行系统性能测试的实验条件和评价指标。

实验基本条件如下。

1）试验场地应为平整、干燥的路面，无可见的潮湿路面、明显的凹坑、裂缝等不良路面情况，路面坡度应 <1°。

2）试验场地应为混凝土或沥青路面。

3）试验场地不存在影响传感器工作的干扰物。

图 6-69 所示为两辆汽车之间的平行泊车基础场景，图 6-70 所示为两辆汽车之间的垂直泊车基础场景，对基础场景的基本参数要求见表 6-6。在满足基本性能和测试对象要求的前提下，泊车完成后，两辆汽车之间的平行泊车最低性能要求需要满足表 6-7 中的要求。

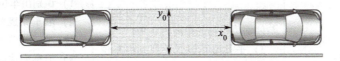

图 6-69　两辆汽车之间的平行泊车基础场景

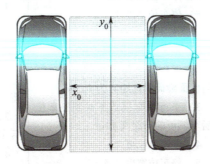

图 6-70　两辆汽车之间的垂直泊车基础场景

表 6-6 两辆汽车之间的平行/垂直泊车测试中对测试对象的要求

序号	条件	参数值
1	平行泊车经过停车位时车辆与侧面障碍物的距离范围	0.9～1.5m
2	平行泊车模式下找到停车位后汽车所能前行的最远距离	>10m
3	平行泊车模式下最小停车位长度 x_0	等于车长 + Δx
4	平行泊车模式下最小停车位深度 y_0	等于车宽 + 0.2m
5	垂直泊车经过停车位时车辆与侧面障碍物的距离范围	0.9～1.5m
6	垂直泊车模式下找到停车位后车辆所能前行的最远距离	>10m
7	垂直泊车模式下最小停车位宽度	车宽 + 1m

注：Δx 为变量，表示额外的空间需求，具体数值根据车辆和泊车系统的具体设计而定。

表 6-7 两辆汽车之间的平行/垂直泊车测试场景对应的基本性能要求

序号	描述	参数值
1	平行泊车完成时车辆与侧面距障碍物、路沿的距离	0.05～0.3m
2	平行泊车完成时车辆与路沿或前后车轮边角连线的夹角	−3°～3°
3	垂直泊车完成时车辆与左、右障碍物的安全距离	0.05～0.3m
4	垂直泊车完成时车辆与左或右平行停放车辆或障碍物侧面的夹角	−3°～3°

（5）测试用例示例　针对车长 4.51m、车宽 1.83m 的车辆，根据上述描述设计的测试用例示例见表 6-8。

表 6-8 APA 系统测试用例示例

测试用例 ID	测试用例名称	测试场景描述	预期结果
APA001	两车之间平行泊车	1）正常天气 2）平行泊车经过停车位时车辆与侧面障碍物的距离为 0.9m 3）平行泊车模式下找到停车位后车辆可前行距离 11m 4）停车位长度 7m 5）停车位宽度 2.1m	1）识别出车位 2）泊车完成时车辆与侧面距障碍物、路沿的距离：0.05～0.3m 3）泊车完成时车辆与路沿或前后车轮边角连线的夹角：−3°～3° 4）泊车过程未出现擦碰
APA002	两车之间平行泊车	1）正常天气 2）平行泊车经过停车位时车辆与侧面障碍物的距离为 1.5m 3）平行泊车模式下找到停车位后车辆可前行距离 12m 4）停车位长度 7m 5）停车位宽度 2.5m	1）识别出车位 2）泊车完成时车辆与侧面距障碍物、路沿的距离：0.05～0.3m 3）泊车完成时车辆与路沿或前后车轮边角连线的夹角：−3°～3° 4）泊车过程未出现擦碰

(续)

测试用例 ID	测试用例名称	测试场景描述	预期结果
APA003	两车之间垂直泊车	1) 正常天气 2) 垂直泊车经过停车位时车辆与侧面障碍物的距离范围为 1.5m 3) 垂直泊车模式下找到停车位后车辆所能前行的距离为 9m 4) 停车位宽度 2.5m	1) 识别出车位 2) 泊车完成时车辆与左、右障碍物的安全距离：0.05~0.3m 3) 泊车完成时车辆与左右停放车辆或障碍物侧面的夹角：-3°~3° 4) 泊车过程未出现擦碰
APA004	两车之间垂直泊车	1) 正常天气 2) 垂直泊车经过停车位时车辆与侧面障碍物的距离范围为 1.5m 3) 垂直泊车模式下找到停车位后车辆所能前行的距离为 10m 4) 停车位宽度 2.5m	1) 识别出车位 2) 泊车完成时车辆与左、右障碍物的安全距离：0.05~0.3m 3) 泊车完成时车辆与左右停放车辆或障碍物侧面的夹角：-3°~3° 4) 泊车过程未出现擦碰

2. 测试结果分析

图 6-71a 所示为表 6-8 中 APA001 的路径规划仿真测试结果，图 6-71b 所示为表 6-8 中 APA002 的仿真测试结果。从结果可以看出，满足预期测试，通过测试。图 6-72 所示为平行泊车场景运行监控。针对 APA002 测试用例进一步分析其轨迹跟踪结果，如图 6-73 所示，跟踪算法不仅优化了理想的泊车路径，并且能够实现车辆对理想路径和期望车速的准确追踪。

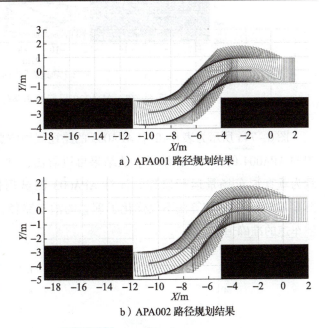

a) APA001 路径规划结果

b) APA002 路径规划结果

图 6-71 平行泊车路径规划仿真结果

图 6-72 平行泊车场景运行监控

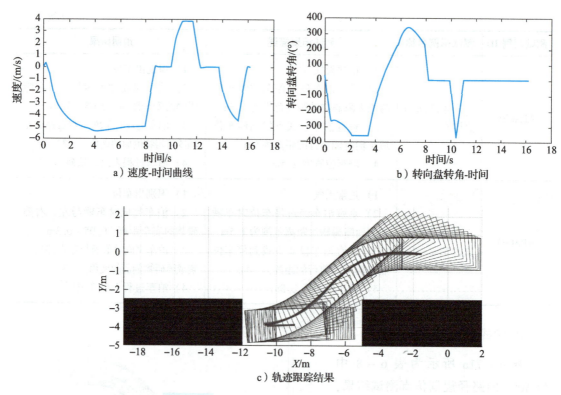

图6-73 APA002平行泊车路径跟踪仿真结果

图6-74a所示为表6-8中APA003的路径规划仿真测试结果,图6-74b所示为表6-8中的APA004的仿真测试结果。从结果可以看出,满足预期测试,通过测试。图6-75所示为垂直泊车场景运行监控。针对APA003测试用例进一步分析其轨迹跟踪结果,如图6-76所示,跟踪算法不仅优化了理想的泊车路径,并且能够实现车辆对理想路径和期望车速的准确追踪。

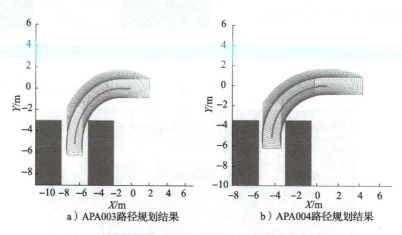

图6-74 垂直泊车路径规划仿真结果

图 6-75　垂直泊车场景运行监控

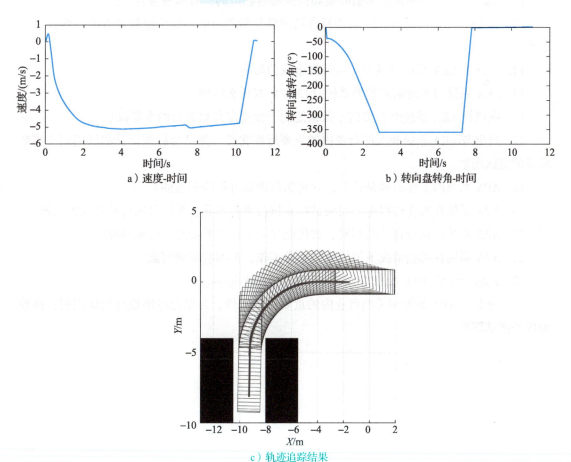

图 6-76　垂直泊车路径跟踪仿真结果

本章习题

1. 简述 AEB 系统的主要组成部分及其各自功能。
2. 如何制定 AEB 系统中的预警时间和制动时间阈值?

3. 列出与 AEB 系统相关的行业内重要的三个标准文件。

4. 参照 AEB 标准文件，设计至少五个测试用例并搭建相应的测试场景。

5. 简述 ACC 系统的主要组成部分及其各自功能。

6. 列出与 ACC 系统相关的行业内重要的三个标准文件。

7. 参照 ACC 标准文件，设计至少五个测试用例并搭建相应的测试场景。

8. 查阅资料自学 ACC 的速度控制原理，梳理其中的重点、难点。

9. 通过调研，分析 ACC 是如何提高道路安全和通行效率的。

10. ACC 系统如何检测并响应前方车辆的速度变化？

11. LKA 系统的工作原理是什么，它是如何检测车辆与车道边界的相对位置的？

12. LKA 系统在车辆偏离车道时是如何提醒驾驶员的，有哪些警告方式？

13. 当 LKA 系统激活时，它是如何自动调整车辆方向的，这个过程是否需要驾驶员的干预？

14. 试评价 LKA 系统对减少车道偏离事故的影响。

15. LKA 系统与车道偏离预警系统（LDW）有什么区别？

16. 在设计 LKA 系统时，如何平衡系统的干预程度与驾驶员的主导权？

17. 列出与 LKA 系统相关的行业内的重要标准文件，并结合标准设计测试用例，搭建相应的测试场景。

18. APA 系统的工作原理是什么，它是如何识别可用停车位的？

19. APA 系统在操作过程中，驾驶员需要执行哪些步骤，系统又能自动完成哪些操作？

20. APA 系统在执行自动泊车时，如何确保周围环境的安全，避免碰撞？

21. APA 系统在哪些情况下可能无法正常工作，有哪些限制因素？

22. 试综合评估 APA 系统的性能，有哪些标准和指标。

23. 列出与 APA 系统相关的行业内的重要标准文件，并结合标准设计测试用例，搭建相应的测试场景。

附录
英文缩略语说明

ABS（Anti-lock Braking System）制动防抱死系统
ACC（Adaptive Cruise Control）自适应巡航控制系统
ADAS（Advanced Driver Assistance System）先进驾驶辅助系统
ADS（Automated Driving System）自动驾驶系统
ADV（Automated Driving Vehicle）自动驾驶汽车
AEB（Automatic Emergency Braking）自动紧急制动
ALC（Adaptive Light Control）自适应灯光控制
ALK（Automated Lane Keeping）自动车道保持
APA（Automated Parking Assist）自动泊车辅助
BSD（Blind Spot Detection）盲区监测
CAD（Conditionally Automated Driving）有条件自动驾驶
CDA（Combinded Driver Assistance）组合驾驶辅助
CDV（Coverage Driven Verification）基于场景覆盖率驱动的验证
CIDAS（China In-Depth Accident Study）中国事故深度调查数据库
CV（Connected Vehicles）网联汽车
DDT（Dynamic Driving Task）动态驾驶任务
DDD（Driver Drowsiness Detection）驾驶员疲劳探测
DIL（Driver in Loop）驾驶员在环测试
DT（Digital Twin）数字孪生
EA（Emergency Assistance）应急辅助
EBA（Emergency Braking Assistance）紧急制动辅助
ECU（Electronic Control Unit）电子控制单元
ESC（Electronic Stability Control）电子稳定控制
ESP（Electronic Stability Program）电子稳定程序
FAD（Fully Automated Driving）完全自动驾驶
Fallback 应急准备
FCW（Forward Collision Warning）前向碰撞预警
FuSa（Functional Safety）功能安全
GES（General Estimates System）事故总评系统
GIDAS（German In-Depth Accident Study）德国事故深度调查数据库
HAD（Highly Automated Driving）高度自动驾驶

HIL（Hardware in the Loop）硬件在环
ICV（Intelligent and Connected Vehicles）智能网联汽车
IV（Intelligent Vehicles）智能汽车
LDW（Lane Departure Warning）车道偏离预警
LKA（Lane Keeping Assistance）车道保持辅助
MIL（Model in the Loop）模型在环
NDS（Naturalistic Driving Study）自然驾驶研究
NVS（Night Vision System）夜视系统
NHTSA（National Highway Traffic Safety Administration）美国国家公路交通安全管理局
ODD（Operational Design Domain）运行设计域
ODC（Operational Design Condition）运行设计条件
OEDR（Object and Event Detection and Response）目标和事件检测与响应
PDA（Partial Driving Assistance）部分驾驶辅助
SAE（Society of Automobile Engineering）美国汽车工程学会
SOTIF（Safety of the Intended Functionality）预期功能安全
SIL（Software in the Loop）软件在环
STD（Safety Time Domain）安全时间域
THW（Time Headway）车头时距
TSR（Traffic Sign Recognition）交通标志识别
TTC（Time to Collision）碰撞时距
TJA（Traffic Jam Assistanc）交通拥堵辅助
VCU（Vehicle Control Unit）车辆控制单元
V2X（Vehicle-to-Everything）车辆与一切外界事物的通信
V2V（Vehicle-to-Vehicle）车辆和车辆之间的通信
V2I（Vehicle-to-Infrastructure）车辆和基础设施之间的通信
V2P（Vehicle-to-Pedestrian）车辆与行人之间的通信
V2N（Vehicle-to-Network）车辆和其他移动端之间的通信
VIL（Vehicle in the Loop）车辆在环

参 考 文 献

[1] 李亮. 汽车动力学与控制[M]. 北京：清华大学出版社，2022.

[2] 朱向雷，杜志彬. 自动驾驶场景仿真与 ASAM OpenX 标准应用[M]. 北京：机械工业出版社，2023.

[3] 余志生. 汽车理论[M]. 6版. 北京：机械工业出版社，2023.

[4] 朱冰. 智能汽车技术[M]. 北京：机械工业出版社，2021.

[5] 崔胜民. 智能网联汽车自动驾驶仿真技术[M]. 北京：化学工业出版社，2020.

[6] 崔胜民，俞天一，王赵辉. 智能网联汽车先进驾驶辅助系统关键技术[M]. 北京：化学工业出版社，2019.

[7] 邓伟文，任秉韬. 汽车智能驾驶模拟仿真技术[M]. 北京：清华大学出版社，2021.

[8] 李俊. 智能网联汽车导论[M]. 北京：清华大学出版社，2022.

[9] 李克强，王建强，许庆. 智能网联汽车导论[M]. 北京：清华大学出版社，2022.

[10] 何举刚. 汽车智能驾驶系统开发与验证[M]. 北京：清华大学出版社，2021.

[11] 李俊，王长君，程洪，等. 智能网联汽车预期功能安全测试评价关键技术[M]. 北京：机械工业出版社，2021.

[12] 王建强，聂冰冰，王红. 汽车智能安全[M]. 北京：人民交通出版社，2022.

[13] 邵文博，李骏，张玉新，等. 智能汽车预期功能安全保障关键技术[J]. 汽车工程，2022，44（9）：1289－1304.

[14]《中国公路学报》编辑部. 中国汽车工程学术研究综述·2023[J]. 中国公路学报，2023，36（11）：1－192.

[15] 彭湃，耿可可，王子威，等. 智能汽车环境感知方法综述[J]. 机械工程学报，2023，59（20）：281－303.

[16] 郭洪艳，张家铭，刘俊，等. 面向智能汽车－行人交互的虚拟测试场景构建[J]. 吉林大学学报(工学版)，2024，54(9)：2511－2519.

[17] 杨俊儒，褚端峰，陆丽萍，等. 智能汽车人机共享控制研究综述[J]. 机械工程学报，2022，58（18）：31－55.

[18] 谈东奎，胡港君，朱波，等. 考虑预期功能安全的智能汽车自动紧急制动系统［J］. 汽车工程，2022，44（6）：799－807，830.

[19] 蒙昊蓝，陈君毅，左任婧，等. 智能汽车自主泊车系统测试方法［J］. 中国公路学报，2019，32（6）：158－168.